"十四五"职业教育国家规划教材

"十三五"职业教育国家规划教材

高职高专汽车三融合新型教材
汽车故障诊断与维修 学习领域3

汽 车 维 护

主　编　夏长明
副主编　陈文林　谢绍基　周　逊
参　编　郭艳红　许见诚　杨大丕
　　　　郭海龙

机械工业出版社

本书是"十四五"职业教育国家规划教材。

本书分为汽车基础性维护、汽车一般性维护、汽车专业性维护3大学习模块8个项目。本书内容贴近学校、车主、企业真实需求，便于学校进行灵活多变的模块化教学，利于学生向车主、技术人员身份转变。全书将职业素养、企业文化贯穿于整个学习过程，利于实施"三融合"教育，易于实现"创新型、发展型、复合型"人才培养目标。

本书按"项目描述、任务准备、任务实施"的企业实际作业流程编写，配备了学习工作页，设计了典型工作任务，利于实现教学过程与生产过程的对接。本书配有教师示范操作微视频、3D动画、课程标准、单元设计、教学课件和试题库等资源，便于老师备课、授课，学生预习、练习及复习。本书主要作为高职高专道路运输类汽车服务与营销、汽车运用与维修、汽车美容与装饰、汽车制造类汽车制造与试验技术、汽车电子技术、汽车造型与改装技术等专业教材，也可供广大车主、汽车维修管理人员学习参考。

图书在版编目（CIP）数据

汽车维护/夏长明主编. —北京：机械工业出版社，2019.9（2025.1重印）
高职高专汽车三融合新型教材
ISBN 978-7-111-63852-0

Ⅰ.①汽… Ⅱ.①夏… Ⅲ.①汽车-车辆修理-高等职业教育-教材 Ⅳ.①U472

中国版本图书馆CIP数据核字（2019）第213174号

机械工业出版社（北京市百万庄大街22号　邮政编码100037）
策划编辑：蓝伙金　危卉振　责任编辑：张双国　谢熠萌
责任校对：梁　静　　　　　封面设计：鞠　杨
责任印制：常天培
三河市骏杰印刷有限公司印刷
2025年1月第1版第8次印刷
184mm×260mm·16.75印张·407千字
标准书号：ISBN 978-7-111-63852-0
定价：49.50元

电话服务　　　　　　　　　网络服务
客服电话：010-88361066　　机　工　官　网：www.cmpbook.com
　　　　　010-88379833　　机　工　官　博：weibo.com/cmp1952
　　　　　010-68326294　　金　书　网：www.golden-book.com
封底无防伪标均为盗版　机工教育服务网：www.cmpedu.com

关于"十四五"职业教育国家规划教材的出版说明

为贯彻落实《中共中央关于认真学习宣传贯彻党的二十大精神的决定》《习近平新时代中国特色社会主义思想进课程教材指南》《职业院校教材管理办法》等文件精神,机械工业出版社与教材编写团队一道,认真执行思政内容进教材、进课堂、进头脑要求,尊重教育规律,遵循学科特点,对教材内容进行了更新,着力落实以下要求:

1. 提升教材铸魂育人功能,培育、践行社会主义核心价值观,教育引导学生树立共产主义远大理想和中国特色社会主义共同理想,坚定"四个自信",厚植爱国主义情怀,把爱国情、强国志、报国行自觉融入建设社会主义现代化强国、实现中华民族伟大复兴的奋斗之中。同时,弘扬中华优秀传统文化,深入开展宪法法治教育。

2. 注重科学思维方法训练和科学伦理教育,培养学生探索未知、追求真理、勇攀科学高峰的责任感和使命感;强化学生工程伦理教育,培养学生精益求精的大国工匠精神,激发学生科技报国的家国情怀和使命担当。加快构建中国特色哲学社会科学学科体系、学术体系、话语体系。帮助学生了解相关专业和行业领域的国家战略、法律法规和相关政策,引导学生深入社会实践、关注现实问题,培育学生经世济民、诚信服务、德法兼修的职业素养。

3. 教育引导学生深刻理解并自觉实践各行业的职业精神、职业规范,增强职业责任感,培养遵纪守法、爱岗敬业、无私奉献、诚实守信、公道办事、开拓创新的职业品格和行为习惯。

在此基础上,及时更新教材知识内容,体现产业发展的新技术、新工艺、新规范、新标准。加强教材数字化建设,丰富配套资源,形成可听、可视、可练、可互动的融媒体教材。

教材建设需要各方的共同努力,也欢迎相关教材使用院校的师生及时反馈意见和建议,我们将认真组织力量进行研究,在后续重印及再版时吸纳改进,不断推动高质量教材出版。

机械工业出版社

序

为认真贯彻执行教育部《国家中长期教育改革和发展规划纲要（2010—2020）》《关于全面提高高等职业教育教学质量的若干意见》《教育部关于"十二五"职业教育教材建设的若干意见》和国家教材委员会等一系列文件精神，服务汽车产业升级需要，在市场调研和专家论证的基础上列出了"高职高专汽车三融合新型教材（学材）"选题21种，并组建一流的编写队伍，在一线行业专家和院校名师组成的编审委员会的指导下编写了本套教材。

一、编写的指导思想和原则

本套教材以高职"汽车检测与维修技术"专业为主，兼顾汽车运用技术、汽车电子技术等专业教学需要，包括汽车各专业诸多平台课（汽车企业文化，汽车机械识图，汽车机械基础，汽车电工电子技术基础等），核心专业课（汽车维修接待、沟通与管理，汽车维护，车载网络系统的故障诊断与维修，汽车发动机管理系统的故障诊断与维修，电动汽车与燃气汽车的故障诊断与维修等12门课程）和部分典型品牌汽车维修案例等大量教学资源。

1. 编写指导思想

以就业为导向，以岗位需求为核心，努力将职业素养、专业技能与企业文化深度融合（三融合），使学生在学习专业知识和技能的同时，接受职业素养教育，培养学生爱岗、敬业、精益求精的观念。

2. 编写原则

以"必需、够用"为编写原则，一是以企业需求为基本依据，以培养职业素养、专业技能与企业文化深度融合为主线；二是兼顾行业升级需要和降低城市雾霾等环境保护的新要求，突出新能源汽车等新知识、新技术、新工艺和新方法；三是教材资源包括主教材和学习工作页，为教学组织提供较大的选择空间。

二、教材特色

从企业实际出发，以培养技术应用型技术人才为主，在总结多年教学经验和已有教材的基础上，充分吸取先进职教理念和方法，形成如下特点：

1. 吸收国内外先进职教经验，体现国内示范院校、骨干院校的最新教学成果

认真吸取了中德职业教育汽车机电合作项目（SGAVE）和国家示范性院校、骨干院校专业建设项目等近年来国内外的最新教学改革成果，认真总结借鉴了参加教材编写院校的许多成功经验，有效提升了教材的思想性、科学性和时代性。

2. 以"项目引领、任务驱动"为主线，实现"知行合一"

教材立足以客户要求和汽车维修过程为导向，以实际任务为驱动，实际职业要求为目标，模拟企业流程，从任务接受、任务接待、任务准备（含信息资料收集与学习、任务分析、维修计划制定、设备材料准备等）、任务实施（含故障检测、使用维修、安全环保、任务检查等）和任务交付的完整的行动过程。有些教材直接由企业（广州汽车集团股份有限

公司)主编(如《汽车企业文化》和《汽车维修接待、沟通与管理》)。结合国内保有量较大的汽车车型,按照学生认识规律,从感性到理性,由浅入深,将汽车的结构、原理、运用、维护、故障检测与维修有机融合,其间插入《学习工作页》,促进学、做结合,理论紧密联系实际,着力提高学生实践技能、综合素质和就业能力。

3. 内容上力求反映行业最新技术发展动态

为了尽可能满足行业升级需要,降低城市雾霾等环境保护的新要求,教材引入了车载网络系统、电控管理系统和新能源汽车等汽车新技术,突出汽车新知识、新技术、新工艺和新方法。

4. 体现中高职的有效衔接,避免重复或空白

本套教材从课程体系上既考虑普遍性,又考虑针对性,以适应不同层次、不同起点的教学需要。

5. 教材形式活泼,教学资源丰富

教材适应高职学生特点,除了主教材外,还配以《学习工作页》和大量的教学资源(含PPT、微课视频、动画、学习工作页题解、教学文件等),方便教师授课和学生课外学习。

三、教材编写队伍

本系列教材由机械工业出版社、广东交通职业技术学院、深圳职业技术学院、南京交通职业技术学院等10多所职业院校和广州汽车集团股份有限公司、深圳风向标教育资源股份有限公司等组织编写,并成立了教材编审委员会和教材编写委员会。编写团队包括企业高管、企业专家、技术骨干和院校院/校长、专业名师、学科带头人、骨干教师,结合优质院校、一流专业等建设项目,充分体现了"产教结合,校企合作"的开发特色,有利于教材反映最新的技术和最新的教学成果,为保证教材的质量、水平提供了丰富的资源支持。

教材编写大纲、体例和样章是保证高质量书稿的关键。在教材编审委员会的指导下,参考中德职业教育汽车机电合作项目(SGAVE)课程大纲要求,结合企业需要,列出选题计划,并统一教材编写的指导思想、原则和体例等。通过自荐或他荐方式,拟定了10多名教授领衔主编,并要求主编拟定各自负责的教材编写大纲、体例和样章。每一本教材编写大纲、体例和样章都经过3名专家主审,以便集思广益,许多教材大纲为了精益求精,几经修改,最后由蔡兴旺教授统稿,为保证教材的质量、水平奠定了良好基础。

前　言

目前汽车保有量以乘用车保有量为主，国家对汽车维护相应法律法规进行了较大幅度的修订，汽车维修企业主要根据汽车行驶里程进行定期维护。本书考虑到各高职院校在实习场地、实训车辆、仪器设备等条件上有所差异，共设计了汽车基础性维护、汽车一般性维护、汽车专业性维护3大学习模块和认识汽车维护、汽车室内与室外维护、汽车车身底部维护、汽车车轮及周围维护、汽车日常维护、汽车季节维护、汽车首次维护和汽车定期维护8个项目。每个项目的内容相互递进，互为补充，方便学校依据自身条件实施灵活多变的模块化教学，利于学生今后向车主、汽车维修技术人员身份的转变。

本书按照"项目描述、任务准备、任务实施"的企业实际作业流程编写，以充分体现"专业实习真实化"的职教理念。同时按照"职业素养综合化"的育人理念，有针对性地将职业素养、企业文化贯穿到整个学习过程中，利于实施"三融合"教育，易于实现"创新型、发展型、复合型"人才培养的目标。

本书主教材主要采用图表方式编写，简单明了、通俗易懂、便于操作，涉及行车安全的关键操作部分进行了相关知识拓展，使全书内容更加系统、完整。全书配备了同步的学习工作页，精心设计了典型工作任务单，能够有效提升学生的实际动手能力，便于过程化考核。本书具有如下特色：

一是将素养目标与知识目标和能力目标进行有机结合，通过完成主教材及学习工作页各项任务，使学生掌握关键知识，拥有核心技能，具备职业素养，体现了"立德树人"的根本宗旨。

二是以职业教育真实生产项目、典型工作任务为载体组织教学单元，体现了产业发展的新技术、新工艺、新规范、新标准，同时强化了汽车维护的作业流程、操作要领、技术要求和注意事项等企业要素，突出了职业教育的岗位属性。

三是主教材配备了同步工作页，精心设计了典型工作任务单，内容紧密对接产业升级和技术变革趋势，便于开展实践教学和实施过程考核，利于实现教学过程与生产过程的对接，具有明确的职业教育培养目标。

四是对关乎人身及车辆安全方面的关键知识和技能，进行知识拓展和微视频示范，学生可扫码观看教师示范，再分组实训，实现了"互联网+"教育，规范了学生的实践活动，利于提高学生的安全责任意识和职业道德水平。

本书由广州城建职业学院夏长明副教授担任主编，广州珠江职业技术学院陈文林、谢绍基以及广州电装有限公司品质管理员周逊担任副主编。夏长明编写了项目1、项目2、项目3和项目4，并对全书进行统稿；谢绍基编写了项目5，周逊编写了项目6，陈文林编写了项目7和项目8；广州城建职业学院郭艳红、广州珠江职业技术学院许见诚、杨大丕等老师参与了部分任务的编写。广东交通职业技术学院郭海龙博士对本书模块设计与学习任务安排给予了指导。上汽大众汽车公司及上汽通用汽车售后服务中心对本书的编写提供了技术支持，在此一并表示由衷的感谢。

由于作者水平所限，本书难免有缺点甚至错误，欢迎广大读者批评指正！

编　者

本书二维码索引

二维码序号	视频名称	二维码	二维码序号	视频名称	二维码
1	发动机舱维护作业1		11	车身底部各总成维护作业1	
2	发动机舱维护作业2		12	车身底部各总成维护作业2	
3	发动机舱维护作业3		13	车身底部各总成维护作业3	
4	发动机舱维护作业4		14	车身底部各总成维护作业4	
5	发动机舱维护作业5		15	车身底部各总成维护作业5	
6	发动机舱维护作业6		16	车轮及周围各总成维护作业1	
7	发动机舱维护作业7		17	车轮及周围各总成维护作业2	
8	驾乘舱维护作业1		18	车轮及周围各总成维护作业3	
9	驾乘舱维护作业2		19	汽车日常维护作业1	
10	驾乘舱维护作业3		20	汽车日常维护作业2	

目 录

出版说明
序
前言
本书二维码索引
模块 1　汽车基础性维护 ··· 1
　项目 1　认识汽车维护 ·· 1
　　任务 1　汽车维护的目的、原则与分类认知 ··· 2
　　任务 2　汽车维护的规范、范围与周期认知 ··· 3
　　任务 3　汽车维护的法律、法规与 7S 管理认知 ·· 5
　项目 2　汽车室内与室外维护 ·· 11
　　任务 1　汽车室内维护 ·· 12
　　任务 2　汽车室外维护 ·· 39
　项目 3　汽车车身底部维护 ··· 46
　　任务 1　汽车车身底部各总成维护 ·· 47
　　任务 2　汽车车身底部各部件维护 ·· 51
　项目 4　汽车车轮及周围维护 ·· 59
　　任务 1　汽车车轮及周围各总成维护 ··· 60
　　任务 2　汽车车轮周围各部件维护 ·· 63
　　任务 3　汽车车轮定位 ·· 66
模块 2　汽车一般性维护 ·· 70
　项目 5　汽车日常维护 ··· 70
　　任务 1　汽车日常维护作业 ·· 71
　　任务 2　汽车日常维护质量检验 ··· 71
　项目 6　汽车季节维护 ··· 76
　　任务 1　汽车的夏季维护 ··· 77
　　任务 2　汽车的冬季维护 ··· 82
模块 3　汽车专业性维护 ·· 87
　项目 7　汽车首次维护 ··· 87
　　任务 1　新车首次维护 ·· 88
　　任务 2　大修发动机汽车首次维护 ··· 115
　项目 8　汽车定期维护 ··· 118
　　任务 1　常规维护 ·· 119
　　任务 2　系统维护 ·· 165

目　录

附录 ·· 189
  附录 A　道路运输车辆技术管理规定 ·· 189
  附录 B　汽车维护、检测、诊断技术规范 ··· 193
参考文献 ·· 203

模块 1
汽车基础性维护

"玉不琢，不成器；人不学，不知道。"

典出：《礼记·学记》。

释义：玉器的制作，是用轮子带动转盘和搅拌好的解玉砂，以此把玉料剖开并慢慢琢磨成器。人同此理，本领不是天生的，是要通过不断学习积累、增长才干、修身立德才能获得的。知识是每个人成才的基石，在学习阶段一定要把基石打深、打牢。

素质目标

1) 树立爱国、敬业、诚信、友善的价值观和正确的就业择业观念，增强创业意识、创新精神和创造能力。
2) 具备良好的行为规范、职业道德和过硬的心理素质。
3) 具备从基层做起、踏实做人、严谨务实、求实创新的工作作风。
4) 具备团队协作、交流协商的能力。
5) 遵守职业技能安全操作规范，具备安全、环保、节能意识。

项目 1　认识汽车维护

知识目标

1) 理解汽车维护的目的及意义。
2) 熟悉汽车维护的原则与分类。
3) 知道我国现行汽车维护的法律法规及 7S 工作制度。

能力目标

1) 掌握汽车维护的中心作业内容。
2) 掌握汽车维护的作业规范和作业范围。
3) 掌握汽车维护方面的新技术、新工艺、新规范、新标准。
4) 具备将技术技能、企业文化和职业素养进行融合的能力。

项目描述

我国汽车技术可谓日新月异、突飞猛进，汽车的工作性能及可靠性越来越高，故障率越

汽车维护

来越低，大修间隔里程越来越长，甚至终身无大修。因此，汽车售后技术服务的项目和内容大部分已向常规维护和特色维护发展。汽车的"常规维护、以养待修、特色维护"理念已成为广大车主和售后服务企业的共识。

任务1 汽车维护的目的、原则与分类认知

1. 汽车维护的目的

在汽车的技术状况完好或基本完好的情况下，为了延长汽车的使用寿命，并使之经常处于良好技术状态，而对汽车所采取的一系列技术措施，称为汽车维护或保养。其目的是保持车辆技术状况良好、确保行车安全、充分发挥汽车的使用效能和降低运行消耗，以取得良好的经济、环境和社会效益。

2. 汽车维护的原则

根据《道路运输车辆技术管理规定》（中华人民共和国交通运输部令2016年第1号），汽车维护应贯彻"预防为主、定期检测、强制维护"的原则，即汽车维护必须遵照交通运输管理部门和汽车生产厂家规定的行驶里程或时间间隔强制按期执行，不得拖延。在维护作业中必须遵循汽车维护分级和作业范围的有关规定，以保证维护质量。

"预防为主"是指保持车容整洁、车况良好，及时消除发现的故障和隐患，防止汽车过早损坏，这是汽车维护的基本要求。汽车维护的各项作业应有计划地定期执行，其内容应依照汽车技术状况变化的规律来安排，并且要赶在汽车技术状况变坏之前进行维护，以体现预防为主的原则。

"定期检测"是指汽车在二级维护前必须用检测仪器或设备对汽车的主要性能和技术状况进行检测与诊断，以了解和掌握汽车的技术状况和磨损程度，并据此做出技术评定。根据检测结果可确定该车的附加作业或小修项目（结合二级维护一并进行）。

"强制维护"是指在计划预防维护的前提下所执行的维护制度，是汽车维护工作必须遵照交通运输管理部门或汽车使用说明书规定的行驶里程或时间间隔按期进行，不得任意拖延，以体现强制性的维护原则。

3. 汽车维护的分类

根据汽车不同的新旧程度以及使用地区条件，对汽车维护的作业项目也不同。根据《汽车维护、检测、诊断技术规范》（GB/T 18344—2016）规定，汽车维护分为日常维护、一级维护和二级维护。

提示

在汽车的实际使用过程中，日常维护、一级维护和二级维护通常称为常规维护，而季节性维护和深度维护（也称特色维护）通常称为按需维护。

模块1 汽车基础性维护

任务2　汽车维护的规范、范围与周期认知

1. 汽车维护的规范

汽车维护作业主要包括：清洁、检查、紧固、润滑、调整和补给6大内容。车辆进行维护时，不能对其主要总成大拆大卸，只有在发生故障需要解体时方可进行解体。很显然，与过去的维护制度相比，现行的维护制度进行了以下规范。

1) 取消了整车解体式的三级维护。生产实践证明，对主要总成大拆大卸的工艺方法是不科学的，也是不符合技术发展原则的。同时，"三级维护"作业内容既有维护作业又有修理作业，不便于维护和修理的区分。

2) 没有对各级维护周期作统一规定，而是由各地按车型，结合本地区具体情况提出统一的维护周期，但制定了车辆维护技术规范以保证车辆的维护质量。

3) 对季节性维护作了规范。当车辆进入冬、夏两季运行时，一般要求结合二级维护对车辆进行季节性维护。

2. 汽车维护的范围

汽车维护范围随着行驶里程的增加逐步扩大，表1-1为汽车各类维护的作业范围。

表1-1　汽车各类维护的作业范围

维护种类	作业范围
日常维护	日常维护作业以清洁、补给和安全性能检视为中心内容，其具体内容是： ①坚持"三检"，即在出车前、行车中、收车后检视车辆的安全机构及各部机件连接的紧固情况 ②保持"四清"，即保持润滑油、空气、燃油滤清器和蓄电池的清洁 ③防止"四漏"，即防止漏水、漏油、漏气和漏电
一级维护	一级维护作业除日常维护作业内容外，以润滑、紧固为中心内容，并检查制动、操纵等系统中的安全部件
二级维护	二级维护作业除一级维护作业内容外，以检查和调整制动系统、转向操纵系统、悬架等安全部件为中心内容，另外还要拆检轮胎、进行轮胎换位、检查调整发动机工作状况和汽车排放等系统
季节性维护	冬、夏两季的温差大，为确保车辆在冬、夏两季能安全及合理地使用，在换季之前应结合二级维护，附加一些相应的项目，使汽车能适应气候变化后的运行条件，这种附加性的维护称为季节性维护
深度维护	深度维护是指在"不解体"的前提下，用专用设备及保护用品对汽车燃油系统、冷却系统、润滑系统、制动系统、空调系统以及自动变速器总成等进行清洁和补给的维护

3. 汽车维护的周期

根据《道路运输车辆技术管理规定》（中华人民共和国交通运输部令2016年第1号），道路运输经营者和私家车主应依据国家有关标准和车辆维修手册、使用说明书等，结合车辆类别、运行状况、行驶里程、道路条件、使用年限等因素，自行确定车辆维护周期，以确保车辆正常行驶。

汽车一级维护、二级维护周期的确定应以行驶里程间隔为基本依据，行驶里程间隔执行车辆维修资料等有关技术文件的规定；对于不便用行驶里程间隔统计、考核的汽车，可用行驶时间间隔确定一级维护、二级维护的周期。

表1-2为上汽大众特约维修站所执行的1.4T双离合2017款新桑塔纳轿车的维护周期，可供相关车型维修维护时参考。

汽车维护

表 1-2　新桑塔纳轿车的维护周期

维护项目＼维护里程/km	5000	10000	15000	20000	25000	30000	35000	40000	45000	50000	55000	60000
更换机油	●	●	●	●	●	●	●	●	●	●	●	●
更换机油滤清器	●		●		●		●		●		●	
更换空气滤清器				●				●				●
更换空调滤清器				●				●				●
更换燃油滤清器												●
更换火花塞						●						●
更换制动液										●		
检查自动变速器油												●
检查发动机正时带												
检查动力系统	●	●		●		●		●		●		●
检查空调系统	●	●		●		●		●		●		●
检查电气设备	●	●		●		●		●		●		●
检查安全设备	●	●		●		●		●		●		●
检查悬架与转向系统	●	●		●		●		●		●		●
检查制动系统	●	●		●		●		●		●		●

维护项目＼维护里程/km	65000	70000	75000	80000	85000	90000	95000	100000	120000	140000	150000
更换机油	●	●	●	●	●	●	●	●	●	●	●
更换机油滤清器	●		●		●		●			●	
更换空气滤清器				●				●			
更换空调滤清器				●				●			
更换燃油滤清器									●		
更换火花塞						●					●
更换制动液								●			●
检查自动变速器油									●		
检查发动机正时带								●			
检查动力系统				●		●		●	●	●	●
检查空调系统				●		●		●	●	●	●
检查电气设备				●		●		●	●	●	●
检查安全设备				●		●		●	●	●	●
检查悬架与转向系统				●		●		●	●	●	●
检查制动系统				●		●		●	●	●	●

维护项目＼维护里程/km	160000	180000	200000	210000	220000	240000	250000	260000	270000	280000	300000
更换机油	●	●	●	●	●	●	●	●	●	●	●
更换机油滤清器	●		●		●		●		●		●
更换空气滤清器	●		●		●			●		●	●
更换空调滤清器	●		●		●			●		●	●
更换燃油滤清器		●				●					●
更换火花塞		●				●			●		●
更换制动液			●				●				●
检查自动变速器油		●				●					●
检查发动机正时带			●								●
检查动力系统	●	●	●	●	●	●	●	●	●	●	●
检查空调系统	●	●	●	●	●	●	●	●	●	●	●
检查电气设备	●	●	●	●	●	●	●	●	●	●	●
检查安全设备	●	●	●	●	●	●	●	●	●	●	●
检查悬架与转向系统	●	●	●	●	●	●	●	●	●	●	●
检查制动系统	●	●	●	●	●	●	●	●	●	●	●

模块 1　汽车基础性维护

警告

当前数量庞大的进口、合资及自主品牌私家车各车型的维护规定与我国道路运输车辆的强制维护规定的内容有所不同，为保证这些汽车的合理使用和行车安全，在汽车实际维护工作中，在保证强制维护规定的前提下，应以厂家规定内容为准。

任务 3　汽车维护的法律、法规与 7S 管理认知

1. 道路运输车辆技术管理规定解读（节选）

截至 2018 年底，全国机动车保有量达 3.27 亿辆，其中汽车 2.4 亿辆，小型载客汽车 2.01 亿辆，以个人名义登记的小型载客汽车（私家车）1.89 亿辆，占小型载客汽车的 94.03%，私家车主成为汽车维修市场的主要服务对象。为适应我国汽车维修市场服务对象的巨大变化，近年来国家有关部门出台了一系列政策，对相关法律法规进行了较大幅度的修订，作为汽车使用维修人员应熟练掌握相关政策和法规。下面节选《道路运输车辆技术管理规定》（2016 年发布）车辆维护方面的相关规定。

1）道路运输经营者应当建立车辆维护制度。车辆维护分为日常维护、一级维护和二级维护。日常维护由驾驶人实施，一级维护和二级维护由道路运输经营者组织实施，并做好记录。

2）道路运输经营者应当依据国家有关标准和车辆维修手册、使用说明书等，结合车辆类别、车辆运行状况、行驶里程、道路条件、使用年限等因素，自行确定车辆维护周期，确保车辆正常维护。车辆维护作业项目应当按照国家关于汽车维护的技术规范要求确定。

提示

2016 年发布的《道路运输车辆技术管理规定》规定："道路运输经营者可以对自有车辆进行二级维护作业，保证投入运营的车辆符合技术管理要求，无须进行二级维护竣工质量检测。道路运输经营者不具备二级维护作业能力的，可以委托二类以上机动车维修经营者进行二级维护作业。机动车维修经营者完成二级维护作业后，应当向委托方出具二级维护出厂合格证。"

2. 汽车维护、检测、诊断技术规范解读（节选）

近年来随着汽车产业的迅猛发展，汽车维修行业在人民生活和国民经济中的重要地位越发凸显。汽车维修业关系到道路交通安全、大气污染防治、社会公众生活质量和汽车产业的健康及可持续发展，是重要的民生服务业。因此，国家相关部门也对有关国家标准进行了修订，对汽车维护分级、作业内容、检验标准等重新进行了界定，作为汽车使用维护人员应熟练掌握相关标准。

3. 汽车维修企业 7S 工作制演练

为塑造良好的工作环境和企业形象，保证作业安全，提高生产效率、服务水平、维修质

量以及人员素质,减少不必要的浪费,目前大部分汽车维修企业开始推行 7S 工作制,其意义如图 1-1 所示。

(1) 汽车维修企业 7S 工作制的内容

1) 整理(Seiri):工作现场应区别要与不要的东西,只保留有用的东西,撤除不需要的东西。

2) 整顿(Seiton):把要用的东西按规定位置摆放整齐,并做好标识进行管理。

图 1-1 7S 工作制的意义

3) 清扫(Seiso):将汽车维修企业不需要的东西清除掉,保持工作现场无垃圾、无污秽状态。

4) 清洁(Seiketsu):维持以上整理、整顿、清扫后的局面,使工作人员觉得整洁卫生。

5) 素养(Shitsuke):让每个员工都自觉遵守各项规章制度,养成正确执行各项决定的良好习惯。

6) 安全(Safety):规范操作,树立安全第一的观念;清除事故隐患,保障员工的人身安全,保证生产正常运行。

7) 节约(Saving):合理利用时间、空间和能源,做到物尽其用,发挥其最大效能。

(2) 7S 工作制的要求

1) 良好的仪表及礼仪:要有统一规范的着装,良好的坐姿、站姿,合适的电话礼仪,整洁、明亮、大方、舒适的接待环境。良好的仪表及合适的礼仪(图 1-2)是职业素养的重要内涵,应当引起员工的高度重视。

2) 单一整洁的办公室:要求台面整洁,文具单一化管理,公用设施、设备有责任人标识。

3) 生产工具管理:应采用单一化管理,使生产工具简洁实用。

4) 现场管理:应分区画线,使员工工作井然有序、工作环境清洁明亮。

5) 工作速度和效率:要达到最佳的速度和零不良率。

6) 空间效率:应对现场分区画线,对各场地的利用率予以分析,增加有限空间的利用价值。

7) 安全生产:要禁止一切违规操作,定期检查安全设施,加强安全意识,做好安全宣传。

8) 严明的小组督导:经理、班组长上班前应对员工进行检查督导;工作过程中应对发现的问题及时开展小组督导;下班前应对全天的工作进行总结。

9) 工作评估:要求自我评估与综合考核评价相结合。

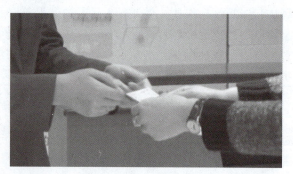

图 1-2 递交名片礼仪

模块 1　汽车基础性维护

(3) 7S 工作制的作业技术

1) 整理作业（表 1-3）。

表 1-3　7S 工作制中整理作业的措施及注意事项

序号	作业内容	具体措施	注意事项
1	清除不用物品	进行整理,根据情况,分清需要什么,不需要什么	①使用后,按层次规定放置的位置 ②不用的物品,按下列程序进行清除:确定对策范围和目标→实施准备→培训如何区别不用物品→计量化和判断→管理人员的巡回检查、判断和指导
2	进行大扫除		①注意高空作业的安全 ②爬上或钻进机器时要注意避免碰刮身体 ③使用洗涤剂或药品时要注意不要使设备生锈或损坏 ④使用錾凿工具或不熟悉的机器时要注意不要使自己受伤
3	消除安全隐患	经常检查一下有问题的地方	①重点查看窗户、通道天棚、柱子、管路、电路、灯泡、开关、台架、更衣室、外壳、盖板以及安全支架和扶手是否脱落或破损 ②采取措施彻底解决以上部位生锈、脱落、杂乱等问题
4	消灭污垢来源	进行大扫除;重点打扫污垢来源部位	①明确什么是污垢 ②知道污垢的来源 ③详细调查产生污垢原因,研究措施方案并付诸实施 ④防止对问题放任不管、对保持清洁失去信心的情况发生

2) 整顿作业（表 1-4、表 1-5）。

表 1-4　7S 工作制中整顿作业的原则及具体要求

序号	整顿原则	具体要求
1	规定放置的场所	①车间里(岗位上)原则上一种物品只留一个,其他一律清理出去 ②放置场所的整体划分和布局实行统一的分类法:分类区别什么放在远处,什么放在近处,什么放在中央仓库;近处只放必需的物品;室内的整体布局应将使用次数多的物品放在门口附近,重的物品放在容易搬运的地方(这种分类区分法就是符合系统规律性的分类法) ③统一名称:工厂里使用、保管的物品的名称要统一,不能出现没有名称、名称重复等问题
2	规定放置的方法	研究符合功能要求的放置方法: ①所谓符合功能要求,就是考虑怎样放置才能在质量上、安全上、效率上都满足要求 ②在质量上,特别要注意品名、型号不要出现错误 ③对形状、品名、号码相似的物品要放得距离远一些,也可放一个样品以便确认,或者用不同的颜色和形状来避免混淆 ④仓库编码应附加在品名上 品种名称和放置场所的标示: ①物品一定要填上名称,做到"固定位置对号入座" ②要符合 5S 规定,物品的名称和放置场所的名称都必须明确 ③应标示放置场所,固定物品的存放位置 ④物品和放置场所两者的配套名称,在实物和仓库上都要加以标注,放置场所的标示才算完成 拿放方便的改进: ①名称标示好后,放置位置即固定下来,此时可给出相关标示,以便能够顺利地找到存放地 ②零件要按功能、产品类别或车间类别保管;物品要在一个地方备齐(使用工具箱比较容易备齐);备品等要以组装部件的方式准备好 ③放置场所的高度要考虑安全,应把重的物品放在下面,或使用有滑轮的台车,或设置脚手架、升降机等 ④备品放置在膝盖和头部之间的高度为宜;工作用工具类放置在腰和肩之间的高度为宜 ⑤放置场所要充分利用建筑物的面积,同时也要考虑取拿方便和质量方面的要求

汽车维护

(续)

序号	整顿原则	具体要求
3	遵守保管的规则	日常管理和防止库存无货： ①放置场所要明确标明库存无货、未退货或丢失等情况 ②为了及时补充库存，对物品达到最低库存量时的订货起点要明确标示或用颜色区别 ③搬运时要用合适的专用台车，通用零件和专用零件要分别搬运，要使用容易移动和作业的台车
		取出、收存的训练和改进的效果： 整顿就是为了避免取出、收存环节浪费时间，一定要有改进的效果，因此，进行取出、收存比赛也很有意义

表 1-5 7S 工作制中整顿作业的要点及具体措施

序号	整顿要点	具体措施
1	画线并定位标志	①工厂里的整顿首先要对通道和区域画线，标明定位；最重要的原则是要有利于作业的合理布局 ②布局应以直线、直角、垂直、平行为原则 ③主通道和副通道线的宽度和颜色可以不同 ④限制物品摆放的高度也很重要，它有助于防止物品掉下、倒下或库存过多
2	对台座、搁板、台车等进行整顿	①减少台座和搁板的使用数量，要用的物品应放在台座和搁板上，不用的物品应撤掉或收起来 ②台座和搁板高低不一样时，下面需要适当垫一下，摆成几层高度 ③台座或搁板不要直接放在地上，要用物品垫起来 ④尽量少用起重机和叉车，提高台车使用效率
3	对管线进行整顿	①管线要离开地面，要防止打捆、摩擦和振动，要保持直线、直角和松散的状态 ②不要在地下埋线，管线应全部在地上用垫子垫起来或者每根分别以不同的种类、号码、颜色来区分，以防出错；管线还要考虑布局变更容易
4	对工具、用具进行整顿	①在设计、维修上应考虑减少使用工具；例如，螺栓种类减少了，就可以少用扳手 ②工具要放在取拿方便的地方 ③要按照使用顺序摆放工具 ④拿起工具时应不用改换姿势马上就能工作 ⑤工具挂起来时应松开手就能恢复到原来的位置
5	对刀具或模具进行整顿	①不能搞错品名 ②保管场所要具备使刀具或模具不掉齿、不损坏、不生锈、不脏污的条件 ③减少库存数量 ④立起来保管的刀具一定要戴上保护套
6	对材料、产品、备品等进行整顿	①首先材料、产品的场所要固定，并要规定数量和位置，超过规定就应视为异常，并另行管理 ②材料、产品、备品等必须按"先进先出"的原则使用 ③对不良品、保留品要专设放置场所，使用特殊箱子，特别是应以红色或黄色加以区别
7	对备品进行明确标示	①备品可以考虑保存双份或确定最低库存量 ②保管中的物品要保持任何时候都能使用的状态；保管时要注意对污垢、伤痕、锈迹等有明确的标示
8	对润滑油、油脂、工作液等进行管理	①减少或合并油种名称，以减少种类 ②按颜色管理 ③集中管理和分开标示管理，都要遵守规定的保管场所、数量和规则 ④根据油的品种和注油口的形状准备好用具 ⑤防火、公害、安全方面都要考虑周到 ⑥改进注油方法并延长注油周期

模块1 汽车基础性维护

（续）

序号	整顿要点	具体措施
9	对计测器具、精密贵重工具等物品进行管理	①计测器具、精密贵重工具等应有专人管理 ②对日常保管用的容器以及放置方法要下功夫研究
10	注意大件物品的放置方法	①研究确定大、重物品的形状和使用方法后,再确定保管方法和搬运方法 ②研究确定安全钢丝绳和扫除用具的各种容器和放置方法
11	对小物品、消耗品等进行管理	①常备品要管好订货 ②属于散落物品的,要防止在生产线上飞散和落下 ③弹簧和垫圈类消耗品要少量保管
12	对告示、布告、条件表、图样、胶带等进行整顿	①告示要规定张贴的位置范围 ②布告要写上期限,没有期限的不能张贴 ③胶带的痕迹要擦干净;贴纸时高度要平齐

3）清扫作业（表1-6）。

表1-6　7S工作制中清扫作业的要点及具体措施

序号	清扫要点与注意事项	具体措施
1	划分区域并规定责任范围	①明确个人分担的区域和各5S小组共同分担的区域;共同分担区域由一个人领导,共同负责 ②实行值班制度,按车间、区域,每天安排值班 ③个人分担的范围用地图表示
2	按区域、设备进行清扫	①按区域、设备顺序进行清扫 ②采用多种形式进行演练
3	注意清扫和检查的方法	①进行设备7S是自主保全第一阶段的活动 ②使用"核对确认表"进行检查（设备的清扫、检查要从设备内部着手） ③检查基本问题（设备的各个部位都应该清扫、检查,但关键问题是防止设备磨损,可采取清扫污垢、注油、拧紧松动部位、进行温度管理等措施）
4	注意清扫和检查的教育	①学习功能、结构等 ②掌握机械各部分的知识
5	注意清扫、检查的实施以及出现的问题	①多数问题是由于清扫不彻底而产生污垢和堵塞造成的 ②多数问题的发现与过度自信有关
6	注意对设备功能问题进行分析研究	①认识为什么某个地方重要 ②认识为什么忽视了某个问题而未处理 ③要从原理和机制上考虑可能发生的问题及其影响 ④认识为什么未能及早发现问题,想办法做到及早发现问题

4）清洁作业（表1-7）。

表1-7　7S工作制中清洁作业的要点及具体措施

序号	清洁要点	具体措施
1	通过目视管理使异常问题暴露出来	①暴露异常问题并让每个人都知道 ②目视管理的基本是视觉的意识化 ③对容易看管的用具等下功夫
2	目视管理的管理重点	①要求从远处看也能明确 ②管理的物品要有标志 ③任何人都能明确指出来好坏 ④任何人都能使用,使用起来方便 ⑤任何人都能维护,立即可以修好
3	目视管理的方法	①编制目视管理手册 ②训练每个人的行动

汽车维护

(续)

序号	清洁要点	具 体 措 施
4	研究确定管理标签	①润滑油标签表示油种、颜色和注油时间 ②精确度管理标签表示测定量具的管理等级和精确度周期 ③年度检查标签表示年度和月份检查 ④恒温器(箱)标签表示各种温度 ⑤每种物品都要标示管理责任者姓名
5	标明管理界限	①表示仪表测量的范围:通常对使用范围和危险范围,用画线的办法或颜色加以区别;应对最低库存量加以标识 ②配合标记:例如在螺栓和螺母一定位置上画上一条线以便发现是否松动 ③定位标记和停止线:例如斑点和停止位置标记
6	在视觉上下功夫	①透明化:为使人们看得清楚,不要用罩、门、盖遮挡,不上锁 ②状态的视觉化:如在风扇上系飘带,使人知道送风状态 ③故障图像:各种数据用图像形式表示,使人一目了然 ④表示去向:管理人或物品的去向 ⑤状态的定量化:标明管理界限和明确异常现象

5) 素养作业(表1-8)。

表1-8 7S工作制中素养作业的要点及具体措施

序号	素养要点	具 体 措 施
1	要养成良好的习惯	①明确行动的准则 ②良好的培训 ③组织全员参加活动 ④要求每个人都对自己的行为负责 ⑤发现问题立即纠正,养成习惯,打造有纪律的车间 ⑥集中全员的力量形成共识
2	意向传达的良好方法	①正确传达有困难的事情 ②明确传授思想重要性
3	标准或核对确认表的执行	①要检查和未检查一样,要作为维持管理的工具使用 ②把填写核对确认表变成一项工作,使管理监督者可通过部下的核对确认表来判断工作 ③在现场通过实物和现象进行指导 ④标准或核对确认表的确定和填写过程很重要,作业人员应根据设备的实际检查过程去确定和填写
4	通过训练使员工掌握	①进行防止马虎以及调换设备的作业训练 ②素养就是把遵守各项规定作为自觉行动,以"我的誓言""我的责任"激励自我,从简单的事情约束自己并养成习惯 ③通过技能教育使员工理解,以示范的方式展示操作方法

6) 安全作业(表1-9)。

表1-9 7S工作制中安全作业的要点及具体措施

序号	安全要点	具 体 措 施
1	维护工作环境的安全,培养全员防灾、防公害的相关技能	①工作区域照明设备及灯光要充足 ②消防设施要定期维护 ③厂内车辆调度的行车限速要适当 ④喷漆、清理粉尘或进行敲击工作时要戴上护具 ⑤使用千斤顶顶车后要确保使用顶车架以避免危险 ⑥要设置急救箱并让全员了解放置位置 ⑦厂房内逃生路线要标示明确

模块 1 汽车基础性维护

7) 节约作业（表 1-10）。

表 1-10 7S 工作制中节约作业的要点及具体措施

序号	节约要点	具 体 措 施
1	降低仪器设备故障率，减少各种资源的浪费，降低成本，提高企业的经济效益	（1）原材料与供应品的节约方法 ①制订正确的领发料制度和流程 ②对多余原材料及时办理退料 ③将原材料整齐摆放到指定位置 ④加强原材料质量检验与用料监督 ⑤合理处理不良品和废弃物 （2）机械设备与工具的节约方法 ①制订合理的作业计划，充分利用各种机械设备 ②定期检查和维护机械设备 ③将工具进行分类，并实行定置管理 ④严格按照操作说明书使用机械设备和工具，养成良好习惯

作 业

完成"学习工作页"项目 1 的各项作业。

项目 2　汽车室内与室外维护

知识目标

1) 理解汽车室内与室外维护的目的及意义。
2) 熟悉汽车室内与室外维护作业的项目及内容。

能力目标

1) 能够制订发动机舱、驾乘舱以及汽车外围的维护计划。
2) 能够实施并完成发动机舱、驾乘舱以及汽车外围相关总成及部件的各项维护作业。
3) 能够进行汽车室内与室外维护质量检验。
4) 具备将技术技能、企业文化和职业素养进行融合的能力。

项目描述

目前，我国汽车绝大部分为小型载客汽车，且以私家车为主。私人在购置车辆时，不论汽车的价格及档次的高低，除了重点考虑车辆的安全性、经济性及环保性外，还越来越重视汽车的舒适性和美观度。因此，各大汽车厂商为了迎合消费者的需求，不断提高产品竞争力，不论何种价位的车辆，都非常注重汽车的室内和室外设计制造。因此，汽车的室内维护和室外维护成了汽车最基本、最频繁的维护内容。

汽车维护

任务 1　汽车室内维护

汽车室内维护主要包括：发动机舱维护和驾乘舱维护两大部分，其作业内容及操作要领以市场上保有量较大的搭载 1.8L 和 2.0L TSI EA888 发动机的途观 SUV、帕萨特轿车等车型为例进行介绍。

一、汽车发动机舱维护

任务准备

发动机舱及相关系统、总成、部件维护计划和维护的相关设备及材料准备见表 2-1、表 2-2。

表 2-1　发动机舱及相关系统、总成、部件维护计划

序号	维护项目	维护内容及方法	间隔里程或时间
1	发动机舱一般检查	从上方目视检查燃油管路、真空管路、电气电路、制动管路、变速器机油冷却器管路是否存在泄漏、干涉或损坏，必要时调整	首保 5000km，以后间隔 10000km 或视情况而定
2	蓄电池	使用专用检测仪器检测蓄电池工作状况，检查正、负极连接状态；检查蓄电池固定情况和电眼颜色	首保 5000km，以后间隔 10000km 或视情况而定
3	制动系统（发动机舱内部分）	目视检查制动液液位及制动系统密封性	首保 5000km，以后间隔 10000km 或视情况而定
4	风窗清洗器	检查风窗清洗液液面高度，必要时添加清洗液	首保 5000km，以后间隔 10000km 或视情况而定
5	冷却系统	检测冷却液凝固点数值（防冻能力），检查系统是否泄漏，必要时补充原装冷却液	首保 5000km，以后间隔 10000km 或视情况而定
6	润滑系统	更换发动机机油及机油滤清器	首保 5000km，以后间隔 10000km，行驶里程较少的车辆建议每 12 个月更换
7	空气滤清器	清洗空气滤清器壳体，检查滤芯状态，必要时更换滤芯	行驶里程较少的车辆建议每 24 个月更换
8	火花塞	检查火花塞状态，必要时采取更换等相应维修维护措施	首次 25000km，以后间隔 40000km 或视情况而定
9	发动机燃烧室和进气道	用内窥镜检查发动机燃烧室和进气道状态，必要时采取相应维修维护措施（如使用上汽大众专用汽油清净剂）	首次 25000km，以后间隔 40000km 或视情况而定
10	楔形传动带	检查多楔传动带状态，必要时更换多楔传动带	首次 30000km，必要时更换；每 100000km 更换
11	正时带	检查发动机正时带，必要时更换	首次 90000km，必要时更换
12	正时带张紧轮	检查发动机正时带张紧轮，必要时更换	首次 90000km，必要时更换

表 2-2　发动机舱及相关系统、总成、部件维护的相关设备及材料准备

序号	相关仪器设备及材料	备注
1	场地：通风采光好，相互干扰少，车辆进出方便，能够分组实训	可根据具体情况来定
2	车辆：搭载 EA888 或 EA211 发动机的大众系列车型	可根据具体情况来定
3	仪器设备：专用仪器 V、A、G 1526B、T10007 检测仪、举升机、旧机油回收装置、制动液质量检验仪、内窥镜等	其他仪器设备的选配，可根据具体情况来定
4	工量具：扭力扳手 V.A.G 1783（2~10N·m）、扭力扳手 V.A.G 1331（5~50N·m）、套筒扳手、专用工具 V.A.G 3417、专用工具 T40039、专用工具 T10500、专用工具 T10499、专用工具 V.A.S 8583、专用工具 3122B、数字式万用表、抹布等	其他工量具的选配，可根据具体情况来定

模块 1　汽车基础性维护

(续)

序号	相关仪器设备及材料	备注
5	材料：制动液、风窗清洗液、冷却液、发动机润滑油、机油滤清器滤芯、空气滤清器滤芯、火花塞、汽油清净剂等	各运行材料品种及规格的选配，可根据具体情况来定

任务实施

子任务 1　目视检查发动机及发动机舱内的其他部件是否有泄漏或损坏（从上方）

任务描述	通过目视来检查发动机舱内机油、燃油、冷却液、制动液、转向助力油、制冷剂、风窗清洗液的密封情况；检查车辆各系统是否存在泄漏现象；及时发现故障隐患，减少车辆损失，消除安全隐患
操作过程及相关图表	1）润滑系统的可能泄漏点 ①加油口 ②机油滤清器支架处 ③配气相位调节阀处 ④曲轴箱通风管接口处 ⑤机油滤清器密封圈处 ⑥机油尺座处 发动机舱维护 作业 1  2）燃油系统可能泄漏点 ①发动机舱内输油管路接口处 ②高压油泵、油轨 ③油压传感器及连接处 

13

汽车维护

（续）

| 操作过程及相关图表 | 3）冷却系统的可能泄漏点
①暖风法兰处
②水泵进出水管处
③散热器进出水管处
④冷却液温度传感器处 |

4）制动系统的可能泄漏点
①制动液油壶与制动总泵连接处
②ABS 泵与油管连接处
③手动变速器离合器分泵及管路连接处

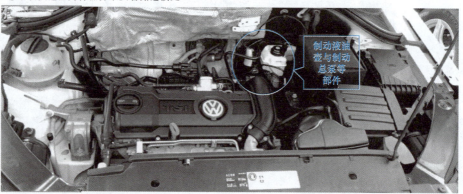

5）空调制冷系统的可能泄漏点
①空调压缩机油封处
②压力开关连接处
③膨胀阀连接处
④冷凝器与管路连接处

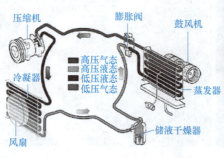

模块1　汽车基础性维护

（续）

操作过程及相关图表	6）转向助力系统可能泄漏点（目前，液压助力转向逐步用伺服电机进行电控助力，即EPS） ①转向助力泵油管及油封 ②油压开关 ③转向助力油壶及油管 7）风窗清洗液可能泄漏点 ①喷水电机附近 ②液位传感器附近 ③管路连接处  风窗清洗液储液罐及相关管路 8）检查发动机舱内管路、电路部件等是否有损坏或干涉
注意事项	当液面低于标准值时，要仔细检查，查明原因
任务记录	如果存在泄漏或损坏等问题，则应在维护项目单上的不合格处做标记，并由服务顾问告知客户（见相关工作页）
任务好处	及时发现车辆故障隐患，减少车辆损失，消除安全隐患

子任务2　检查蓄电池固定情况和电眼颜色（免维护蓄电池无电眼的应检查蓄电池电压）

任务描述	通过对电眼颜色或蓄电池静态电压的检测，评估蓄电池状态，减少车辆抛锚的风险
操作过程及相关图表	1）蓄电池固定螺栓的检查 操作要领：如图所示，先取下蓄电池绝缘防尘罩（若有），使用扭力扳手 V.A.G 1331（5~50 N·m）及套筒扳手检查蓄电池固定螺栓的拧紧力矩是否符合标准，并观察电眼颜色 警告：如果蓄电池安装不牢固，则容易出现爆炸、隔板损坏、电解液泄漏、碰撞着火等危险 技术要求：相应车型所配备蓄电池固定螺栓的拧紧力矩应符合表中所示标准 发动机舱维护作业2 蓄电池绝缘防尘罩 | 车型 | 蓄电池固定螺栓拧紧力矩/N·m | |---|---| | 捷达、宝来A4、高尔夫A4 | 22 | | 新宝来、高尔夫A6、速腾、新速腾、迈腾B6、迈腾B7L | 20 | | CC | 35 | | 高尔夫A7 | 15 | 2）蓄电池端子接线柱固定螺栓的检查 操作要领：目视检查端子接线柱固定螺栓是否松动，如果松动应以标准力矩拧紧，标准力矩见下表 技术要求： ①用扭力扳手 V.A.G 1783（2~10N·m）进行紧固 ②检查蓄电池外部四周是否有泄漏，若有电解液泄漏，则更换蓄电池

(续)

车　型	蓄电池接线柱拧紧力矩/N·m
捷达、宝来A4、高尔夫A4	5
新宝来、高尔夫A6、新速腾、万腾B7L、CC、高尔夫A7	6
速腾、迈腾B6	9

V.A.G 1783

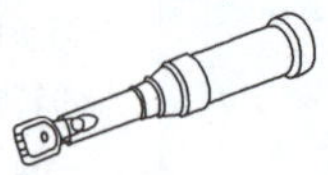

操作过程及相关图表	3）蓄电池静态电压的检测 技术要求（即标准测试条件）： ①用专用仪器V.A.G 1526 B进行检测（也可用如图所示的数字式万用表进行测量） ②关闭点火开关并断开所有用电设备，拔出点火钥匙（若有） ③断开蓄电池负极接线端 ④至少等待2h，在这个时间段内蓄电池既不能充电也不能放电 V.A.G 1526 B 4）测量结果分析及采取的措施 ①静态电压≥12.5V，则静态电压正常 ②静态电压<12.5V，则应给蓄电池充电 提醒：如果充电后蓄电池的静态电压<12.5 V，则应更换蓄电池
注意事项	1）在对蓄电池进行充电操作时，必须在通风良好的环境中进行 2）在拆卸蓄电池时，必须先断开蓄电池负极接线柱，否则有短路烧伤的风险 案例：某维修技师用金属工具时未按照操作规范先断开蓄电池负极，而是先断开正极，结果金属工具与车身触碰出现短路，产生巨大电流，导致维修技师手部被严重电击烧伤 3）在对蓄电池进行充放电操作时，必须由经过专业培训的技术人员执行 4）在对蓄电池进行充电时，必须先连接正极接线柱，后连接负极接线柱 5）电解液具有腐蚀性，如果电解液从蓄电池中流出，可能会造成皮肤损伤，也可能损伤车辆油漆和部件 6）绝不能对已发生冻结的蓄电池采取辅助起动措施，否则有爆炸的危险，此时必更换蓄电池
任务记录	将蓄电池电眼颜色或静态电压数值记录在维护项目单上（见相关工作页）
任务好处	1）定期检查、分析蓄电池起动能力，减少车辆抛锚风险 2）通过检查可及时发现蓄电池是否充电不足，通过辅助充电，可延长蓄电池使用寿命

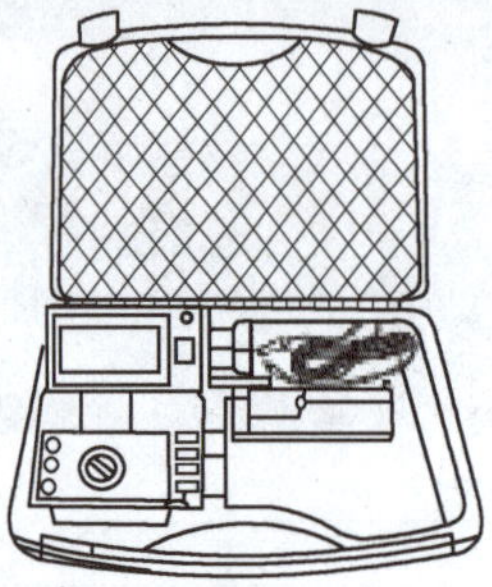

子任务3　目视检查制动液液位及制动系统密封性

任务描述	检查制动液液面及使用年限，检查制动系统是否泄漏（上部检查），确保制动系统安全
操作过程及相关图表	1）检查制动液液面 根据生产日期及维修维护记录，确认制动液年限是否已到两年，如果到两年，则必须更换制动液；如果未到两年，则检查制动液液面是否在标准范围内 警示：如果制动液液位不足，必须确认系统无泄漏后，才能添加原厂制动液至标准值

发动机舱维护作业3

模块1 汽车基础性维护

（续）

操作过程及相关图表	 上限 下限 2）从上部检查制动系统是否泄漏 ①检查制动液储液罐处是否泄漏 ②检查储液罐与总泵连接处是否泄漏 ③检查制动总泵上的管路接头处是否泄漏 ④检查离合器总泵管路与储液罐连接处是否泄漏（手动变速器） 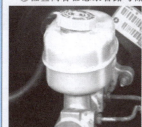  油壶　离合器进油管　离合器总泵
注意事项	1）不能混合使用制动液 2）应保持制动液的清洁 3）应防止制动液的吸潮 4）应定期更换制动液 5）注意检查制动液的温度 6）注意对液压制动系统的保护
任务记录	将检查结果记录在维护项目单上（见相关工作页）
任务好处	通过检查制动液液面高度，可及时发现液面是否缺失，从而能及时检查出制动系统泄漏点，排除制动系统故障隐患，保证行车安全

子任务4　检查风窗清洗液液面高度，必要时添加清洗液

任务描述	通过对风窗清洗液液面的检查与及时添加，确保风窗清洗液始终充足、预防刮水器刮片过早损坏、提高驾驶安全性
操作过程及相关图表	1）检查风窗清洗液液面高度 ①打开风窗清洗液储液罐的盖子，目测风窗清洗液液面高度 ②如果看不到液面，则应加注原厂风窗清洗液至储液罐罐口附近指定位置 ③盖好储液罐盖子 发动机舱维护作业4  风窗清洗液储液罐及盖子

17

汽车维护

(续)

操作过程及相关图表	2)检查风窗清洗器工作情况：操作风窗清洗开关,检查风窗清洗系统工作是否正常
注意事项	1)所有车辆必须全年加注原厂风窗清洗液,否则会影响喷嘴功能 2)车辆入冬前,必须认真检查风窗清洗液浓度,否则可能会出现风窗清洗液冻结现象
任务记录	将测量结果记录在维护项目单上(见相关工作页)
任务好处	1)能在各种行驶环境下,确保风窗清洗系统都能将前风窗玻璃清洗干净,使驾驶人能始终保持良好的视野,保证行车安全 2)原厂清洗液不会腐蚀刮水器刮片,在行车中能有效去除蜡类、油类污垢及昆虫等异物

知识拓展

1. 风窗清洗液的混合浓度与防冻温度

为确保汽车在寒冷冬季（尤其是在雨雪天气）行驶时的安全，为确保行车视线，车辆刮水器必须能够正常刮扫风窗玻璃上的雨、雪、冰。为确保刮水器能够正常工作，防止刮伤玻璃、损坏刮片，在刮扫前一定要确保风窗清洗液能够流动并能均匀喷淋。表2-3为风窗清洗液的混合比例与不同防冻温度的关系，比例应根据当地季节最低气温选配。

表2-3 混合比例与不同防冻温度的关系

防冻温度/℃	清洗剂	水
-40	100%	0
18	50%	50%
8	约33%	约66%

2. 风窗清洗液的作用

① 保护喷嘴、储液罐和连接软管等清洁装置，防止冷冻。
② 能够确保扇状喷嘴即使在低温下仍可保持工作。
③ 强力清洁车窗玻璃上的蜡类和油类残余物。
④ 避免刮水器刮片老化。

3. 风窗清洗液的组成

风窗清洗液由食用酒精、纯净水、表面活性剂和助剂、食用香料等组成。

4. T10007的校准及使用方法

1) 校准方法。

① 图 2-1 所示为 T10007 检测仪，打开盖板，用柔软绒布将盖板及棱镜表面擦拭干净。
② 将蒸馏水用吸管滴在棱镜表面，合上盖板轻轻按压，将测试仪朝向明亮处，旋转目镜使视场内刻度线清晰。
③ 调整校准螺钉，使明暗分界线与基准线重合即可。
2）使用方法。
① 清洗和校准 T10007 后，擦干棱镜表面。
② 用吸管吸取一滴风窗清洗液滴在棱镜表面上。
③ 合上盖板轻轻按压，将目镜朝向明亮处。
④ 读取刻度尺上（图 2-2）的数值并记录在维护项目单上。
⑤ 用软布擦干净棱镜，放回包装盒，测试完毕。

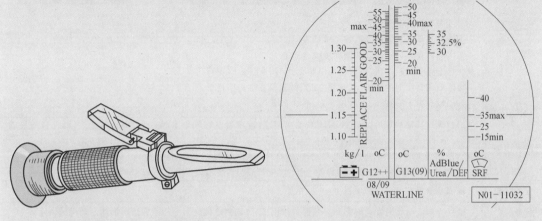

图 2-1　T10007 检测仪　　　　　图 2-2　T10007 检测仪读数

5. 风窗清洗液警告灯报警原因
① 风窗清洗液储液罐内装有液位传感器，当液面低于规定值时就会报警。
② 使用非一汽大众指定的风窗清洗液时，在冬季由于清洗液流动性较差甚至会结冰，此时也会导致报警。
③ 若将不同品牌的风窗清洗液混合使用，则会由于浓度的变化产生化学反应，影响系统传感器的正常工作，引起误报警。

子任务 5　检查冷却液液面高度及浓度（防冻能力），若有必要，应添加冷却液或调整浓度

任务描述	通过对冷却液液面和防冻能力的检查，确保冷却液始终对发动机起到有效保护作用，以降低寒冷地区因冷却液冻结而损坏发动机的风险
操作过程及相关图表	1）冷却液液面高度的检查 ①必须在发动机冷机时检查冷却液液面高度 ②标准冷却液液位应处于"min"与"max"之间 ③冷却液液位过低时，应按照混合比（40%～60%之间）加注缺少的冷却液

发动机舱维护
作业 5

(续)

操作过程及相关图表	   2）冷却液防冻能力的检查 ①清洗和校准 T10007 后，擦干棱镜表面 ②用吸管吸取一滴冷却液滴在棱镜表面上 ③合上盖板轻轻按压，将目镜朝向明亮处（参见图2-1） ④读取刻度尺上的数值（参见图2-2），并记录在维护项目单上 ⑤用软布擦干净棱镜，放回包装盒，测试完毕
注意事项	1）打开冷却液系统时，首先要关闭发动机，且将抹布覆盖在补偿水箱盖上，小心打开，否则有被烫伤的风险 2）散热器风扇有随时开启的可能，所以维修时要与风扇保持安全距离 3）高尔夫A7使用了全新的G13冷却液，该冷却液与传统G12不可以混加
任务记录	将测量结果记录在维护项目单上（见相关工作页）
任务好处	确保冷却液始终对发动机起到有效保护作用，以降低寒冷地区因冷却液冻结而损坏发动机的风险

知识拓展

1. 冷却液的混合浓度与防冻温度

汽车行驶在 0℃ 以下地区熄火停放时，发动机冷却液绝对不能结冰，否则因冷却液的结冰膨胀会冻裂发动机机体和散热器。表2-4 为冷却液的混合比例与不同防冻温度的关系，比例应根据当地季节最低气温选配。

表2-4 混合比例与不同防冻温度的关系

防冻温度/℃	冷却液添加剂	蒸馏水
-25	40%	60%
-35	50%	50%
-40	60%	40%

注意：冷却液与蒸馏水的混合比例只能在 40%～60% 之间，否则会影响冷却液性能，且只能用蒸馏水混合，不得用自来水替代。

2. 冷却液组成成分

现代汽车冷却液的组成主要包括：防冻剂、缓蚀剂、消泡剂、着色剂、防霉剂和缓冲剂等。

3. 冷却液的四防作用

现代汽车的冷却液主要具有防冻、防腐、防垢和防沸（提高沸点）4大功能。因其防冻

模块 1 汽车基础性维护

功能在 0℃ 以下地区具有特殊保护作用，因此众多场合人们称其为防冻液（图 2-3）。但现在的冷却液除了防冻功能外，还具有防腐、防垢和防沸的功能，两者是有区别的，正确的名称应该为冷却液。

 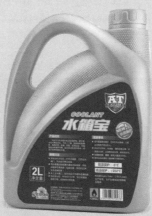

图 2-3　防冻液

警告

冷却液缺失时，禁止加水或用水替代冷却液，因为冷却液是一种含有特殊添加剂的液体，具有冬天防冻、夏天防沸、全年防水垢、防腐蚀等功能；若加水或用水替代则会严重影响冷却液功能，可能导致冷却系统产生水垢和锈蚀，严重时会造成相关部件早期损坏。

子任务 6　更换发动机机油及机油滤清器

任务描述	通过定期更换发动机机油及机油滤清器，保证发动机始终在良好润滑条件下工作，提高发动机的性能并延长发动机使用寿命
操作过程及相关图表	1）更换机油（以大众车系旧款发动机为例） ①打开机油加注口盖 ②举升车辆，松开放油螺塞 ③待油底壳内机油全部放干净后，再安装新的油底壳放油螺栓，并用扭力扳手 V.A.G 1331（5~50N·m）按标准力矩拧紧 ④下降车辆，按照加注标准加注新的机油 ⑤拧紧加注口盖，起动发动机后运转 2min，再关闭发动机等待 3min ⑥检查机油油面（见后续知识拓展中的机油油位检查条件及方法）  

汽车维护

(续)

操作过程及相关图表	2)更换机油滤清器(以滤清器在上部为例) ①用专用工具 3417 将旧的机油滤清器先松开,等待几分钟后再拆下(逆时针方向) ②清洁机油滤清器支架密封面(取下旧滤清器密封垫) ③将新滤清器上的橡胶密封环稍微用机油润滑一下,以便拧紧时密封环吸附到滤清器上,使密封性更好 ④先用手将滤清器安装在机油滤清器支架上并用手预拧紧,然后用专用工具 V.A.G 1331、3417 按标准力矩拧紧 ⑤拧紧力矩:1.8 TSI、2.0 TSI 发动机为 22N·m;EA211 发动机为 20N·m   机油滤清器在下部时更换步骤与上述类似 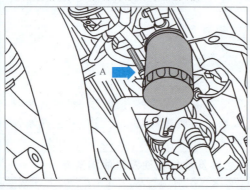 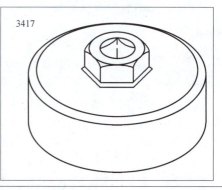
注意事项	1)加注机油时,不能超过机油尺 A 区上限,否则有损坏三元催化转化器的风险 2)不同品牌、不同型号的机油不可以混合使用 3)出现机油灯报警时,应马上关闭发动机,否则有造成发动机严重损坏的风险 4)废机油必须密封存放,并由环保部门指定有资质的单位回收处理
任务记录	将测量结果记录在维护项目单上(见相关工作页)
任务好处	1)定期更换机油、机油滤清器,使机油始终发挥良好的性能,保护发动机 2)定期更换机油,避免产生机油老化堵塞油道等问题造成发动机其他部件进一步损坏

知识拓展

1. 发动机机油油位检查条件及方法

① 发动机冷却液温度至少应为 80℃。

② 车辆处于水平位置。

③ 关闭发动机后等待 3min,以便机油流回油底壳。

④ 机油油面高度检查如图 2-4 所示,拔出机油尺,用干净的抹布擦净后将机油尺重新插入并推到底。

⑤ 再次拔出机油尺并读出机油油位。

模块1 汽车基础性维护

2. 机油尺刻度的读取

机油油尺刻度读取如图 2-5 所示,油面高度在 A 区时不得添加机油,在 B 区时可添加机油(添加后机油油位可位于 A 区但不能超过 A 区),在 C 区时必须添加机油(添加后机油油位至 B 区即可)。

图 2-4 机油油面高度检查

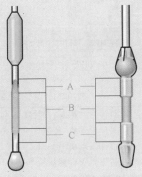

图 2-5 机油油尺刻度读取

3. 发动机润滑油逐渐消耗的原因分析

① 为降低活塞环和气缸壁之间的摩擦阻力,气缸壁应形成油膜,部分油膜会随高温燃烧的气体被烧掉。

② 润滑油由于高温氧化产生的蒸气,会通过曲轴箱强制通风系统被吸到燃烧室中燃烧。

③ 发动机润滑油的消耗受使用条件影响较大,例如使用环境、工况、驾驶习惯及燃油品质等。

子任务 7 清洗空气滤清器壳体,检查滤芯状态,必要时采取相应的维护措施

任务描述	检查滤清器状态,清洁滤清器,保证发动机进气系统工作正常
操作过程及相关图表	1)拆下滤清器壳体 2)取出滤芯,检查滤芯状态(清洁程度) 3)先用潮湿的抹布清除壳体内的灰尘及杂质(不可以使用压缩空气,否则灰尘可能直接被吹入进气管道内) 4)将新的(或清洁过的)滤芯安装到空气滤清器壳体内 5)紧固相应螺栓或卡子 6)检查滤清器壳体安装位置是否到位及是否牢固 发动机舱维护 作业 6  
注意事项	1)清洁空气滤清器上下壳体时,注意勿使异物进入进气道 2)风沙较大的地区,清洁和更换里程应适当提前 3)若滤芯可以继续使用,则应轻轻敲打去除灰尘,不可用压缩空气直接吹 4)部分老宝来车型,在空气滤清器滤芯前还有一个空气滤网,应注意检查与清洁

汽车维护

(续)

任务记录	将测量结果记录在维护项目单上(见相关工作页)
任务好处	通过定期清洁、检查空气滤清器,能保证空气滤清器滤芯可以过滤灰尘等杂质,使发动机始终保持进气顺畅,减少发动机磨损,提高发动机使用寿命

知识拓展

空气滤清器更换周期:TSI 车型及高尔夫 A7 为首次 20000km 或两年,之后每 20000km 或两年;非 TSI 车型为首次 30000km 或两年,之后每 30000km 或两年。

子任务8 检查火花塞状态,必要时采取相应维修维护措施

任务描述	定期检查火花塞,及时发现不正常燃烧现象,排除故障隐患
操作过程及相关图表	1)关闭发动机,关闭点火开关 2)拆卸发动机上护罩 3)拔下点火线圈插头   发动机上护罩　　点火线圈插头 4)用专用工具 T40039(EA888 发动机)拉出点火线圈 5)使用专用工具 3122B 拆下火花塞并取出 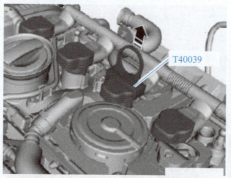 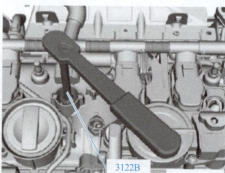 T40039　　3122B 6)检查火花塞燃烧状态,检查是否烧蚀,必要时更换新的火花塞  

模块1 汽车基础性维护

(续)

操作过程及相关图表	7)使用专用工具安装新的火花塞(安装前检查零件号是否正确) 8)用V.A.G 1331以25N·m力矩拧紧火花塞(EA888发动机) 9)安装点火线圈,连接插头 10)起动发动机,观察发动机运转情况 11)关闭发动机,安装发动机上护罩
注意事项	1)应更换经过匹配和测试的原厂火花塞,其电极数量、间隙、热值应一致并具有抗无线电干扰的功能 2)用专用扳手按规定力矩拧紧火花塞
任务记录	将测量结果记录在维护项目单上(见相关工作页)
任务好处	火花塞的电极在使用过程中会逐渐消耗,并造成电极的间隙过大,点火能量减弱,此时车辆就会出现动力下降、冷起动困难、油耗增加等问题。通过检查火花塞电极与陶瓷体颜色,可判断火花塞燃烧状态,在早期排除发动机潜在故障

知识拓展

1. 火花塞更换周期及质量担保周期

① 检查里程:非TSI发动机为15000km,TSI发动机为10000km。
② 更换里程:非TSI发动机为30000km或两年,TSI发动机为20000km或两年。
③ 火花塞质保:5000km或6个月。

2. 大众系列部分发动机火花塞拧紧力矩(表2-5)

表2-5 大众系列部分发动机火花塞拧紧力矩

发动机	3.0 FSI	1.8 TSI/2.0 TSI	1.4 TSI	其他发动机
拧紧力矩/N·m	18	25	30	30

3. 常见发动机点火线圈拉拔工具

图2-6所示为上汽大众系列发动机常用点火线圈拉拔工具,各车型可按相应维修手册要求选择使用。

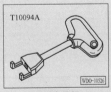
1.4TSI发动机
1.6L四气门发动机

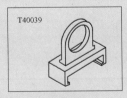
EA888发动机

3.0L发动机

非独立点火发动机
缸线拉拔工具

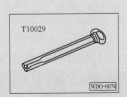
非独立点火发动机
缸线拉拔工具

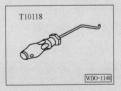
插头拉拔工具

图2-6 上汽大众系列发动机常用点火线圈拉拔工具

汽车维护

子任务9 检查发动机燃烧室和进气道状态，必要时采取相应维修维护措施

任务描述	定期检查发动机燃烧室、气门和进气道等部位是否存在积炭、漆膜、油泥、灰尘等沉积物，以保证发动机正常平稳运转。通过定期加注燃油添加剂，抑制积炭的产生，减少积炭的形成，清洁保护燃油系统
操作过程及相关图表	1）用内窥镜检查，必要时使用上汽大众专用燃油添加剂  2）用吊瓶加注燃油添加剂，溶解、清除积炭  清洁前　清洁后 使用吊瓶需要5~10min把添加剂喷洒到进气道内，从图中可以明显看出，清洁前管道口有一圈深色的积炭，清洁后管口的积炭完全不见踪影，管道内还原铝合金的材质光彩。 3）燃油添加剂使用方法 ①在加油前，将一整瓶添加剂加入油箱，然后再加满汽油 ②用完该箱汽油前，不要再加入汽油或添加剂 ③按照上述方法连续使用2~3瓶添加剂，在清除积炭、动力恢复、油耗下降后，每隔1箱汽油使用1瓶添加剂 ④对于行驶里程超过30000km且初次使用添加剂的车辆，建议连续使用6瓶，而后每10000km连续使用3瓶添加剂 ⑤对于使用乙醇汽油的，建议每隔1箱汽油使用1瓶添加剂
注意事项	1）燃油添加剂的保质期为36个月，禁止使用过期产品 2）远离儿童 3）不可饮用燃油添加剂，若不慎吞饮，不要催吐，带上本产品立即前往医院救治 4）本品刺激皮肤，若不慎入眼或接触皮肤，应立即用水清洗，或前往医院救治 5）使用燃油添加剂时禁止吸烟，远离火源，勿储放于阳光直射或温度高于40℃处 6）如果本产品滴在油漆表面，请立即清洗干净
任务记录	将检查结果记录在维护项目单上(见相关工作页)
任务好处	1）可去除发动机进气道、燃烧室等部位积炭 2）使燃油完全燃烧，获得更好的冷起动性能，使运行平稳流畅 3）减少燃油消耗量和废气排放量

知识拓展

1. 积炭对发动机的影响

① 积炭可能造成发动机加速无力、油耗增加、起动困难等现象。
② 燃烧室积炭还可能会导致发动机爆燃，使活塞环卡死甚至对口，出现烧机油现象。
③ 严重积炭会导致气门卡滞，使活塞上行时与未回位的气门相撞，造成发动机损伤。

提醒：积炭会影响发动机性能及使用寿命，从而影响整车的动力性和经济性。

2. 避免积炭形成的技术措施

① 定期到经销商处进行维护，使用原厂专用燃油添加剂，适当对燃油供给系统和进气

模块1 汽车基础性维护

系统进行清洗。

② 使用优质燃油。

③ 使车辆适当在发动机高转速下行驶。

子任务10 检查多楔传动带状态，必要时更换多楔传动带

任务描述	通过定期检查多楔传动带状态，使多楔传动带始终处于良好状态
操作过程及相关图表	1）关闭发动机，用套筒扳手转动曲轴的带轮 2）观察多楔传动带表面是否有层离（表层、加强筋） 3）检查多楔传动带表面是否有裂纹、中心断裂、截面断裂 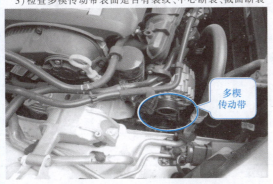 发动机舱维护 作业7 4）用手逆时针翻转多楔传动带，检查齿面是否磨损（检查是否有材料磨蚀、齿面散开、齿面硬化、玻璃状齿面、表面裂纹情况） 5）检查多楔传动带是否有机油和油脂痕迹 6）检查多楔传动带多楔槽、多楔带轮槽内部是否有异物，若有则清除 7）若多楔传动带状态不符合要求，则应更换多楔传动带  
注意事项	对于已经运转过的多楔传动带，如果运转方向相反，则可能会导致多楔传动带过早损坏，故在拆卸多楔传动带之前应用粉笔或记号笔标记旋转方向
任务记录	将检查结果记录在维护项目单上（见相关工作页）
任务好处	定期检查多楔传动带运行情况及老化状态，提前排除故障隐患，避免发生因传动带突然断裂导致发电机、空调等部件不能正常工作的情况

知识拓展

多楔传动带更换周期首次为30000km或2年，之后为每30000km或2年。

子任务11 检查EA211发动机正时带，必要时更换

任务描述	定期检查发动机正时带，保证发动机配气正时始终处于正确、安全的运行状态，降低因正时带老化或有裂纹而损坏发动机的风险

汽车维护

(续)

操作过程及相关图表	1)检查正时带及其张紧轮和惰轮的技术状况 EA211使用的正时带 2)首次检查是90000km,之后为每30000km检查一次,必要时更换 3)每180000km必须更换
注意事项	1)为保证正时带的配气正时准确无误,在紧固张紧轮固定螺栓时,必须输入连接工具T10500的长度数据,否则拧紧力矩不准确 2)标准拧紧力矩为30N·m 3)检查张紧轮和惰轮的技术状况,必要时与正时带一同更换
任务记录	将检查结果记录在维护项目单上(见相关工作页)
任务好处	1)降低因正时带老化、断裂或有裂纹而损坏发动机的风险 2)降低因张紧轮和惰轮卡滞、晃动而损坏发动机的风险

知识拓展

拆装正时带的任务必须由专业人员使用专用工具按专业操作规程完成,否则极易造成配气正时、点火正时、喷油正时的错乱。

1)图2-7所示为用于紧固和旋松正时带张紧器的专用工具T10499。

2)图2-8所示为用于紧固正时带张紧轮和水泵传动带(安装冷却液模块时)的专用预紧工具V.A.S 8583。

3)图2-9所示为用于在不拆卸发动机侧盖情况下紧固和松开正时带张紧轮螺栓的专用工具T10500。

图2-7 专用工具T10499　　图2-8 专用预紧工具V.A.S 8583　　图2-9 专用工具T10500

二、汽车驾乘舱维护

下面以市场上保有量较大的搭载1.8L和2.0L TSI EA888发动机的途观SUV、帕萨特轿车等车型为例介绍汽车驾乘舱维护操作。

任务准备

汽车驾乘舱及相关系统、总成、部件维护计划和维护的相关设备及材料准备见表2-6、表2-7。

模块 1　汽车基础性维护

表 2-6　汽车驾乘舱及相关系统、总成、部件维护计划

序号	维护项目	维护内容及方法	间隔里程或时间
1	功能检查	检查车内所有开关、车内照明、电器、显示器和仪表各警告指示灯的功能	首保 5000km，以后间隔 10000km 或视情况而定
2	OBDⅡ自检	查询自诊断系统故障存储器	首保 5000km，以后间隔 10000km 或视情况而定
3	保养灯归零及复位	保养周期指示器复位	首保 10000km，以后间隔 10000km 或视情况而定
4	安全气囊和安全带	检查安全气囊和安全带状态及安全气囊壳是否损坏	首保 5000km，以后间隔 10000km 或视情况而定
5	天窗	检查滑动天窗功能、清洗导轨并用专用润滑脂润滑	首保 5000km，以后间隔 10000km 或视情况而定
6	车门	检查、润滑车门止动器	首保 10000km，以后间隔 10000km 或视情况而定
7	粉尘滤清器	检查粉尘滤清器状态，清洁壳体，更换粉尘滤清器	首次 20000km 或两年，之后每 40000km 或两年

表 2-7　汽车驾乘舱及相关系统、总成、部件维护的相关设备及材料准备

序号	相关仪器设备及材料	备注
1	场地：通风采光好，相互干扰少，车辆进出方便，能够分组实训	可根据具体情况来定
2	车辆：搭载 EA888 或 EA211 发动机的大众系列车型	可根据具体情况来定
3	仪器设备：诊断仪（V.A.S 5051、V.A.S 5051B、V.A.S 5052、V.A.S 5052A、V.A.S 6150、及金奔腾 929 等）、专用仪器 V.A.S 505X 等	其他仪器设备的选配，可根据具体情况来定
4	工量具：通用工具、专用工具、量具、抹布等	其他工量具的选配，可根据具体情况来定
5	材料：高熔点润滑脂 G000150、粉尘滤清器滤芯等	各运行材料品种及规格的选配，可根据具体情况来定

任务实施

子任务 12　检查车内所有开关、车内照明、电器、显示器和仪表各警告指示灯的功能

任务描述	通过对车内所有开关、电器、指示灯的检查，及时发现不能正常工作的部件，及时修理，排除车辆潜在故障
操作过程及相关图表	1）检查左前门所有开关工作是否正常 图中所示为左前门上的各种开关、按钮、部件等的名称： ①防盗警报系统或锁止机构警告灯 ②车门开启拉手 ③中央门锁按钮 ④丹拿音响标志 ⑤车外后视镜调整开关 ⑥发动机舱盖锁开启手柄 ⑦行李舱盖锁开启按钮 ⑧杯架 ⑨车门开启警示/照地灯 ⑩储物舱或发光警示马甲存放舱 ⑪电动门窗操作按钮

驾乘舱维护
作业 1

汽车维护

（续）

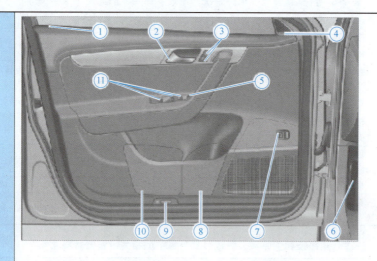

2）检查转向柱上所有开关及仪表板上部分开关工作是否正常

图中所示为转向柱上所有开关及仪表板上部分开关、按钮、部件等的名称：

①车灯开关
②用于操控相关装置的操纵杆
③多功能转向盘上的操作元件
④组合仪表
⑤风窗刮水器和清洗器操纵杆
⑥点火开关
⑦踏板
⑧可调式转向柱调整手柄
⑨驾驶人正面安全气囊
⑩喇叭按钮（点火开关打开时起作用）
⑪杂物箱
⑫巡航控制系统开关
⑬前照灯照明范围调整旋钮
⑭仪表和开关照明亮度调节旋钮

操作过程及相关图表

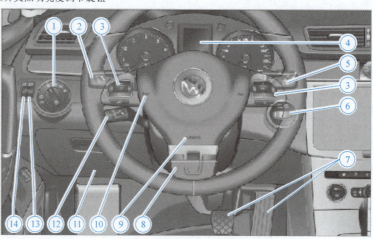

模块1 汽车基础性维护

（续）

操作过程及相关图表	3）检查中控台上所有开关、所有警告灯及仪表板上部分开关工作是否正常 图中所示为中控台上所有开关及仪表板上部分开关、按钮、警告灯、部件等的名称： ①变速杆 ②储物箱 ③收音机或导航系统 ④危险警告灯按钮 ⑤空调系统 ⑥右前座椅加热器操控元件 ⑦左前座椅加热器操控元件   4）检查顶棚上所有开关工作是否正常 5）检查右前门所有开关工作是否正常 6）检查后排所有开关工作是否正常
注意事项	应逐一检查，不能漏项，以免车辆"带病"行驶
任务记录	将检查结果记录在维护项目单上（见相关工作页）
任务好处	1）通过对各开关的例行检查，确保各开关始终处于正常工作状态 2）通过对各警告灯的检查，确保各警报系统工作正常，从而使得各系统处于良好状态

知识拓展

1. 仪表警告灯及释义（表2-8）

表2-8 仪表警告灯及释义

图标	释义
 (!)	切勿继续行驶，立即停车！（电子驻车制动器处于打开状态、制动液液位过低或制动系统发生故障）
 ⛉	不得继续行驶！（发动机冷却系统存在故障）
 🛢	切勿继续行驶，立即停车！（发动机机油压力过低）
 🛞	切勿继续行驶，立即停车！（转向机构存在故障）
 🚗	施加制动！（预碰撞安全系统发出撞车警告）
 🧍	驾驶人或前排乘员未系安全带
 ⊘	制动踏板制动
 🔋	发电机发生故障
 ⚙	DSG7档双离合器变速器过热

2. 仪表指示灯及释义（表2-9）

表2-9 仪表指示灯及释义

符号	释义
 ⇐ ⇒	打开左侧或右侧转向信号灯
	危险警告灯处于打开状态
 (!)	制动踏板制动
	巡航控制系统正在控制车速
	预碰撞安全系统（Front Assist）处于打开和激活状态
 ≡D	前照灯远光处于打开状态或正在操控前照灯闪光器
 🔧	维护周期指示器
	制片衬片过度磨损
	点亮：ESP发生故障或因系统原因关闭
	闪亮：ESP/TCS处于正常工作状态
	TCS已手动关闭
 (ABS)	ABS发生故障或工作不正常
 (P)	电子驻车制动器存在故障
	后雾灯处于打开状态
	前雾灯处于打开状态
	点亮：轿车照明系统部分或全部不工作
	闪亮：转弯照明系统存在故障
	排气系统发生故障
 EPC	发动机管理系统存在故障
	转向机构存在故障
	风窗清洗液液位过低
	燃油箱内几乎无燃油
	闪亮：发动机润滑系统存在故障
	点亮：发动机机油油位过低
	安全气囊和安全带张紧系统存在故障
	预碰撞安全系统（Front Assist）存在故障，未进入工作状态

模块1 汽车基础性维护

子任务13 查询自诊断系统故障存储器

任务描述	通过使用诊断仪器(俗称解码器)对车辆所有控制单元进行检查,及时发现车辆隐含故障,早期排除车辆故障隐患
操作过程及相关图表	1)关闭点火开关,连接诊断仪插头 2)打开点火开关,点击"车辆自诊断" 3)点击"车载诊断(OBD)" 4)点击"网关安装列表" 5)若在列表中显示红色则是有故障的系统,应逐个打开查询并输出故障码 6)将故障码交由班组长分析处理 7)按照维护数据表要求,读取并记录相关数据块(节气门开度、空气流量、进气压力等)

发动机参数	数据	单位	故障码	
怠速转速		r/min	发动机(	)个消除
发动机冷却液温度		℃	变速器(	)个消除
喷油脉宽		ms	ABS(	)个消除
空气流量		g/s	空调(	)个消除
进气压力		MPa	网关(	)个消除
节气门开度		%	安全气囊(	)个消除
总失火率		次	仪表板(	)个消除
前氧传感器电压		V	防盗系统(	)个消除
后氧传感器电压		V	舒适系统(	)个消除
032 组 1 区		%	(	)个消除
032 组 2 区		%	(	)个消除

	8)关闭点火开关,取下诊断仪插头,完成自诊断
注意事项	编辑服务功能可以快速清除整个系统故障码,但在没有对故障码分析处理前,不能直接清除故障码
任务记录	1)将故障码的数量及数据块数值记录在维护项目单上(见相关工作页) 2)打印故障码与任务委托书、维护项目单并统一存档
任务好处	能及时发现车辆电控单元故障隐患,能对故障进行预警

知识拓展

1. 诊断仪介绍

目前大众车系常用诊断仪有 V.A.S 5051、V.A.S 5051B、V.A.S 5052、V.A.S 5052A、V.A.S 6150 及金奔腾 929 等,如图 2-10 所示。

图 2-10 大众车系常用诊断仪

2. 故障码输出形式

① 直接打印。

② 保存屏幕。

③ 保存诊断协议。

3. 读取数据块时的条件

① 发动机怠速运转。

② 关闭空调及其他所有用电设备。

③ 发动机冷却液温度在 85℃ 以上。

④ 发动机没有漏气等故障。

4. 常用控制单元地址码及含义（大众车系）（表2-10）

表2-10 常用控制单元地址码及含义（大众车系）

地址码	含义	地址码	含义
01	发动机电子设备	25	防盗器
02	变速器电控系统	36	电动座椅
03	制动电控系统	44	助力转向系统
08	空调系统	46	舒适系统
09	中央电器控制单元	53	电子驻车制动系统
15	安全气囊	56	音响系统
16	转向盘电子单元	76	停车辅助系统
19	网关		

子任务14 保养周期指示器复位

任务描述	对保养周期指示器进行复位，以便仪表准确提示驾驶人下次维护里程与时间
操作过程及相关图表	1）方法1：利用手动模式操作 ①在点火开关关闭的情况下，按下按键3 ②打开点火开关 ③松开按键3，按下时钟停止键1一次 ④按压时钟的分钟调整按钮"min"，显示屏恢复为常规显示状态  2）方法2：带多功能仪表的手动复位方法 在仪表中依次选择"设置""保养日志""重设""OK" 

模块 1　汽车基础性维护

（续）

操作过程及相关图表	3）方法 3：使用诊断仪进行保养周期指示器复位 进入仪表 17-10-02-00000 复位。功能导航：依次选择品牌、车型、年款、发动机型号、仪表板、保养周期指示器复位 4）方法 4：高尔夫 A7 可以通过 MIB 选择保养周期指示器复位 
注意事项	大众系列不同车型，其保养周期指示器的归零复位操作方法有所不同，请参考具体车型维修手册
任务记录	将检查结果记录在维护项目单上（见相关工作页）
任务好处	设定维护周期后，到达下次维护前，系统会通过仪表提醒驾驶人去经销商处维护，避免出现超期维护情况，从而保证车辆性能

子任务 15　检查安全气囊和安全带状态及安全气囊壳是否损坏

任务描述	通过对安全气囊与安全带的检查，使安全气囊及安全带始终处于良好状态，确保在发生意外时，安全气囊和安全带能对乘员起到有效的保护作用
操作过程及相关图表	1）检查安全带（高度调节、收紧、按键式锁扣）功能是否正常 2）检查安全带表面是否有老化、损坏的地方 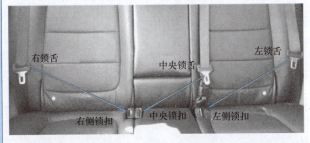 3）检查驾驶人及乘员侧安全气囊表面是否有划伤或裂纹 4）检查侧安全气囊及气帘表面是否损坏 5）检查乘员侧安全气囊是否关闭（如果关闭，必须询问客户是否知情并记录签字） 6）检查安全气囊警告灯状态是否正常 

驾乘舱维护作业 2

汽车维护

(续)

注意事项	1)禁止在安全气囊表面粘贴胶带等物品 2)不得用座套等物品将安全气囊的气袋包裹起来,以免发生意外时,安全气囊不能完全发挥作用 3)原则上不得关闭乘员侧安全气囊,除非客户强烈要求并在免责条款上签字确认
任务记录	将检查结果记录在维护项目单上,若有问题,应提醒客户并请客户签字确认(见相关工作页)
任务好处	1)定期检查安全带的状态,排除安全隐患,保证乘员安全 2)定期检查安全气囊的状态,防止因外界原因(如腐蚀或外力撞击)导致损坏,影响行车安全

知识拓展

图 2-11 所示为一汽大众部分车型的安全气囊各组成分及位置,维护时可进行参考。

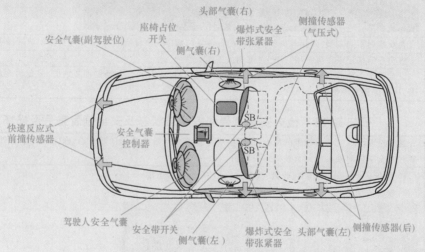

图 2-11 一汽大众部分车型的安全气囊各组成成分及位置

提示

因车型和年款不同,安全气囊及其传感器装备位置有所不同,应注意区别。

子任务 16 检查滑动天窗功能,清洗导轨并用专用润滑脂润滑

任务描述	检查、清洁与润滑天窗滑轨,检查、疏通排水管
操作过程及相关图表	1)检查天窗前后开启功能是否正常(运动是否顺畅、是否有异响) 2)检查天窗翘起功能是否正常(运动是否顺畅、是否有异响) 3)检查开关强制关闭功能是否正常 4)检查用遥控器关闭天窗功能是否正常 5)检查天窗排水管是否堵塞 6)清洁天窗轨道(清除轨道异物,然后用带酒精的无纺布清洁轨道) 7)用天窗专用润滑脂润滑天窗轨道,反复开关运行天窗几次,使润滑更充分

驾乘舱维护作业 3

模块1　汽车基础性维护

（续）

操作过程及相关图表	
注意事项	1）蓄电池断电或电压低会导致天窗控制单元无法识别天窗的具体位置，可能造成误判断而使天窗错误动作，即天窗会突然自动开启、关闭或无法关闭 2）天窗系统本身具有自动防夹功能，当天窗在移动过程中遇到过大的阻力时（天窗夹到手或其他障碍物），会自动向相反方向移动，这属于正常现象 3）车辆长时间停放后会导致供电电压过低，此时须对蓄电池充电并重新对天窗进行初始化设定 4）应定期对天窗轨道部分进行清洁和维护
任务记录	将检查结果记录在维护项目单上（见相关工作页）
任务好处	1）通过定期清洁、润滑天窗轨道，舱减小天窗运动阻力和运行噪声，减少天窗卡滞的风险 2）通过检查和疏通天窗排水管，可避免排水管堵塞，从而避免造成管路积水浸泡内饰板

知识拓展

1. 装备MD2电机的天窗初始化方法

① 先强制关闭天窗，之后取下顶灯盖板，断开电机线束插头，等待10s后再接上线束插头。

② 将开关由关闭位置旋向开启位置约15s，再迅速旋回到关闭位置，听见电机有"咯哒"的响声后，按住按钮开关，此时天窗将完成一个自动循环。

③ 一个自动循环完成后天窗即初始化完成。关闭点火开关5~7s后，天窗记忆完成。

2. 装有MD4电机的天窗初始化方法

① 将开关在关闭位置按住，等待25~30s，天窗将起翘到最大。

② 玻璃抖动一下时松开并再次按住开关，此时天窗将下落，完成开启、关闭的一个自动循环，天窗初始化完成。

3. 大众CC、新速腾通过LIN线控制，可使用V.A.S 505X进入控制单元地址码4F进行天窗初始化

子任务17　润滑车门止动器

任务描述	通过定期润滑车门止动器，减少止动器磨损，消除摩擦噪声
操作过程及相关图表	1）打开车门 2）清洁止动器尘土等 3）使用高熔点润滑脂G000150润滑止动器 4）反复开关车门几次，保证润滑充分

(续)

注意事项	润滑脂使用要适量
任务记录	将检查结果记录在维护项目单上(见相关工作页)
任务好处	通过润滑,可减少车门阻力,消除摩擦噪声

子任务18　检查粉尘滤清器状态,清洁壳体,更换粉尘滤清器

任务描述	通过定期检查粉尘滤清器状态,清洁粉尘滤清器壳体,更换粉尘滤清器,保证车内始终能吸入清洁的空气
操作过程及相关图表	1)拆下旧的粉尘滤清器 2)检查粉尘滤清器状态,若脏污或潮湿发霉则应更换新的滤芯 3)用吸尘器吸附壳体内的灰尘等 4)安装新的或可继续使用的粉尘滤清器 
注意事项	1)粉尘滤清器可分为有活性炭过滤功能和没有活性炭过滤功能的两种滤芯,具有活性炭过滤功能的滤芯表面呈轻微黑色,没有活性炭过滤功能的滤芯为白色,应注意区分 2)粉尘滤清器更换周期一般为首次30000km或两年,之后每30000km或两年更换1次;高尔夫A7更换周期为1年或20000km
任务记录	将检查结果记录在维护项目单上(见相关工作页)
任务好处	粉尘滤清器能够过滤、净化进入汽车驾乘舱内的空气,能避免行驶中驾乘舱内进入灰尘等杂质,带有活性炭的粉尘滤清器还可以吸附有毒有害气体

知识拓展

1. 开启空调时车内有异味分析

1)空调系统内部不洁净或发霉时,会导致异味随空气进入车内。

2)空调滤芯表面吸附杂质或花粉过多会产生异味。

3)使用空调的内循环模式时,若在车内吸烟,则烟味及焦油等很容易残留在空调分配箱内,空调系统也会出现异味。

2. 防止车内产生异味的技术措施

1)为预防空气潮湿导致空调系统发霉,应及时使用自然风或暖风,使空调系统保持相对干燥。

2)定期更换空调滤芯。

3)尽量避免在车内吸烟。

三、汽车室内维护质量检验

上述大众系列各车型的室内维护质量检验,可根据《汽车维护、检测、诊断技术规范》(GB/T 18344—2016)规定,参考营运车辆二级维护的过程检验和竣工检验相关内容和要求

模块 1　汽车基础性维护

进行。

1. 汽车二级维护过程检验

对汽车二级维护进行过程检验的目的就是为了实现维护过程的质量控制。根据 GB/T 18344—2016 规定：汽车二级维护过程中应始终贯穿过程检验，并记录二级维护作业过程或检验结果，维护项目的技术要求应符合技术标准和车辆维修资料等相关技术文件规定。

汽车维护过程检验是一项维护作业过程中的质量管理工作，是确保汽车维护质量的重要环节，汽车二级维护过程检验应满足如下要求。

1）严格实施跟踪检验，即在汽车二级维护作业项目（含基本作业项目和附加作业项目）执行过程中全面地、自始至终地实施质量检验。

2）及时做好检验记录，特别是对有配合间隙、调整数据或拧紧力矩等技术参数有要求的作业项目，要有检验数据的记录，来作为作业过程质量监督的依据，同时为汽车竣工出厂检验提供依据和参考。

3）应满足有关技术标准或出厂说明书的有关规定。

2. 汽车二级维护竣工检验

汽车二级维护竣工检验是汽车维修企业对承修汽车在二级维护各项维护作业结束后，对维护质量的一次全面检验，是控制汽车维修质量，杜绝不合格汽车出厂的一个重要环节。汽车二级维护竣工检验须由专职检验员、专业检测线和专业仪器设备来完成，检验人员须熟悉汽车二级维护的作业内容、作业过程及技术要求，须掌握国家、行业及地方的有关技术标准和检测方法，并能对汽车二级维护竣工检验（包括人工检查，道路试验和检测线检测等）的结果进行分析，能指导维修人员进行调整、修理等作业，能够正确填写有关的技术资料。

根据 GB/T 18344—2016 要求，参考营运车辆二级维护的竣工检验相关内容，汽车室内维护竣工检验项目及技术要求见表 2-11。

表 2-11　汽车室内维护竣工检验项目及技术要求

序号	检验部位	检验项目	技术要求	检验方法
1	整车	清洁	发动机舱及驾乘舱内部及各总成外部清洁	检视
2		紧固	发动机舱及驾乘舱中各总成、部件螺栓、螺母紧固,锁销齐全有效	检查
3		润滑	车门、天窗等润滑部位的润滑良好	检视
4		密封	发动机舱盖、车门缝、天窗轨道密封圈等处密封良好	检视
		故障诊断	有车载诊断系统（OBD）的车辆,无故障信息	检测
5	发动机及其附件	发动机工作状况	在正常工作温度状态下,发动机起动3次,成功起动次数不少于2次,发动机低、中、高速运转稳定、无异响	路试或检视
6		发动机装备	齐全有效	检视
7	照明、信号指示装置和仪表开关、按钮等	前照灯开关	完好有效,工作正常,性能符合 GB 7258—2017 规定	检视、检测
8		信号指示装置开关	转向灯、制动灯、示廓灯、危险警告灯、雾灯、喇叭、标志灯及反射器等信号指示装置开关、按钮等完好有效	检视
9		仪表指示	各类仪表工作正常	检视

提醒：汽车维修企业及维修人员应主动遵守自检、互检、总检的"三检"制度，并养成相互衔接、相互监督、相互依赖的良好职业素养，以保证维修质量，确保行车安全。

任务2　汽车室外维护

汽车室外维护也称为车身外围维护，下面以市场上保有量较大的搭载 1.8L 和 2.0L TSI

 汽车维护

EA888 发动机的途观 SUV、帕萨特以及新桑塔纳轿车等车型为例介绍汽车室外维护操作。

一、汽车外围维护计划与设备、材料准备

任务准备

汽车外围及相关系统、总成、部件维护计划见表 2-12。

表 2-12 汽车外围及相关系统、总成、部件维护计划

序号	维护项目	维护内容及方法	间隔里程或时间
1	车辆外部灯光、警告灯及其他灯光检查	检查车辆外前部、后部、行李舱照明灯等所有灯光状态和闪烁警告装置、静态弯道行车灯、自动行车灯控制功能	首保 5000km，以后间隔 10000km 或视情况而定
2	前风窗及前照灯清洗装置检查	检查风窗刮水器、清洗器及前照灯清洗装置功能，若有必要，可调整喷嘴	首保 5000km，以后间隔 10000km 或视情况而定
3	前照灯光束及照射角度和发光强度检查	检查前照灯光束，若有必要，可调整前照灯光束	首保 5000km，以后间隔 10000km 或视情况而定
4	氙气灯设置	对氙气灯进行基本设置	首保 5000km，以后间隔 10000km 或视情况而定

汽车外围及相关系统、总成、部件维护的相关设备与材料准备见表 2-13。

表 2-13 汽车外围及相关系统、总成、部件维护的相关设备与材料准备

序号	相关仪器设备及材料	备注
1	场地：通风采光好，相互干扰少，车辆进出方便，能够分组实训	可根据具体情况来定
2	车辆：搭载 EA888 或 EA211 发动机的大众系列车型	可根据具体情况来定
3	仪器设备：灯光测试仪、诊断仪等	其他仪器设备的选配，可根据具体情况来定
4	工量具：一字螺钉旋具、调整器、专用工具 T10127、抹布等	其他工量具的选配，可根据具体情况来定
5	材料：风窗及前照灯清洗液、刮水器刮片等	各运行材料品种及规格的选配，可根据具体情况来定

任务实施

子任务 1　检查车外前部、后部、行李舱照明灯等所有灯光状态和闪烁警告装置、静态弯道行车灯、自动行车灯控制功能

任务描述	通过对全车灯光的检查，保证照明、信号及警告灯状态正常，保证行车安全
操作过程及相关图表	1）检查前部灯光是否正常（以帕萨特轿车为例） 检查部位： ①右转向灯 ②左转向灯 ③远光灯 ④远、近光变换 ⑤近光灯 ⑥示廓灯 ⑦危险警告灯 ⑧雾灯

模块1 汽车基础性维护

（续）

操作过程及相关图表	2）检查后部灯光是否正常 检查部位： ①示廓灯、牌照灯 ②制动灯 ③倒车灯 ④左转向灯 ⑤右转向灯 ⑥危险警告灯 ⑦雾灯 3）检查车内灯光是否正常 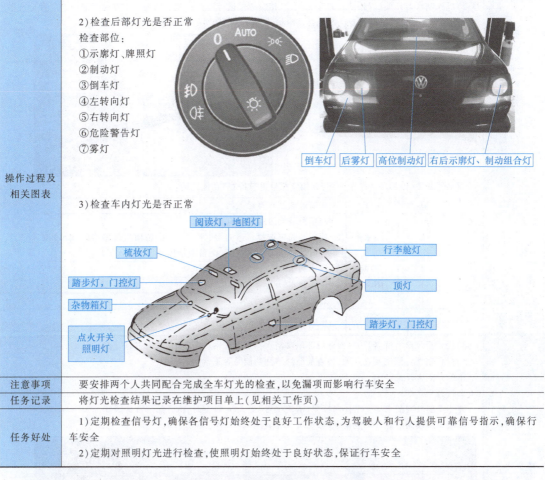
注意事项	要安排两个人共同配合完成全车灯光的检查，以免漏项而影响行车安全
任务记录	将灯光检查结果记录在维护项目单上（见相关工作页）
任务好处	1）定期检查信号灯，确保各信号灯始终处于良好工作状态，为驾驶人和行人提供可靠信号指示，确保行车安全 2）定期对照明灯光进行检查，使照明灯始终处于良好状态，保证行车安全

子任务2 检查风窗刮水器、风窗清洗器及前照灯清洗装置功能，若有必要，可调整喷嘴

任务描述	通过对风窗刮水器、风窗清洗器及前照灯清洗装置的功能检查，始终使它们处于良好工作状态，确保行车安全
操作过程及相关图表	1）检查风窗刮水器的刮片状态是否正常，若已损坏或老化则应更换 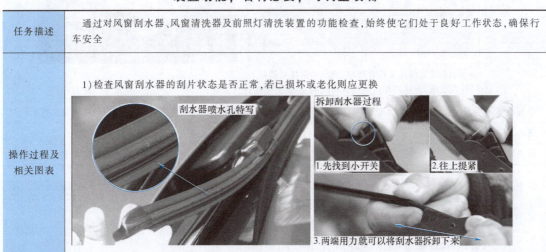

41

汽车维护

（续）

操作过程及相关图表	2）操作刮水器开关（以帕萨特轿车为例，对相应标号进行检查），检查风窗刮水器是否刮得干净且运行平稳，观察清洗器喷嘴喷出的清洗剂是否是扇状，喷射位置、高度是否合适 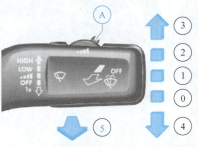  刮水器开关（以帕萨特轿车为例，对相应标号进行检查）功能说明： <table><tr><td>⓪</td><td>OFF</td><td>车窗玻璃刮水器已关闭</td></tr><tr><td>①</td><td>....</td><td>对车窗玻璃进行间歇刮水。 使用开关可选择合适的间歇档位（不配备雨量传感器的汽车）或调节雨量传感器的灵敏度（配备雨量传感器的汽车）</td></tr><tr><td>②</td><td>LOW</td><td>慢速刮水</td></tr><tr><td>③</td><td>HIGH</td><td>快速刮水</td></tr><tr><td>④</td><td>1x</td><td>点动刮水 – 短促刮水</td></tr><tr><td>⑤</td><td></td><td>车窗玻璃的刮水和自动清洗功能</td></tr></table>3）操作后风窗清洗器开关，检查后部风窗刮水器是否正常（对于高尔夫和开迪车型） 4）操作前照灯清洗装置开关，检查前照灯清洗功能是否正常 ①打开点火开关 ②打开近光灯 ③当车窗玻璃刮水器操纵杆保持在"清洗位置"处1.5s以上时，将开始清洗前照灯 ④喷束应喷到前照灯灯泡正中（参见A和B） 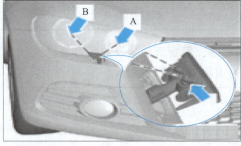  ⑤如果喷射情况不符合规定，则应采取维修措施 特殊提醒：上述操作只能检查喷嘴的功能，但无法进行调整
注意事项	更换风窗刮水器时，在刮臂竖起后，要特别注意不要跌落而击碎风窗玻璃，要用棉布垫在风窗玻璃上
任务记录	将各项检查结果记录在维护项目单上（见相关工作页）
任务好处	通过定期检查，能保证风窗刮水器、风窗清洗器及前照灯清洗装置功能正常，从而保证行车安全

知识拓展

1. 风窗刮水器复位的操作方法（带有此功能的车辆）

① 在发动机舱盖关闭的状态下进行复位。

② 打开点火开关，然后关闭点火开关。

③ 10s 内操作风窗刮水器的点动位置即可完成复位操作（图 2-12）。

2. 迈腾、CC、速腾、高尔夫等轿车刮水器喷水高度的调整方法

图 2-13 所示为风窗刮水器喷水高度的调整方法，用一字螺钉旋具和调整器完成调整：顺时针方向为调低，逆时针方向为调高。

图 2-12 风窗刮水器的复位操作

图 2-13 风窗刮水器喷水高度的调整方法

3. 用专用工具 T10127 调整喷水角度到中间位置

图 2-14 所示为风窗刮水器喷水角度的调整方法。

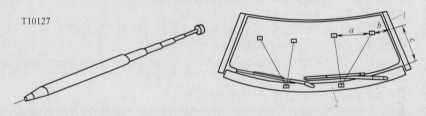

图 2-14 风窗刮水器喷水角度的调整方法

1—橡胶密封圈　2—塑料防尘罩　$a—(400±50)mm$　$b—(190±50)mm$　$c—(420±50)mm$

4. 风窗刮水器的正确位置和标准（以新迈腾轿车为例）

图 2-15 所示为风窗刮水器的正确位置，驾驶人侧的刮片橡胶与风窗下沿的距离为 A，副驾驶侧的刮片橡胶与风窗下沿的距离为 B。大众系列部分车型风窗刮水器的位置标准值见表 2-14。

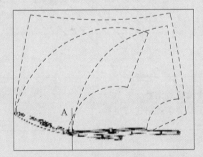 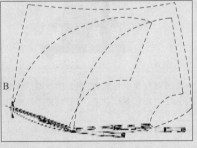

图 2-15 风窗刮水器的正确位置

表 2-14　大众系列部分车型风窗刮水器的位置标准值

车型	位置 A 标准值/mm	位置 B 标准值/mm
B7L	39	14
Magotan	39	14
CC	15	15
NCS	39	14
Sagitar	10	10
Golf A6	10	10
Golf A4/Bora A4	20±10	20±10
New Bora	20±10	20±10

子任务 3　检查前照灯光束，若有必要，可调整前照灯光束

任务描述	通过定期检查前照灯光束，确保灯光始终处于良好工作状态，保证行车安全
操作过程及相关图表	1）检查前照灯的前提条件 ①轮胎压力（按油箱盖上轮胎压力指示的半载值调整） ②载荷（在驾驶人座上坐一个人或加载 75kg 重量，油箱加注 90%） ③前照灯表面要干净、不能破损 ④前照灯反光镜和灯泡正常 ⑤前照灯高度调节在"0"位 ⑥车辆和前照灯调节装置必须在一个水平面上 2）前照灯光束调节方法（具体见灯光测试仪使用手册） ①调整前照灯测试仪与前照灯距离，保持在（50±5）cm 为宜 ②调整灯光接收器与车身纵轴线，使其处于垂直位置 ③将前照灯开关开到近光位置 ④上下调整至灯光明暗分界线 1 与测试仪指示线重合 ⑤左右调整至明暗分界线与倾斜线的交点 2 穿过灯中心 ⑥前照灯开关开到远光位置，检查明亮点是否在灯中心，若不在，应通过调整实现，调整远光后再次检查近光 ⑦若远近光不能同时满足要求，则应更换前照灯总成 ⑧在打开远光灯时，测量灯光发光强度，结果应该显示在绿区，否则说明灯光发光强度不合格 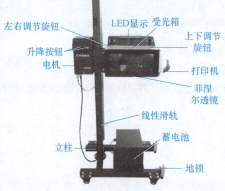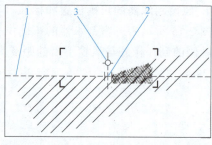
注意事项	1）如需调整前照灯光束，则必须按原厂维修手册进行调整 2）如需更换前照灯总成，则必须按原厂维修手册要求规格进行更换
任务记录	将各项检查结果记录在维护项目单上（见相关工作页）
任务好处	通过定期检查前照灯照射角度和发光强度，确保夜间行车时，车辆前照灯始终处于良好状态，能为驾驶人提供有效的照明，提高夜间行车安全性

子任务4 对氙气灯进行基本设置

任务描述	使用专用诊断仪对氙气灯进行基本设置,保证灯光照射角度及自动调节功能正常运行
操作过程及相关图表	1)进行基本设置的前提条件 ①步进电机没有故障 ②高度水平传感器无故障 ③前照灯范围控制单元 J431 必须被编码 ④蓄电池电压必须高于 10.5V ⑤左前车辆高度水平传感器 G78 的数值必须介于 12.5%~50.0% ⑥左后车辆高度水平传感器 G76 的数值必须介于 50.0%~87.5% 2)氙气灯的基本设置方法 ①关闭点火开关,连接诊断仪 ②选择"引导型功能",选择相对应车型、年款、发动机型号等 ③选择车辆系统"动态转向灯前照灯照明距离自动调节装置" ④选择"进行基本设置"并点击右箭头键选择继续 ⑤读取故障存储器,如果故障记录是"0",选择"完成" ⑥注意选择的提示,然后选择"完成" ⑦打开近光灯并点击"完成",确认成功执行 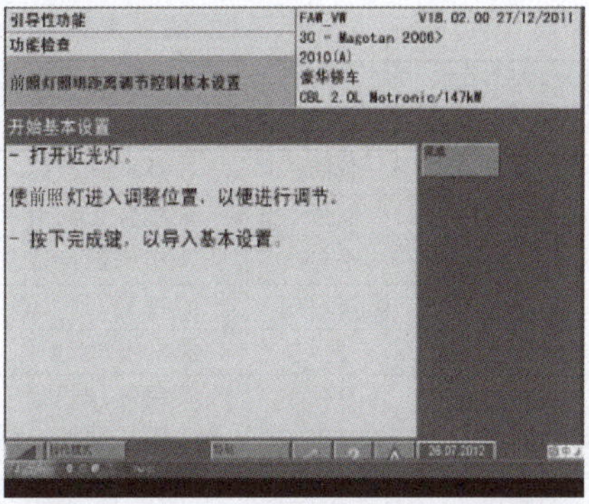 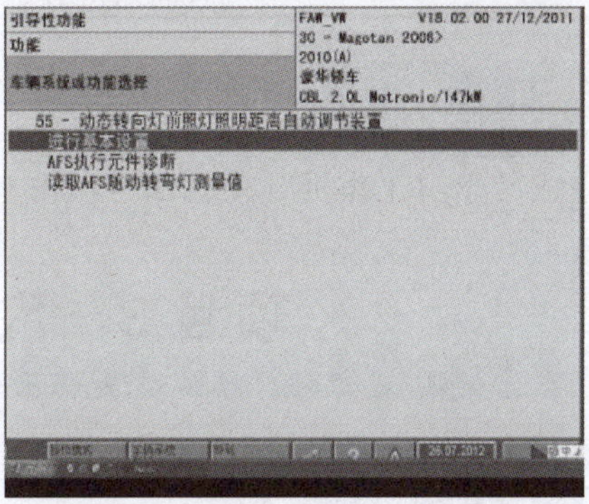 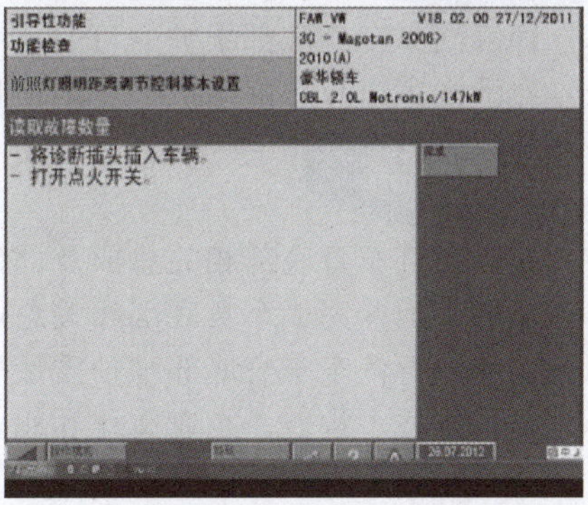
注意事项	1)在满足基本设置的前提条件下方可进行调整 2)按照诊断仪提示菜单进行调整
任务记录	将各项检查结果记录在维护项目单上(见相关工作页)
任务好处	通过基本设置,使灯光及自适应调节功能始终处于良好状态,提高夜间照明能力,保证行车安全

二、汽车室外维护质量检验

上述大众系列各车型的室外维护质量检验,可根据《汽车维护、检测、诊断技术规范》(GB/T 18344—2016)规定,参考营运车辆二级维护的过程检验和竣工检验相关内容和要求进行。

提醒:汽车室外二级维护过程检验、竣工检验等与汽车室内二级维护过程检验和竣工检验相近或相似的内容前已述及,这里不再赘述,只列举汽车室外二级维护竣工检验的相关内容。

根据GB/T 18344—2016要求,参考营运车辆二级维护的竣工检验,汽车室外维护竣工检验项目及技术要求见表2-15。

表2-15 汽车室外维护竣工检验项目及技术要求

序号	检验部位	检验项目	技术要求	检验方法
1	整车	清洁	全车外部、车厢内部及各总成外部清洁	检视
2		紧固	各总成外部螺栓、螺母紧固,锁销齐全有效	检查
3		润滑	全车各个润滑部位的润滑装置齐全,润滑良好	检视
4		密封	全车密封良好,无漏油、无漏液和无漏气现象	检视
		附属设施	后视镜、刮水器等齐全完好,功能正常	检视
5	照明、信号指示装置和仪表	前照灯	完好有效,工作正常,性能符合GB 7258—2017规定	检视、检测
6		信号指示装置	转向灯、制动灯、示廓灯、危险警告灯、雾灯、喇叭、标志灯及反射器等信号指示装置完好有效	检视
7	排放	排气污染物	汽油车采用双怠速法,应符合GB 18285—2018规定。柴油车采用自由加速法,应符合GB 3847—2018规定	检测

作 业

完成"学习工作页"项目2各项作业。

项目3 汽车车身底部维护

知识目标

1)理解汽车车身底部维护的目的及意义。
2)熟悉汽车车身底部维护作业的项目及内容。

能力目标

1)能够制订车身底部相关总成及部件的维护计划。
2)能够实施并完成车身底部相关总成及部件的各项维护作业。
3)能够进行汽车车身底部维护质量检验。
4)具备将技术技能、企业文化和职业素养进行融合的能力。

项目描述

汽车车身底部分布着变速器、驱动桥、制动器、转向器、减振器等重要总成。这些总成

46

模块 1 汽车基础性维护

使用性能的好坏,直接影响到汽车的安全性、操纵性、行驶性、通过性和舒适性等性能,尤其是汽车的制动和转向系统的技术性能,直接关乎行车安全。因此,对车身底部各系统、总成和部件的维护,已成为汽车维护的重中之重。

任务1 汽车车身底部各总成维护

一、汽车车身底部各总成维护计划与设备、材料准备

任务准备

汽车车身底部各总成维护计划见表3-1。

表3-1 汽车车身底部各总成维护计划

序号	维护项目	维护内容及方法	间隔里程或时间
1	DSG 变速器齿轮油油位检查	检查6档DSG变速器齿轮油油位,必要时添加	首保60000km,以后每间隔60000km或视情况而定
2	DSG 变速器齿轮油更换	更换DSG6档变速器齿轮油和滤清器	首保60000km,以后每间隔60000km或视情况而定
3	手动变速器齿轮油油位检查	检查手动变速器内的齿轮油油位,若有必要,添加齿轮油	首保60000km,以后每间隔60000km或视情况而定

汽车车身底部各总成维护设备与材料准备见表3-2。

表3-2 汽车车身底部各总成维护设备与材料准备

序号	相关仪器设备及材料	备 注
1	场地:通风采光好,相互干扰少,车辆进出方便,能够分组实训	可根据具体情况来定
2	车辆:搭载EA888或EA211发动机的大众系列车型	可根据具体情况来定
3	仪器设备:车辆诊断仪、举升机等	其他仪器设备的选配,可根据具体情况来定
4	工量具:专用工具(V.A.G 1331、V.A.S 6262)、集油器、扭力扳手、抹布等	其他工量具的选配,可根据具体情况来定
5	材料:ATF油、齿轮油等	各运行材料品种及规格的选配,可根据具体情况来定

任务实施

子任务1 检查6档DSG变速器齿轮油油位,必要时添加

任务描述	通过定期检查DSG变速器油位,始终保持DSG变速器有正确的油位,以充分发挥变速器性能
操作过程及相关图表	1)准备检查及加油使用的专用工具(V.A.G 1331、V.A.S 6262、车辆诊断仪、集油器) 2)连接车辆诊断仪,进入变速器系统,查看变速器油温度(应不高于45℃) 3)水平举升车辆,挂入P位

47

(续)

操作过程及相关图表	4）起动发动机，将变速杆在每个档位停留3s，然后将变速杆至于P位 5）旋出放油螺栓（不旋出溢流管） 6）待变速器油温达到35~45℃之间时，检查是否有变速器油连续滴出 7）若有油连续滴出，更换新的放油螺栓并以45N·m力矩拧紧 8）若没有油连续滴出，则使用V.A.S 6262加注变速器油至标准油位后再检查   
注意事项	1）装配DSG自动变速器的车辆，在车辆没有停稳前，禁止推入P位 2）牵引车辆时，车速不得大于50km/h，拖车距离不得超过50km 3）P位不得代替驻车制动器，停车后必须加施驻车制动，否则有溜车的风险
任务记录	将检查结果记录在维护项目单上（见相关工作页）
任务好处	1）通过对变速器油位的检查，能早期发现变速器油泄漏情况，及时维修，减少损失 2）通过对变速器油质的检查，能判断变速器工作中是否存在有高温或机械磨损情况

知识拓展

1. 检查变速器油的条件

① 油温在35~45℃之间。

② 车辆处于水平位置。

③ 变速杆置于P位。

④ 变速器未处于紧急运行状态。

2. 变速器油及滤清器更换周期

四年或60000km。

子任务2 更换DSG6档变速器齿轮油和滤清器

任务描述	定期更换DSG变速器油及滤清器，使变速器始终在良好的条件下运行，确保充分润滑、冷却，保证变速器的使用性能
操作过程及相关图表	1）排放变速器油 准备好V.A.G 1331、V.A.S 6262、集油器及诊断仪；举升车辆，松开放油螺栓并旋出溢流管，排放变速器油至集油器中 2）更换滤清器 ①逆时针旋转滤清器约7圈，松开滤清器 ②等待10s，使滤清器壳体内的变速器油流回变速器壳体中 ③拆下旧的滤清器 ④以20N·m的力矩紧固新的滤清器 3）加注变速器油 ①以3N·m的力矩拧紧溢流管 ②用力将V.A.S 6262的转换头插入到检查孔 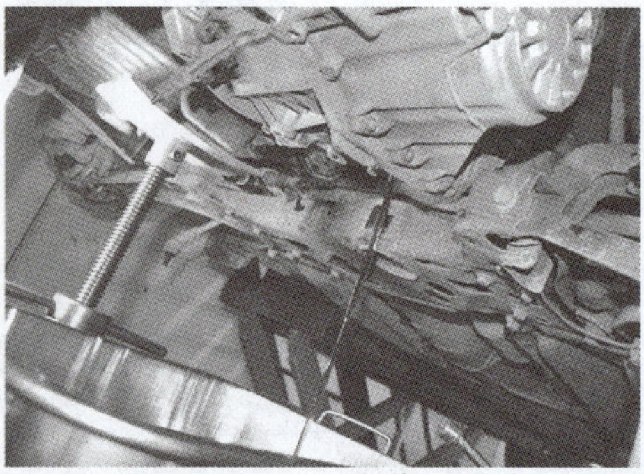

模块1　汽车基础性维护

（续）

操作过程及相关图表	③将带有V.A.S 6262的变速器油桶固定到高于变速器的位置上 ④加注5.5L变速器油 ⑤连接诊断仪，读取变速器油温，油温不得高于45℃ ⑥起动发动机，将变速器变速杆在每个档位上停留3s，最后停在P位 ⑦变速器油温在35~45℃之间时，脱开V.A.S 6262插头 ⑧排出多余的变速器油(参照DSG油面检查方法) ⑨更换新的放油螺栓，以45N·m的力矩拧紧  
注意事项	1)自动变速器车辆，在车辆没有停稳前，不准推入P位 2)牵引车辆时，车速不准大于50km/h，拖车距离不可以超过50km 3)P位不准代替驻车制动器，停车后必须施加驻车制动，否则有溜车的风险
任务记录	将检查结果记录在维护项目单上(见相关工作页)
任务好处	1)通过对变速器油位的检查，能早期发现变速器油泄漏情况，及时维修，减少损失 2)通过对变速器油质的检查，能判断变速器工作中是否存在有高温或机械磨损等现象

提示

　　大众系列采用09G自动变速器（AT）的车型的齿轮油油位及油质检查和其他采取的维修维护措施与6档DSG变速器大同小异，这里不再赘述。

子任务3　检查手动变速器内的齿轮油油位，若有必要，添加齿轮油

任务描述	定期检查手动变速器油位，使变速器油位始终处于合理高度，从而使变速器齿轮、轴承等始终得到良好润滑
操作过程及相关图表	1)大众系列未装用0A4手动变速器的车辆 ①水平举升车辆，起动发动机运行2min ②关闭发动机，拆下加油螺塞 ③检查是否有变速器油从加油口下沿流出，若有，检查油是否变质，若变质则更换 ④若油量不足，则添加至油从加油口下沿流出即可

汽车维护

(续)

操作过程及相关图表	⑤使用 V.A.G 1331 或其他扭力扳手以 30N·m 的力矩拧紧加油螺塞 车头方向　第一放油孔　 2）大众系列装用 0A4 手动变速器的车辆 ①水平举升车辆 ②通过锁销固定换档轴 ③拆下放油螺栓和轴颈 ④用一个容积约 3L 并带刻度的桶来收集变速器油 ⑤更换轴颈的密封圈并安装轴颈 ⑥安装放油螺栓 ⑦松开锁销，解除换档轴锁死状态 ⑧拆下倒车灯开关，使用软管从该开关处加入 1.7L 变速器油 ⑨安装倒车灯开关 倒车灯开关
注意事项	1）必须固定换档轴，否则有可能导致换档拨叉位置发生改变 2）不得通过变速器油检查孔检查油位，否则会造成检查油位不准确
任务记录	将检查结果记录在维护项目单上（见相关工作页）
任务好处	定期检查变速器油位，使变速器油位始终处于合理水平，保证变速器充分润滑

知识拓展

1. 手动变速器油更换周期

手动变速器油的更换周期一般为 4 年或 60000km。

2. 手动变速器油的作用

① 降低齿轮啮合时的齿面摩擦，从而降低功率损失。

② 分散热量，起冷却作用。

③ 防止齿轮腐蚀和生锈。

④ 冲洗污染物，特别是冲洗齿面上的固体颗粒，以免造成磨粒磨损。

提示

带有自动起停功能的手动变速器车辆，都带有空档开关，应注意维护。

模块 1 汽车基础性维护

二、汽车车身底部各总成维护质量检验

上述大众系列各车型的车身底部各总成的维护质量检验，可根据 GB/T 18344—2016 规定，参考营运车辆二级维护的过程检验和竣工检验相关内容和要求进行。汽车车身底部各总成维护竣工检验项目及技术要求见表 3-3。

表 3-3 汽车车身底部各总成维护竣工检验项目及技术要求

序号	检验部位	检验项目	技术要求	检验方法
1	传动系	离合器	离合器接合平稳，分离彻底，操作轻便，无异响、打滑、抖动和沉重等现象	路试
2		变速器、传动轴、主减速器	变速器操纵轻便，档位准确，无异响、打滑及乱档等异常现象，传动轴、主减速器工作无异响	路试

任务 2 汽车车身底部各部件维护

一、汽车车身底部各部件维护计划与设备、材料准备

任务准备

汽车车身底部各部件维护计划见表 3-4。

表 3-4 汽车车身底部各部件维护计划

序号	维护项目	维护内容及方法	间隔里程或时间
1	车身底部防护层和底饰板检查	目视检查车身底部防护层	首保 5000km，以后间隔 10000km 或视情况而定
2	制动系统相关部件检查	目视检查制动系统相关部件是否泄漏	首保 5000km，以后间隔 10000km 或视情况而定
3	更换制动液	每两年更换制动液，保证制动液的性能符合需求	每隔 50000km 或 24 个月
4	制动摩擦片检查	定期检查制动摩擦片的厚度，及时更换已经磨损的制动摩擦片	首保 30000km，以后间隔 10000km 或视情况而定
5	防护套检查	目视检查变速器、主减速器及等速万向节防护套有无泄漏或损坏	首保 10000km，以后间隔 10000km 或视情况而定
6	横拉杆球头检查	检查转向横拉杆球头的间隙、紧固程度及防尘套状况	首保 5000km，以后间隔 10000km 或视情况而定
7	排气管检查	检查排气管是否有泄漏、损坏，检查排气管的紧固程度	首保 5000km，以后间隔 10000km 或视情况而定
8	燃油滤清器检查	更换燃油滤清器	首保 60000km，以后间隔 60000km 或视情况而定

汽车车身底部各部件维护设备与材料准备见表 3-5。

表 3-5 汽车车身底部各部件维护设备与材料准备

序号	相关仪器设备及材料	备注
1	场地：通风采光好，相互干扰少，车辆进出方便，能够分组实训	可根据具体情况来定
2	车辆：搭载 EA888 或 EA211 发动机的大众系列车型	可根据具体情况来定
3	仪器设备：迷你型制动液测试仪 FVF 5439 3、制动系统检测仪 V.A.G 1310A、制动液更换专用装置 V.A.S 5234、加载装置 V.A.G 1869/2 等	其他仪器设备的选配，可根据具体情况而定
4	工量具：通用工具、尖嘴钳、扭力扳手、专用工具 T10202、V.A.S 5190、抹布等	其他工量具的选配，可根据具体情况而定
5	材料：燃油滤清器、制动液、制动摩擦片、防尘套等	各运行材料品种及规格的选配，可根据具体情况来定

51

汽车维护

任务实施

子任务1 目视检查车身底部防护层和底饰板是否破损

任务描述	通过目视检查车身底部防护层是否损坏,及早做防腐处理,防止车身钢板锈蚀
操作过程及相关图表	1)举升车辆 2)检查车身底部防护层是否有破损而露出车身金属底板,若有,须及时修复 3)检查车身底部饰板是否有破损,若有则应更换底饰板,防止车辆行驶中飞溅异物冲击车身破坏防腐层,产生锈蚀现象  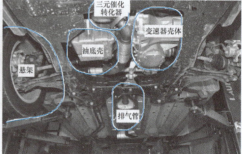 车身底部各总成维护作业1
注意事项	检查底盘时,不要接触排气管和三元催化转化器等高温部件,否则有被烫伤的风险
任务记录	将检查结果记录在维护项目单上(见相关工作页)
任务好处	1)检查底部护板及饰板,对损坏部位进行早期修理,延长车身使用寿命 2)检查底部护板及底盘内燃油管路及制动管路是否有磕碰变形或损坏,及时发现安全隐患

子任务2 目视检查制动系统相关部件是否有泄漏和损坏
(从车身底部检查,上部检查前已述及)

任务描述	通过目视检查制动系统相关部件是否泄漏,排除制动系统故障隐患
操作过程及相关图表	1)检查制动软管安装位置是否正常,卡扣是否脱落,是否有裂纹 2)检查ABS传感器电路、制动摩擦片磨损报警电路是否有破损,卡扣是否正常 3)检查制动管路卡扣位置是否正常,不正常必须复位,否则会导致制动管路与车身等部件发生干涉,导致损坏 4)检查制动管路是否有撞击变形,若制动管路有变形则必须更换,否则会影响制动效果 车身底部各总成维护作业2 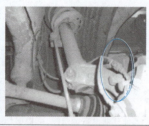  
注意事项	从车身底部目视检查制动系统是否有泄漏和损坏时,注意不要触碰到头部、手臂等身体部位,以免受伤
任务记录	将检查结果记录在维护项目单上(见相关工作页)
任务好处	1)定期检查制动系统,能排除制动系统安全隐患,提高行车安全性 2)能早期发现接近损坏边缘的部件,通过早期修理,能降低出现意外事故的风险

模块1　汽车基础性维护

子任务3　更换制动液

任务描述	每两年必须更换制动液，以保证制动液的性能始终符合制动系统需求
操作过程及相关图表	1）从制动液储液罐上拧下密封盖 2）使用V.A.S 5234的吸油管从储液罐内抽出尽可能多的制动液。注意不得拆除滤网 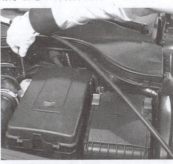 3）将适配接头拧在制动液储液罐上 4）安装制动踏板加载装置V.A.G 1869/2于驾驶人座椅与制动踏板之间 5）将V.A.S 5234加注软管连接到适配器接头上  6）将两个车轮从后轴上拆下，以便可以接触排气螺栓 7）拔下制动钳排气螺栓的塞子 8）将收集瓶的排气软管插在排气螺栓上，放出相应量的制动液，拧上排气螺栓 9）制动液排放顺序及排放量按照维修手册规定执行 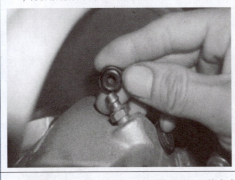
注意事项	1）不同型号、不同品牌制动液不能混用（目前大众只提供一种制动液,因此只能用原厂制动液） 2）汽车在使用过程中，随着制动片的磨损，制动液的液位会逐渐下降，这属于正常现象，只要液位在正常标识范围内，就能正常使用 3）制动液有毒并且有腐蚀作用，不能接触油漆表面，万一制动液溅到油漆表面或皮肤,应用清水冲洗 4）对于空气湿度极高的地区，根据制动液含水量检测结果，有提前更换制动液的可能 5）制动液属于受特别监控的废弃物，应统一集中回收，不得排入水系或下水道 6）制动液的密封盖使用后要及时拧紧，否则有吸收空气中水蒸气导致失效的风险
任务记录	将制动液液位检查结果记录在维护项目单上（见相关工作页）
任务好处	1）定期更换制动液，使制动液始终处于良好状态，保证制动系统的有效性 2）避免由于制动液失效出现交通事故

知识拓展

1. 制动液的成分

制动液一般由聚乙二醇醚及特殊添加剂组成,这种制动液吸湿性很强,随着时间的推移其含水量会逐渐增加,因此必须定期更换制动液。

2. 制动液含水量的检测方法

制动液含水量须用专用工具进行检测。图3-1所示为迷你型制动液测试仪 FVF 5439 3,该测试仪上有4个小灯,分别显示制动液的含水量:第一个小灯表示含水量<1%;第二个小灯表示含水量为1%;第三个小灯表示含水量为2%;第四个小灯表示含水量>3%。

图3-1 迷你型制动液测试仪 FVF 5439 3

警告

若制动液含水量大于3%,即使不到两年也需要更换制动液,否则会因制动摩擦生热,使制动液沸腾,从而导致制动失灵。

3. 每两年更换一次制动液的理由

1) 制动液是汽车液压制动系统中传递制动压力的液态介质,对制动液的性能要求是:黏温性好,凝固点低,低温流动性好;沸点高,高温下不产生气阻;使用过程中品质变化小,不会导致金属件和橡胶件的腐蚀和变质。

2) 制动液若长时间使用,会因氧化或吸收空气中的水分而变质,直接影响制动效果,从而影响行驶安全。

4. 制动系统密封性的检查方法

(1) 专用工具 使用制动系统检测仪 V.A.G 1310A(图3-2)和踏板压下装置 V.A.G 1869/2(图3-3)检查制动系统。

图3-2 制动系统检测仪 V.A.G 1310A

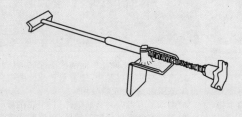

图3-3 踏板压下装置 V.A.G 1869/2

(2) 检测条件 制动系统(液压单元、制动液软管、制动管路和制动钳)功能和密封性正常。

模块1 汽车基础性维护

（3）检测方法

① 拆下一个前制动钳上的排气阀，接上制动系统检测仪V.A.G 1310A并排气。

② 预压制动踏板（可用V.A.G 1869/2压制动踏板），使压力表上读数达到5MPa。

（4）结果判定 在45s的检测时间内，压降不允许超过0.4MPa，若压力下降很多，则应更换制动总泵。

子任务4 检查前、后制动摩擦片厚度

任务描述	通过定期检查制动摩擦片的厚度，及时更换已经磨损的制动摩擦片，从而使制动系统始终处于良好状态
操作过程及相关图表	1）半举升车辆，拆下车轮 2）用游标深度卡尺检查制动摩擦片厚度并记录摩擦片厚度 a（不含背板厚度，标准值≥2mm） 3）对于鼓式制动器，可通过检查孔（箭头所示）目测制动蹄片厚度并记录
注意事项	1）制动摩擦片的磨损极限是不含背板厚度时为2mm，含背板厚度时为7mm；鼓式制动蹄片的磨损极限是不含背板厚度时为2.5mm 2）若制动摩擦片需要更换，则更换制动摩擦片后，必须先用力将制动踏板踏几次，否则制动分泵未及时回位而采取紧急制动时，存在发生交通事故的风险
任务记录	将检测结果记录在维护项目单上（见相关工作页）
任务好处	通过检查，能掌握摩擦片厚度，避免出现摩擦片过度磨损而影响行车安全

知识拓展

制动摩擦片或制动盘磨损过快原因分析：

1）与日常的使用习惯（如频繁制动或经常紧急制动）和使用环境（如制动摩擦片与制动盘之间有沙土等）有较大关系。

2）不同车型的性能及制动摩擦片材料配比不同，不具有可比性。

3）车辆制动系统制动力分配不均，也可能加速制动摩擦片与制动盘的磨损。

子任务5 目视检查变速、主减速器及等速万向节防护套有无泄漏或损坏（从下方）

任务描述	通过对变速器、主减速器及等速万向节防尘套的检查，及时发现泄漏点，排除传动部件安全隐患
操作过程及相关图表	1）举升车辆 2）目视检查变速器、主减速器壳体接合处、传动轴油封是否泄漏 3）目视检查等速万向节防尘套是否泄漏或损坏 4）下降车辆   

车身底部各总成维护作业3

汽车维护

（续）

注意事项	1）变速器、主减速器渗漏比较复杂，发现渗漏时，不能简单清洁处理，必须及时报修 2）检查底盘时，注意与排气管和三元催化转化器保持一定的距离，否则有被烫伤的风险
任务记录	将检查结果记录在维护项目单上（见相关工作页）
任务好处	通过检查，能早期发现底盘部件的泄漏点和安全隐患，及时排除，提高行车安全性，减少进一步损坏带来的损失

知识拓展

万向节防尘套的作用分析：

1）防尘套能将润滑脂封存在万向节内，使万向节得到充分的润滑，同时它还起到防尘及防止异物进入的作用。

2）防尘套必须有较好的抗高温、抗腐蚀性，同时也要能承受传动轴与车轮不断地相对运动所产生的扭转和弯曲。

警 告

若防尘套破损，则万向节内部的润滑脂会在转动的过程中被甩出，导致万向节润滑不良，加速万向节的磨损，严重时会出现卡死情况，影响行车安全。

子任务6　检查转向横拉杆球头的间隙、紧固程度及防尘套状况

任务描述	通过对转向横拉杆及防尘套的检查，及时发现转向系统的潜在安全隐患，保障行车安全
操作过程及相关图表	1）用手上下左右晃动横拉杆，检查横拉杆球头是否有间隙 2）检查横拉杆球头紧固螺母是否松动 车身底部各总成维护作业4 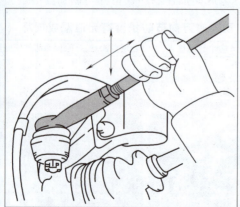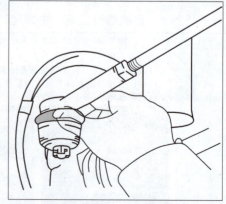

模块1 汽车基础性维护

(续)

操作过程及相关图表	3) 检查转向横拉杆防尘套是否泄漏或损伤 4) 检查转向横拉杆是否有磕碰变形  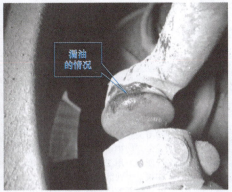
注意事项	1) 转向横拉杆球头紧固螺母为一次性自锁螺母,每次拆装必须更换新的螺母 2) 转向横拉杆球头紧固螺母的拧紧力矩必须符合厂家技术标准 | 车型 | 转向横拉杆球头紧固螺母的拧紧力矩技术标准 | |---|---| | CC/B7L/Magotan | 以100N·m力矩拧紧,再180°松开,以100N·m力矩再拧紧 | | Sagitar/GolfA6 | 20N·m+90° | | Bora/Golf | 20N·m+90° | | Jetta | 35N·m |
任务记录	将检查结果记录在维护项目单上(见相关工作页)
任务好处	1) 转向系统对于行车安全极为重要,转向横拉杆及横拉杆球头作为转向系统非常重要的部件,定期检查显得尤其重要,若转向横拉杆磕碰变形,将直接导致轮胎异常磨损、车辆跑偏,直接影响行车安全 2) 横拉杆球头作为易损件,长期使用后可能出现间隙,间隙严重时会有脱出的可能,若不及时检查并发现故障隐患,将对行车带来极大安全隐患

子任务7 检查排气管是否有泄漏、损坏,检查排气管的紧固程度

任务描述	通过定期检查,及时排除排气管的泄漏或损坏点,减少噪声及尾气污染
操作过程及相关图表	1) 举升车辆 2) 目视检查前后排气管及消声器有无泄漏或损坏 3) 目视检查排气管吊环是否有开裂或变形损坏 4) 目视检查前后排气管连接,前排气管与排气歧管连接是否有泄漏 5) 检查排气管双卡箍固定螺栓是否松动(标准拧紧力矩见表) 车身底部各总成维护作业5 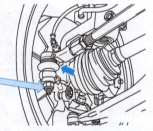 | 捷达、宝来、高尔夫A4车型 | 装备1.6L四气门和1.4TSI发动机的车型 | 装备1.8TSI、2.0TSI和3.0发动机的车型 | 装备RSH、2.0(BJZ)和1.8T(BPI)发动机的车型 | |---|---|---|---| | 40N·m | 23N·m | 25N·m | 35N·m |
注意事项	检查排气系统时,不要接触排气管和三元催化转化器,否则有被烫伤的风险
任务记录	将检查结果记录在维护项目单上(见相关工作页)

（续）

任务好处	1）通过定期检查排气系统，能及早排除排气管相关故障（如漏气、腐蚀、磕碰变形、吊环损坏或丢失等），减少尾气及噪声污染 2）通过对三元催化转化器外观的检查，能及早发现三元催化转化器是否有过热现象，提前修理，能避免进一步损坏而污染空气和导致车辆发生严重故障

子任务8　更换燃油滤清器

任务描述	定期更换燃油滤清器，保证燃油管路系统的供油顺畅
操作过程及相关图表	1）滤清器安装在油箱内的操作规程 ①检查燃油表，若剩余燃油超过油表3/4，则应使用V.A.S 5190将汽油箱内汽油排空 ②清洁燃油泵盖板（向左箭头）附近的灰尘，拔下插头（向下箭头），拆下盖板，拔下插头A ③带好防护镜，在油管连接处放好抹布，小心将燃油管路B从法兰上拔下 ④使用专用工具T10202拆下燃油泵锁止环 ⑤拔下燃油滤清器插头，取出燃油滤清器 ⑥更换新的燃油滤清器，以110N·m力矩拧紧锁止环 ⑦连接油管及电器插头、安装盖板 ⑧安装座椅坐垫 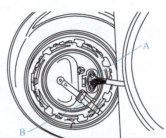 2）滤清器安装在油箱外的操作规程 ①检查燃油表，若剩余燃油超过油表3/4，则应使用V.A.S 5190将汽油箱内汽油排空 ②清洁燃油泵盖板1附近的灰尘（参见图中实物） ③带好防护镜，在油管连接处放好抹布，小心将燃油管路从滤清器上拔出 ④拆卸固定螺栓4，取出燃油滤清器 ⑤更换新的燃油滤清器 ⑥连接油管及电器插头，以3N·m力矩拧紧盖板固定螺栓4 ⑦起动发动机，检查是否泄漏 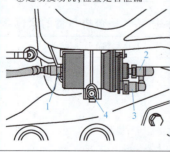
注意事项	1）安装密封圈前先用汽油湿润密封圈 2）密封圈安装后，检查密封圈是否到位 3）汽油箱密封法兰的拧紧力矩为110N·m 4）安装上油管，起动发动机，检查油管接口是否有渗漏
任务记录	将检查结果记录在维护项目单上（见相关工作页）
任务好处	通过定期更换燃油滤清器，能减少因滤清器堵塞而造成的供油不畅或堵死现象，同时也可减少因油路长期不通畅而导致的车辆加速无力故障

模块 1　汽车基础性维护

> **知识拓展**
>
> **1. 燃油滤清器更换周期**
>
> 燃油滤清器更换周期：迈腾、CC 等车型应每隔 4 年或 60000km 更换一次；除高尔夫 A7 外的其他车型应每隔 4 年或 30000km 更换一次；高尔夫 A7 应每隔 6 年或 80000km 更换一次。
>
> **2. 劣质燃油对车辆的影响**
>
> 1）劣质燃油中的胶质和杂质会使燃油供给系统中的喷油器、油泵、燃油滤清器等易出现堵塞现象，导致发动机性能下降或出现熄火、无法起动等故障。
>
> 2）长期使用劣质燃油会产生积炭，使气门间隙过大，导致发动机出现噪声或顶气门等无法正常工作的情况。
>
> 3）劣质燃油会影响发动机性能及使用寿命，从而影响整车的动力性和经济性。

二、汽车车身底部各部件维护质量检验

上述大众系列各车型的车身底部各部件的维护质量检验，可根据 GB/T 18344—2016 规定，参考营运车辆二级维护的过程检验和竣工检验相关内容和要求进行。

汽车车身底部各部件维护竣工检验项目及技术要求见表 3-6。

表 3-6　汽车车身底部各部件维护竣工检验项目及技术要求

序号	检验部位	检验项目	技术要求	检验方法
1	制动系	行车制动性能	符合 GB 7258—2017 规定，道路运输车辆符合 GB 18565—2018 规定	路试或检测
2		驻车制动性能	符合 GB 7258—2017 规定	路试或检测
3	转向系	转向机构	转向机构各部件连接可靠、锁止、限位功能正常，转向时无运动干涉，转向轻便、灵活，转向无卡滞现象；转向节臂、转向器摇臂及横直拉杆无变形、裂纹和拼焊现象，球头销无裂纹、不松旷，转向器无破损、无漏油现象	检视
4		转向盘最大自由转动量	最高设计车速不小于 100km/h 的车辆，其转向盘的最大自由转动量不大于 15°，其他车辆不大于 25°	检测

> **作　业**
>
> 完成"学习工作页"项目 3 各项作业。

项目 4　汽车车轮及周围维护

> **知识目标**
>
> 1）理解汽车车轮及周围部件维护的目的及意义。
> 2）熟悉汽车车轮及周围部件维护作业的项目及内容。
>
> **能力目标**
>
> 1）能够制订车轮及周围相关总成及部件的维护计划。

汽车维护

2）能够实施并完成车轮及周围相关总成及部件的各项维护作业。
3）能够进行汽车车轮及周围部件维护质量检验。
4）能够完成车轮定位任务。
5）具备将技术技能、企业文化和职业素养进行融合的能力。

项目描述

汽车车轮作为全车支撑件承受着来自车身和路面的所有承重、冲击、交变、惯性等载荷，因此，车轮及其周围的总成和部件担负着汽车安全行驶的重任，是汽车上极其重要的组成部分，其可靠性显得尤为重要。

车轮的工作环境极其恶劣，如果对车辆使用不当、维护不周，则很容易导致车轮及其周围的总成和部件发生爆胎、摇摆、振动、倾斜、干涉等故障，这些故障将直接影响行车安全，危及乘员生命安全。因此，对汽车车轮总成及周围部件的维护，是汽车维护的核心任务。

任务1 汽车车轮及周围各总成维护

一、汽车车轮及周围各总成维护计划与设备、材料准备

任务准备

汽车车轮及周围各总成维护计划见表4-1。

表4-1 汽车车轮及周围各总成维护计划

序号	维护项目	维护内容及方法	间隔里程或时间
1	轮胎	检查所有轮胎（包轮备胎）的花纹深度、磨损形态，消除轮胎上的异物	首保5000km，以后间隔10000km或视情况而定
2		进行轮胎换位，按要求检查轮胎气压，必要时进行校正，检查轮胎螺栓拧紧力矩	首保5000km，以后间隔10000km或视情况而定
3	车轮周围部件	检查前后悬架有无变形、减振器密封及连接状况是否良好、摆臂与球头连接是否可靠、减振弹簧是否变软、各部紧固螺栓是否松动、运转部件之间是否存在干涉等现象	首保5000km，以后间隔10000km或视情况而定
4	车轮及相关部件	检查轮胎螺母、半轴螺栓的连接紧固情况	首保5000km，以后间隔10000km或视情况而定
5		检查轮毂轴承松紧度	首保5000km，以后间隔10000km或视情况而定
6		检查驱动轴防尘罩及内外万向节	首保10000km，以后间隔10000km或视情况而定

汽车车轮及周围各总成维护设备与材料准备见表4-2。

模块1 汽车基础性维护

表 4-2 汽车车轮及周围各总成维护设备与材料准备

序号	相关仪器设备及材料	备注
1	场地:通风采光好,相互干扰少,车辆进出方便,能够分组实训	可根据具体情况来定
2	车辆:搭载 EA888 或 EA211 发动机的大众系列车型	可根据具体情况来定
3	仪器设备:举升机、空气压缩机等	其他仪器设备的选配,可根据具体情况来定
4	工量具:轮胎气压表、游标深度卡尺、轮胎扳手、刷子等	其他工量具的选配,可根据具体情况来定
5	材料:轮胎、肥皂水、抹布等	各运行材料品种及规格的选配,可根据具体情况来定

任务实施

子任务1 检查所有轮胎(包轮备胎)的花纹深度、磨损形态,消除轮胎上的异物

任务描述	通过定期检查轮胎磨损情况及轮胎状态,消除因轮胎带来的安全隐患,提高行驶安全性
操作过程及相关图表	1)半举升车辆 2)每隔120°测量花纹深度,取平均值,乘用车轮胎花纹最小深度为1.6mm(雪地轮胎最小花纹深度为4mm);胎面上有磨损极限指示凸台(图中3个圆圈所示);当花纹深度接近最小允许深度时应告知客户更换轮胎 3)检查轮胎胎面及侧面是否有鼓包、脱层、划伤等损伤,去除轮胎胎面上的异物 4)下降车辆,检查备胎花纹深度及磨损形态 车轮及周围各总成维护作业1   
注意事项	1)应使用两柱四腿举升机或四柱平板式举升机半举升车辆,不得用千斤顶单点举升车辆(应急救援除外),以防损坏车辆减振器等部件 2)举升到合适高度后,一定要锁止好举升机,以防车辆下落砸伤人员和损坏车辆 3)使用两柱四腿举升机半举升车辆前,一定要找准车辆举升点,以防车辆失去平衡而倾斜坠落
任务记录	将检查结果记录在维护项目单上(见相关工作页)
任务好处	能消除轮胎爆胎及轮胎与周围部件发生干涉的安全隐患,提高车辆行驶安全性

知识拓展

不正确的车轮定位参数、不正确的驾驶方式等都会造成轮胎不正常磨损(表4-3)。

表 4-3 轮胎不正常磨损情况

现象	正常	中央磨损	两边磨损
外观		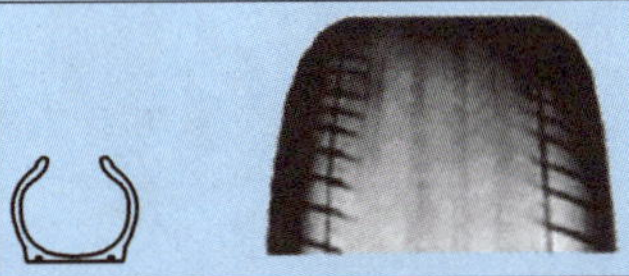	
原因		轮胎气压过高,使胎面中心部分接地压力过高	轮胎气压过低,使两胎肩接地压力过高

(续)

现象	羽状磨损	单边磨损	局部磨损
外观			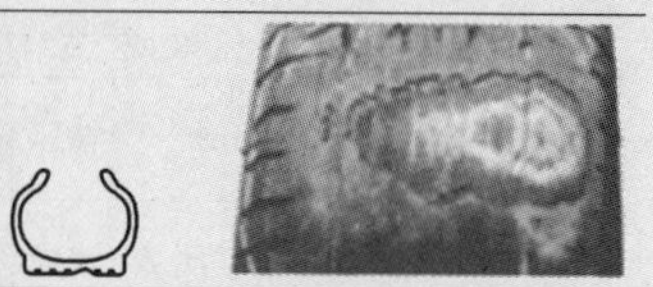
原因	四轮定位不准确，前束值有误差	四轮定位不准确，车轮倾角及前束值有误差	制动时抱死、制动力不均匀、轮辋及组装件等变形造成偏心

胎鼓包（起包）原因分析：

1）一般情况下，轮胎鼓包会出现在轮胎的胎侧。

2）车速较高时，若轮胎受到路面坑洼的边沿或者道沿的挤压，则容易出现鼓包现象。

警告

轮胎鼓包可能是使用不当造成的，严重的轮胎冲击有可能造成轮胎爆裂。对此，应根据实际路况调整车速，路况不好时要低速通过。

子任务2　进行轮胎换位，按要求检查轮胎气压，必要时进行校正，检查轮胎螺栓拧紧力矩

任务描述	通过轮胎换位，使4个轮胎磨损均匀，调整轮胎气压，检查轮胎固定螺栓拧紧力矩，保障行车安全
操作过程及相关图表	1）拆下四个车轮 2）按图进行同侧车轮前后换位（对有旋转方向要求的子午线轮胎而言）  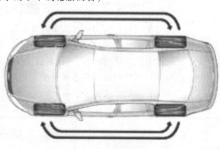 3）安装轮胎螺栓 4）按照对角顺序以标准力矩拧紧轮胎螺栓（捷达为110N·m，其他车型为120N·m） 

模块 1　汽车基础性维护

（续）

操作过程及相关图表	5）检查并调整轮胎气压至标准值（各车型轮胎气压标准值详见油箱盖标注） 6）用刷子蘸些肥皂水检查气门嘴是否漏气，若漏气，则应修理或更换 7）安装轮胎螺栓防尘盖（若有） 8）用同样方法检查备胎，并按照维修手册规定将备胎气压调整至最高
注意事项	1）修补过的轮胎不能安装在前轮上，以免失去平衡或爆胎 2）所有车轮都必须安装型号、尺寸（滚动周长）和花纹类型完全相同的子午线轮胎 3）新轮胎必须经过磨合，否则其附着性不可能达到最佳状态，会影响制动效果。因此，最初 600km 内应谨慎行驶，避免引发交通事故 4）带旋转箭头指示的单向轮胎只能同侧前后轮换位 5）轮胎气压标准值为冷态气压值
任务记录	将检测结果记录在维护项目单上（见相关工作页）
任务好处	1）通过检查，能及时发现轮胎的不正常磨损 2）通过检查，能去除轮胎异物，保证行车安全 3）通过定期进行轮胎换位，能使 4 个轮胎磨损均匀，减少噪声，提高制动稳定性

二、汽车车轮及周围各总成维护质量检验

上述大众系列各车型的车轮及周围各总成的维护质量检验，可根据 GB/T 18344—2016 规定，参考营运车辆二级维护的过程检验和竣工检验相关内容和要求进行。汽车车轮及周围各总成维护竣工检验项目及技术要求见表 4-4。

表 4-4　汽车车轮及周围各总成维护竣工检验项目及技术要求

序号	检验部位	检验项目	技术要求	检验方法
1	行驶系	轮胎	同轴轮胎应为相同的规格和花纹，公路客车（客运班车）、旅游客车、校车和危险品运输车的所有车轮及其他机动车的转向轮不得装用翻新的轮胎，轮胎花纹深度及气压符合规定，轮胎的胎冠、胎壁不得有长度超过 25mm 或深度足以暴露出帘布层的破裂和割伤以及凸起、异物刺入等影响使用的缺陷	检测
2		转向轮横向侧滑量	符合 GB 7258—2017 规定，道路运输车辆符合 GB 18565—2018 规定	检测

任务 2　汽车车轮周围各部件维护

一、汽车车轮周围各部件维护计划与设备、材料准备

任务准备

汽车车轮周围各部件维护计划见表 4-5。

汽车维护

表 4-5　汽车车轮周围各部件维护计划

序号	维护项目	维护内容及方法	间隔里程或时间
1	行驶系统	检查前后悬架有无变形、减振器密封及连接状况是否良好、摆臂与球头连接是否可靠、减振弹簧是否变软、各部件紧固螺栓是否松动、运转部件之间是否存在干涉等现象	首保 5000km，以后间隔 10000km 或视情况而定
2	车轮	检查轮胎螺母、半轴螺栓的连接紧固情况	首保 5000km，以后间隔 10000km 或视情况而定
3		检查轮毂轴承松紧度	首保 5000km，以后间隔 10000km 或视情况而定
4	传动部件	检查驱动轴防尘罩及内外万向节	首保 5000km，以后间隔 10000km 或视情况而定

汽车车轮周围各部件维护设备与材料准备见表 4-6。

表 4-6　汽车车轮周围各部件维护设备与材料准备

序号	相关仪器设备及材料	备　注
1	场地：通风采光好，相互干扰少，车辆进出方便，能够分组实训	可根据具体情况来定
2	车辆：搭载 EA888 或 EA211 发动机的大众系列车型	可根据具体情况来定
3	仪器设备：工作灯、手电筒、举升机等	其他仪器设备的选配，可根据具体情况来定
4	工量具：钢板尺、扭力扳手等	其他工量具的选配，可根据具体情况来定
5	材料：清洁剂、抹布等	各运行材料品种及规格的选配，可根据具体情况来定

任务实施

子任务 1　检查前后悬架有无变形、减振器密封及连接状况是否良好、摆臂与球头连接是否可靠、减振弹簧是否变软、各部件紧固螺栓是否松动、运转部件之间是否存在干涉等现象

任务描述	通过定期检查前后悬架工作状态，消除因悬架变形、移位、减振器漏油所带来的与运动部件之间发生碰撞、干涉的隐患，提高行驶安全性
操作过程及相关图表	1) 目视检查前后悬架是否存在变形、移位等现象 2) 对于轿车，上下按压前翼子板和行李舱等部位来检查前后悬架，看是否存在异响、碰撞、干涉等现象 3) 查看减振器密封垫有无液压油渗漏　　　 车轮及周围各总成维护作业 2 

模块1 汽车基础性维护

（续）

注意事项	1）减振器应不漏油，上部连接支承套应无凸起、开裂，紧固可靠，减振作用良好 2）上下晃动前悬架时，摆臂球头与制动器底板间的距离变化应小于规定值，下摆臂衬套应完好，配合无松动 3）减振弹簧应无损伤，定位可靠 4）各部件应无变形、开裂，连接可靠；拧紧力矩：前悬架下摆臂与车架连接自锁螺母为60N·m，减振器与车身连接自锁螺母为60N·m，后悬架下摆臂与车架连接自锁螺母为70N·m，减振器与车身连接自锁螺母为35N·m
任务记录	将检查结果记录在维护项目单上（见相关工作页）
任务好处	能消除因行驶系中悬架等部件发生故障所带来的安全隐患，提高车辆行驶安全性

子任务2 检查轮胎螺母、半轴螺栓的连接紧固情况

任务描述	通过定期检查轮胎螺母和半轴螺栓的连接紧固情况，消除因螺母和螺栓松动、脱落使车轮飞出、半轴移位的隐患，以确保行驶安全性
操作过程及相关图表	1）目视检查应无松动 2）手拧检查（若是图中所示的防盗螺栓，则应用专用扭力扳手进行检查），应牢固可靠   车轮及周围各总成维护作业3
注意事项	1）应使用两柱四腿举升机或四柱平板式举升机半举升车辆，不得用千斤顶单点举升车辆，以防损坏车辆减振器等部件 2）使用两柱四腿举升机半举升车辆前，一定要找准车辆举升点，以防车辆失去平衡而倾斜坠落；举升到合适高度后，一定要锁止好举升机，以防车辆下落砸伤人员和损坏车辆 3）应使用扭力扳手等合适工量具检查轮胎螺母、半轴螺栓的连接紧固情况
任务记录	将检查结果记录在维护项目单上（见相关工作页）
任务好处	能消除因螺母和螺栓松动、脱落使车轮飞出、半轴移位的安全隐患，以确保行驶安全性

子任务3 检查轮毂轴承松紧度

任务描述	通过定期检查轮毂轴承的松紧度，来防止因轮毂轴承间隙过大而出现车轮左右摇摆、上下振动、脱落飞出等致使车辆难以操纵甚至失控的故障；同时也避免因轮毂轴承间隙过小而导致轴承过热、旋转卡滞、车辆跑偏（如某一轴承过紧）的故障
操作过程及相关图表	检查轮毂轴承松紧度，用手扶住车轮外缘上下左右部位，来回晃动，应无间隙  

（续）

注意事项	1）应使用两柱四腿举升机或四柱平板式举升机半举升车辆，不得用千斤顶单点举升车辆，以防损坏车辆减振器等部件 2）使用两柱四腿举升机半举升车辆前，一定要找准车辆举升点，以防车辆失去平衡而倾斜坠落；举升到合适高度后，一定要锁止好举升机，以防车辆下落砸伤人员和损坏车辆 3）应使用扭力扳手等合适工具检查轮毂轴承的松紧度，拧紧力矩必须符合规定
任务记录	将检查结果记录在维护项目单上（见相关工作页）
任务好处	能消除因轮毂轴承松紧度不合适而带来的机件损坏等安全隐患，提高车辆行驶的安全性和操控性

子任务4　检查驱动轴防尘罩及内外万向节

任务描述	通过定期检查驱动轴防尘罩及内外万向节的工作状态，消除因驱动轴防尘罩出现裂纹、损坏而泄漏润滑脂使轴承过早损坏的隐患；消除因万向节松旷、卡滞所带来的运动部件之间发生异响、干涉的隐患，以提高行驶安全性
操作过程及相关图表	1）检查防尘罩是否有裂纹（图中箭头所示）、是否损坏，检查卡箍是否可靠 2）检查万向节是否松旷，有无卡滞、异响等情况 
注意事项	安装新防尘罩时不得使防尘罩内产生真空
任务记录	将检查结果记录在维护项目单上（见相关工作页）
任务好处	能消除因驱动轴防尘罩及内外万向节损坏所带来的安全隐患，提高车辆行驶安全性

二、汽车车轮周围各部件维护质量检验

上述大众系列各车型的车轮周围各部件的维护质量检验，可根据 GB/T 18344—2016 规定，参考营运车辆二级维护的过程检验和竣工检验相关内容和要求进行。汽车车轮周围各部件维护竣工检验项目及技术要求见表4-7。

表4-7　汽车车轮周围各部件维护竣工检验项目及技术要求

序号	检验部位	检验项目	技术要求	检验方法
1	行驶系统	悬架	空气弹簧（若有）无泄漏、外观无损伤。钢板弹簧无断片、缺片、移位和变形，各部件连接可靠，U形螺栓螺母拧紧力矩符合规定	检查
2		减振器	减振器稳固有效，无漏油现象，橡胶垫无松动、变形及分层	检查
3		车桥	无变形、表面无裂痕，密封良好	检视

任务3　汽车车轮定位

一、汽车车轮定位作业计划与设备、材料准备

任务准备

汽车车轮定位作业计划见表4-8。

模块 1 汽车基础性维护

表 4-8 汽车车轮定位作业计划

序号	维护项目	定位内容及方法	间隔里程或时间
1	前轮定位	利用前轮定位仪或四轮定位仪、钢板尺、卷尺等仪器设备及工量具,检测汽车的前轮外倾角(或负外倾角)、前轮前束值(或负前束值)、主销外倾角和主销内倾角等前轮定位参数	视情况而定
2	四轮定位	利用四轮定位仪,检测汽车的前轮外倾角(或负外倾角)、前轮前束值(或负前束值)、主销外倾角和主销内倾角以及后轮的外倾角(或负外倾角)、后轮的前束值(或负前束值)等四轮定位参数	视情况而定

汽车车轮定位设备与材料准备见表 4-9。

表 4-9 汽车车轮定位设备与材料准备

序号	相关仪器设备及材料	备注
1	场地:通风采光好,相互干扰少,车辆进出方便,能够分组实训	可根据具体情况来定
2	车辆:上汽大众途观 SUV 车型	可根据具体情况来定
3	仪器设备:前轮定位仪、四轮定位仪、钢板尺、卷尺、举升机、空气压缩机、车轮动平衡机(必要时进行动平衡)等	其他仪器设备的选配,可根据具体情况来定
4	工量具:转向盘及制动踏板固定工具、专用工具 V. A. G 1332、Hazet 6450d-24、T10096、T10179 等、扭力扳手、轮胎气压表等	其他工量具的选配,可根据具体情况来定
5	材料:平衡块(必要时进行动平衡)、抹布等	各运行材料品种及规格的选配,可根据具体情况来定

任务实施

子任务 1 汽车前轮定位作业(部分采用前独立悬架、后非独立悬架的四驱 SUV 和越野车辆)

任务描述	通过定期进行汽车的前轮定位,以保证汽车直线行驶的稳定性和操纵的轻便性,减少轮胎和其他机件的磨损
操作过程及相关图表	1)利用车轮定位仪进行前轮定位检测,检测主销后倾角、主销内倾角、前轮外倾角以及前轮前束值等定位参数是否在规定范围内 2)调整前轮外倾角。图中 1 为副梁固定螺栓,2 为副梁,3 为副梁可移动方向;调整前轮外倾角时,应边调整边观察车轮定位仪显示屏显示数据,直至其处于正常数值范围 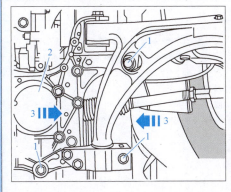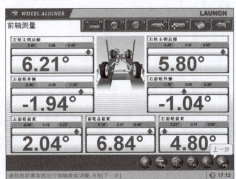

(续)

操作过程及相关图表	3)调整前轮前束。图中箭头 1 所示为横拉杆内侧与齿轮齿条式转向器连接部位防尘套卡箍,箭头 2 所示为横拉杆长度调整螺栓,箭头 3 所示为横拉杆长度调整螺栓的防松螺母(即右图中的 1);用插入工具"Hazet 6450d-24"拧紧防松螺母,同时用 V.A.G 1332 固定住杆头 1 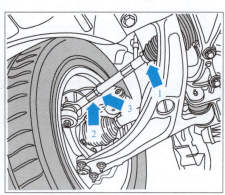 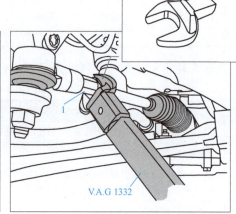
注意事项	1)在下列情况下必须进行前轮定位 ①车辆行驶不正常 ②车辆发生事故并更换了部件 ③前桥部件进行了拆卸或更换 ④轮胎磨损不均匀 2)大多数车辆的主销后倾角和主销内倾角在车辆出厂时已经装配确定,一般不能进行调整,若车辆发生剧烈碰撞或翻车等严重事故,则只能更换主销等部件,并重新进行装配确定 3)只有行驶里程达到 1000~2000km 时才适宜进行前轮定位 4)车轮定位仪的使用操作应严格按照设备使用说明书要求进行
任务记录	将检查结果记录在维护项目单上(见相关工作页)
任务好处	能消除因前轮定位不准确所带来的转向沉重、跑偏、摇摆和转向车轮不自动回正等不良现象,以提高车辆行驶的操纵性、稳定性和安全性

子任务 2 汽车四轮定位作业(前后均采用独立悬架的车辆)

任务描述	通过对车辆定期进行四轮定位检测并调整定位参数,保证汽车直线行驶的稳定性和操纵的轻便性,以减少轮胎和其他机件的磨损
操作过程及相关图表	1)四轮定位测试过程:开始→偏差补偿→上下晃动车身→固定制动踏板→测量车辆高度→摆正转向盘并固定→检查前桥车轮外倾角(若不正确,则进行调整)→检查后桥车轮外倾角(若不正确,则进行调整)→检查后桥车轮前束(若不正确,则进行调整)→检查前桥主销后倾角(若不正确,则检查车身、车桥部件)→检查前桥车轮前束(若不正确,则进行调整)→结束 2)调整后轮外倾角(或负外倾角): 使用环形扳手 T10179 和扭力扳手 V.A.S 1332 拧紧螺母(80N·m);若不使用环形扳手 T10179,则六角螺母的拧紧力矩应达到 95N·m 提示: ①调整过程中松开和拧紧最多 5 次 ②每次拆卸后都要更换六角螺母 ③应始终在无负载重量位置拧紧螺栓

模块1 汽车基础性维护

(续)

操作过程及相关图表	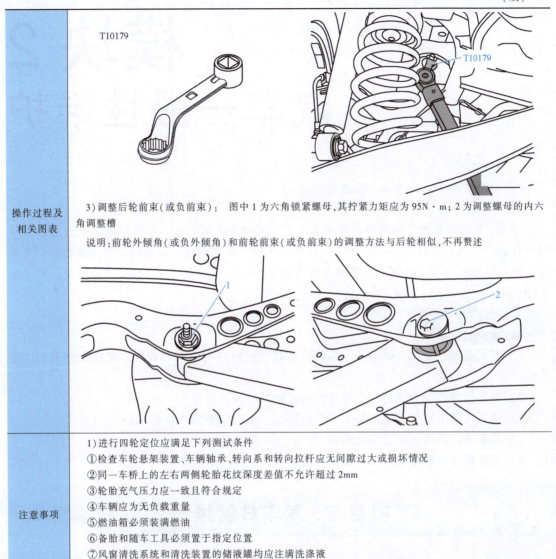 3)调整后轮前束(或负前束)：图中1为六角锁紧螺母,其拧紧力矩应为95N·m；2为调整螺母的内六角调整槽 说明：前轮外倾角(或负外倾角)和前轮前束(或负前束)的调整方法与后轮相似,不再赘述
注意事项	1)进行四轮定位应满足下列测试条件 ①检查车轮悬架装置、车辆轴承、转向系和转向拉杆应无间隙过大或损坏情况 ②同一车桥上的左右两侧轮胎花纹深度差值不允许超过2mm ③轮胎充气压力应一致且符合规定 ④车辆应为无负载重量 ⑤燃油箱必须装满燃油 ⑥备胎和随车工具必须置于指定位置 ⑦风窗清洗系统和清洗装置的储液罐均应注满洗涤液 2)在车轮定位过程中,应确保四轮定位仪的活动底座和转盘不触及止位块 3)车轮定位仪的使用操作应严格按照设备使用说明书要求进行
任务记录	将检测结果记录在维护项目单上(见相关工作页)
任务好处	能消除因前、后轮定位不准确所带来的转向沉重、跑偏、摇摆、轮胎偏磨和转向车轮不自动回正等不良现象,以提高车辆行驶的稳定性、平顺性、操控性和安全性

作 业

完成"学习工作页"项目4各项作业。

模块 2
汽车一般性维护

"纸上得来终觉浅，绝知此事要躬行。"

典出：(宋) 陆游《冬夜读书示子聿》。

释义：学到的东西，不能停留在书本上，不能只装在脑袋里，而应该落实到行动上，做到知行合一、以知促行、以行求知。从书本上得到的知识终归是浅显的，如果要想认识事物的根本或道理的本质，就得用自己亲身的实践去探索发现。每一项事业，不论大小，都是靠脚踏实地、一点一滴干出来的。

素质目标

1) 树立爱国、敬业、诚信、友善的价值观和正确的就业择业观念，增强创业意识、创新精神和创造能力。
2) 具备良好的行为规范、职业道德和过硬的心理素质。
3) 具备从基层做起、踏实做人、严谨务实、求实创新的工作作风。
4) 具备团队协作、交流协商的能力。
5) 遵守职业技能安全操作规范，具备安全、环保、节能意识。

项目 5 汽车日常维护

知识目标

1) 理解汽车日常维护的目的及意义。
2) 知道汽车日常维护的基本要求。

能力目标

1) 能够制订汽车日常维护计划。
2) 能够实施并完成汽车日常维护作业。
3) 能够进行汽车日常维护质量检验。
4) 具备将技术技能、企业文化和职业素养进行融合的能力。

模块 2 汽车一般性维护

 项目描述

《道路运输车辆技术管理规定》(中华人民共和国交通运输部令 2016 年第 1 号) 明确规定,车辆维护分为日常维护、一级维护和二级维护。日常维护由驾驶人实施,一级维护和二级维护由道路运输经营者组织实施,由汽车维修企业来完成维修任务,并做好记录。

"新规"体现了从汽车使用源头上消除行车安全隐患的宗旨,再次明确了汽车日常维护的主体责任,进一步强调了作为车主必须承担的汽车出行前、行车中、收车后的日常维护任务。因此,向广大车主普及汽车日常维护的基本知识和基本技能,显得尤为重要。

汽车日常维护也称例行保养,是各级维护的基础,是指驾驶人在每日出车前、行车中、收车后,针对车辆使用情况所做的一系列预防性质的维护作业。中心内容是:清洁、补给和安全性能检视。

汽车在使用过程中,各部件将不可避免地产生不同程度的松动、磨损和损伤等,使汽车技术状况逐渐变坏。为了预防交通事故、保证行车安全,驾驶人应随时了解和掌握汽车的技术状况。汽车日常维护的好坏将直接影响到行车是否安全,因此,在汽车的使用过程中,必须坚持进行日常维护,这一基础性维护工作要求由驾驶人(对私家车而言,就是指车主)来完成,其目的就是保持汽车的正常技术状况,确保行车安全。

任务 1 汽车日常维护作业

日常维护是以预防为主的维护作业,是驾驶人的一项重要工作职责,也是汽车运输企业的一项经常性的技术工作。因此,要求每一位驾驶人在汽车日常维护中,必须执行"三检"即坚持出车前、行车中、收车后检视车辆的安全机构及各部件连接紧固情况;"四清"即保持空气、机油、燃油滤清器和蓄电池的清洁;"四防"即防止漏油、漏水、漏气、漏电的维护制度,以达到车容整洁、车况良好、行车安全的目的。

任务准备

1. 汽车日常维护计划

根据 GB/T 18344—2016 规定,汽车日常维护的项目、内容及技术要求等见表 5-1。

表 5-1 汽车日常维护的项目、内容及技术要求

序号	维护项目	维护内容及技术要求	间隔里程或时间
1	车辆外观及附属设施	检查、清洁车身	出车前或收车后
		目视检查后视镜,必要时调整后视镜角度	出车前
		目视检查灭火器、客车安全锤的放置位置及完好情况	出车前或收车后
		目视检查安全带	出车前或收车后
		目视检查风窗玻璃刮水器	出车前
2	发动机	目视检查发动机润滑油、冷却液液面高度,视情况补给	出车前
3	制动系统	制动系统的仪表自检	出车前
		目视检查制动液液面高度,视情况补给	出车前
		路试检查行车制动,坡道检查驻车制动	出车前

71

汽车维护

(续)

序号	维护项目	维护内容及技术要求	间隔里程或时间
4	车轮及轮胎	目视检查轮胎外观、气压	出车前、行车中
		目视检查车轮螺栓、螺母	
5	照明、信号指示装置及仪表	目视检查前照灯	出车前
		目视检查信号指示装置	
		目视检查仪表	出车前、行车中

2. 汽车日常维护的设备与材料准备（表5-2）

表5-2　汽车日常维护的设备与材料准备

序号	相关仪器设备及材料	备注
1	场地：通风采光好，相互干扰少，车辆进出方便，能够分组实训	可根据具体情况来定
2	车辆：搭载EA888或EA211发动机的大众系列车型	可根据具体情况来定
3	仪器设备：三角警示牌、灭火器等	其他仪器设备的选配，可根据具体情况来定
4	工量具：随车工具、安全锤、轮胎气压表等	其他工量具的选配，可根据具体情况来定
5	材料：备用风窗清洗液、制动液、冷却液、机油、齿轮油、抹布等	各运行材料品种及规格的选配，可根据具体情况来定

任务实施

汽车的日常维护操作，以市场上保有量较大的搭载1.8L和2.0L TSI EA888发动机的途观SUV、帕萨特轿车等车型为例进行介绍。

子任务1　目视检查车辆外观及附属设施

任务描述	目视检查车身并通过清洁车身保持车容整洁，避免车身钣金过早锈蚀；通过目视检查后视镜、灭火器、安全锤、安全带、风窗玻璃刮水器等附属设施，及早发现隐患，确保行车安全
操作过程及相关图表	  1）检查、清洁车身 2）目视检查后视镜，必要时调整后视镜角度 3）目视检查灭火器、安全锤的放置位置及完好情况 4）目视检查安全带 5）目视检查风窗玻璃刮水器 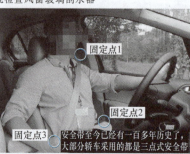 

模块2 汽车一般性维护

(续)

注意事项	1)清洁车身时,要用中性洗车液、软性抹布、羊毛手套、海绵等洗车用具,按全车除尘(最好用水)→车身表面均匀喷洒洗车泡沫→擦拭(车身用软布或羊毛手套,车轮用海绵)→冲洗→擦干车身表面等流程进行清洁,以免损坏车身漆面 2)应根据驾驶人身高及座椅高低、前后等参数调整后视镜角度,避免出现过大的视野盲区,以免影响行车安全 3)试运行并目视检查风窗玻璃刮水器的工作情况时,必须先打开风窗玻璃洗涤器开关进行喷淋,否则极易刮花风窗玻璃表面和刮片
任务记录	将检查、清洁过程及结果记录在维护项目单上(见相关工作页)
任务好处	能够保持车容整洁,保证车辆后视镜、风窗玻璃刮水器等附属设施完好,确保行车安全

子任务2 目视检查发动机润滑油及冷却液液面高度,必要时进行补给

任务描述	通过目视检查发动机润滑油及冷却液液面高度,检查其液面高度是否在合适范围内,以保证发动机的工作性能
操作过程及相关图表	1)目视检查发动机润滑油(机油)油面高度,合适高度应处于上下刻线之间 2)目视检查发动机冷却液液面高度,合适高度应处于"min"和"max"之间 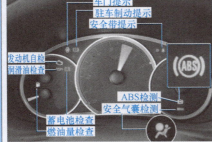 
注意事项	1)在车辆运行过程中,若发现发动机因缺少冷却液而发生"开锅"时,千万不要打开膨胀水箱盖,以免被沸腾而喷出的冷却液烫伤 2)若自行补给发动机润滑油和冷却液,应注意选择润滑油的黏度和使用级别以及冷却液的颜色(颜色不同则成分不同,纯铝制水套千万不能添加碱性冷却液,气缸体水套为铸铁而气缸盖水套为铝制的发动机只能添加中性冷却液)
任务记录	将检查、补给过程及结果记录在维护项目单上(见相关工作页)
任务好处	通过检查发动机润滑油油面高度及冷却液液面高度,能确保其高度始终处于合适位置,以保证发动机的润滑系统和冷却系统正常工作,防止发动机因缺少可靠的润滑和冷却而发生"粘缸""抱瓦""开锅"等故障

子任务3 全面检查汽车制动系统的工作状态,必要时进店(厂)检修

任务描述	检查制动液液面高度是否在合适范围内,避免因缺少制动液而影响制动系统的工作性能;认真检查汽车行车制动器和驻车制动器的工作状态,确保汽车制动的可靠性
操作过程及相关图表	1)制动系统的仪表自检:打开点火开关不起动车辆时,制动系统的故障指示灯(ABS灯)应点亮自检;经过若干秒或起动后,该指示灯应熄灭,否则说明制动系统存在故障,应及时送修 2)目视检查制动液液面高度,视情况补给

汽车日常维护作业1

73

汽车维护

(续)

操作过程及相关图表	3)路试检查行车制动,坡道检查驻车制动  传统驻车制动器　　大部分乘用车装用了电子驻车制动,注意其操作上的不同
注意事项	1)发现制动液液面过低时,不能随意补充制动液,应向专业人员咨询或到店(厂)请专业人员补充添加,以免因制动液规格、成分不同而引起制动失效 2)若在车辆行驶过程中发现制动液不足警告灯点亮,则应在确保行车安全的情况下,打开应急灯,迅速靠右停车,并在车后适当位置设立警示牌,查看制动液液面高度,必要时请求救援 3)路试检查行车制动和坡道检查驻车制动时,一定要选择空闲、视线良好、坡度适当的路段进行测试,并掌控好车速,注意来往车辆和行人
任务记录	将检查、测试结果记录在维护项目单上(见相关工作页)
任务好处	能防止汽车因缺少制动液而发生制动失灵等故障,同时能通过路试点制动和坡道驻车制动来预防制动突然失效的情况出现,以确保行车安全

子任务4　目视检查汽车车轮及轮胎的工作状态

任务描述	目视检查轮胎外观和气压(最好随车自备轮胎气压表),确保车辆平稳行驶;目视检查车轮螺栓和螺母的紧固情况,保证车辆行驶的安全性
操作过程及相关图表	1)目视检查轮胎外观、气压(车主应配备简易、轻便的轮胎气压表,不能主观臆断轮胎气压) 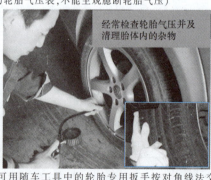 常备一支手电筒,同时用手去触摸并观察轮胎的内侧,看是否存在内侧鼓包和破损　　经常检查轮胎气压并及清理胎体内的杂物 2)目视检查车轮螺栓、螺母紧固情况,若发现松动,可用随车工具中的轮胎专用扳手按对角线法交叉拧紧  铝合金轮毂,规格为235/55 R17　　因为设计与制造工艺的不同,不同车有着不同的轮胎螺栓拧紧力矩,更换轮胎后可参考车门处的标记,或到维修店进行调整

模块2 汽车一般性维护

（续）

注意事项	1）若发现轮胎胎侧有鼓包、深度裂纹等情况，应及时更换新胎，以免爆胎 2）轮胎气压应一致，不能过高也不能过低，以防爆胎或瘪胎，轮胎气压应符合车辆使用说明书规定 3）车轮螺栓和螺母应紧固可靠，不能缺失，以免车轮飞出
任务记录	将检查、测试结果记录在维护项目单上（见相关工作页）
任务好处	通过检查轮胎外观和气压，能提高汽车行驶的平顺性和稳定性；防止因轮胎气压过高或过低以及因车轮紧固螺栓、螺母松动和缺失而引发交通事故

子任务5　目视检查照明、信号指示装置及仪表的工作状态

任务描述	通过目视检查照明装置，使车辆在夜间行驶或遇雨、雾、雪等能见度较低的天气时，保持照明良好；通过检查信号指示装置及仪表的工作状态，使车辆能够准确向其他车辆和行人传递行车意图，以保证车辆行驶的安全性

汽车日常维护作业2

操作过程及相关图表：

1）目视检查前照灯

2）打开点火开关（大部分信号指示灯在打开点火开关时，会进行系统自检，数秒后会熄灭），目视检查信号指示装置

3）坐在驾驶位置，目视检查仪表工作状态

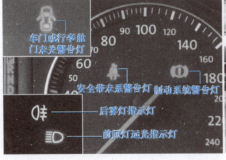 

注意事项	检查转向、制动、倒车等信号指示装置的工作状态时，一般需要两个人协同检查，一人在车内打开相应开关（如开启转向灯开关，踩下制动踏板，挂倒档等），另一人在车外检查，确保万无一失
任务记录	将检查、测试结果记录在维护项目单上（见相关工作页）
任务好处	能保持照明、信号指示装置及仪表的工作状态良好，确保车辆行驶的安全性

任务2　汽车日常维护质量检验

汽车日常维护的质量检验，可根据GB/T 18344—2016规定的汽车日常维护作业项目及其相应技术要求进行检验，具体检验部位、检验项目、技术要求及检验方法见表5-3。

汽车维护

表 5-3　汽车日常维护的检验部位、检验项目、技术要求及检验方法

序号	检验部位	检验项目	技术要求	检验方法
1	车辆外观及附属设施	车身	车身外观及客车车厢内部整洁,车窗玻璃齐全、完好	目视检查
		后视镜	后视镜完好、无损毁,视野良好	目视检查
		灭火器、安全锤	灭火器配备数量及放置位置符合规定,并在有效期内。客车安全锤配备数量及放置位置符合规定	目视检查
		安全带	安全带固定可靠、功能有效	目视检查
		风窗玻璃刮水器	刮水器各档位工作正常	目视检查试运行
2	发动机	发动机润滑油及冷却液油(液)面高度	油(液)面高度符合规定	目视检查
3	制动系统	制动系统自检	自检正常,无制动警告灯闪亮	路试点刹检查
		制动液液面高度	液面高度符合规定	目视检查
		行车制动、驻车制动	行车制动、驻车制动功能正常	行车制动路试点刹检查,驻车制动规定坡度驻停检查
4	车轮及轮胎	轮胎外观、气压	轮胎表面无破裂、凸起、异物刺入及异常磨损,轮胎气压符合规定	目视检查轮胎外观,轮胎气压表检查气压
		车轮螺栓、螺母	齐全完好,无松动	
5	照明、信号指示装置及仪表	前照灯	前照灯完好、有效,表面清洁,远近光变换正常	目视检查
		信号指示装置	转向灯、制动灯、示廓灯、危险警告灯、雾灯、喇叭、标志灯及反射器等信号指示装置完好有效,表面清洁	
		仪表	工作正常	目视检查

注:"符合规定"指符合车辆维修资料等有关技术文件的规定。

作　业

完成"学习工作页"项目 5 各项作业。

项目 6　汽车季节维护

知识目标

1)知道汽车季节性维护的基本概念。
2)知道汽车冬夏两个季节的使用特点。
3)理解汽车季节性维护的意义。

能力目标

1)熟悉汽车冬夏两个季节维护作业的要点。
2)掌握汽车进行季节性维护作业的操作要领。
3)具备将技术技能、企业文化和职业素养进行融合的能力。

模块 2　汽车一般性维护

 项目描述

　　季节、气候的变化，必然导致与汽车运行条件密切相关的气温、气压等参数的变化。为了使汽车在不同的地区、不同的季节里都能可靠地工作，在季节转换之前，应结合常规维护，附加一些相应的作业项目，使汽车能够顺利适应变化了的运行条件，这种附加性维护称为季节维护或换季保养。

　　季节维护有换入夏季和换入冬季时的两种典型季节维护。作为驾驶人（或车主）一定要掌握汽车不同季节的车况特点，熟悉季节维护的操作要领和相关要求，以确保行车安全。

任务 1　汽车的夏季维护

　　炎炎夏日，气温高，发动机易过热，容易导致：气缸充气性变差，动力下降；润滑油变稀、变质，润滑性能下降，运动零部件磨损加剧；驾驶人易疲劳、打盹，危及行车安全。另外，雨水增多使车辆打滑，可能造成车辆受损，甚至发生交通事故。

　　做好夏季车辆的维护及高温下的安全驾驶是一项十分重要的工作，广大私家车主必须掌握夏季车况特点并及时采取正确的维护和防暑降温措施，以确保人身及财产的安全。汽车夏季车况特点、原因分析及相关图解见表 6-1。

表 6-1　汽车夏季车况特点、原因分析及相关图解

序号	车况特点	原因分析	相关图解
1	润滑油容易变稀、变质、挥发和烧损，导致润滑性能下降、机油消耗过快	1）发动机在高温下运转时，润滑油的抗氧化安定性、黏温性及清净分散性等性能变坏，其热分解、氧化和挥发加剧 2）变稀了的润滑油会通过气缸壁、活塞、活塞环窜入燃烧室烧损，并在通过油底壳等过热区域时蒸发掉 3）润滑油在高温下与积炭聚合成漆膜而黏附在气缸壁上，会增大发动机的运行阻力，加剧发动机的磨损 4）干燥空气中的灰尘和潮湿空气中的水分通过进气系统和曲轴箱通风口进入发动机油底壳而污染润滑油，引起润滑油变质	
2	加剧零部件的磨损	1）发动机在高温下运转，零部件的热膨胀较大，使其正常配合间隙变小，摩擦阻力增大，磨损加剧 2）高温运转的发动机在活塞顶、燃烧室壁、气门头等零件上黏附许多积炭和胶质物，使金属零件的导热性变差，加速机件损坏 3）因发动机过热，机油变稀，油膜变薄，加剧机件磨损	

汽车维护

(续)

序号	车况特点	原因分析	相关图解
3	发动机充气性能变差,动力下降	1)高温条件下,因气体的热膨胀,使进入气缸里的可燃混合气或空气的数量减少,使充气性下降,从而导致发动机功率下降,使车辆行驶无力、加速性能变差 2)试验证明,当气温由15℃上升到40℃时,发动机的功率下降6%~8%	
4	制动性能变差,行车安全系数降低	1)制动蹄片及制动鼓或制动盘受高温影响,频繁制动后,易产生热衰退,使制动力很快下降 2)汽车在山区坡陡、弯急、道窄等情况复杂的条件下行驶时,使用制动次数增多,制动摩擦片温度会急剧升高,制动性能会变差,导致行车安全系数降低	
5	高温下,易产生各种气阻,影响有关系统和机构的正常工作	1)供油系统受热后,部分燃油会以气态形式存于供油管路和油泵当中,这不仅增大了燃油流动阻力,同时由于气体的可压缩性,还会使油泵无法输送燃油,导致供油中断,并使喷油器等部件无法喷油 2)液压制动管路中的制动液,在高温下容易沸腾而产生气阻,使制动突然失灵,可能导致严重交通事故	
6	发动机易发生自燃或爆燃等不正常燃烧现象,使发动机使用寿命下降	1)随着大气温度的升高,进入气缸的混合气温度也会升高,发动机的温度将更高,使窜入气缸中的润滑油在高温缺氧的情况下生成胶质物和积炭 2)积炭黏附于活塞顶部、燃烧室壁、气门顶部和火花塞上,会形成炽热点,从而引起发动机炽热点火,便产生自燃或爆燃	

模块 2 汽车一般性维护

任务准备

汽车夏季维护的设备与材料准备见表 6-2。

表 6-2 汽车夏季维护的设备与材料准备

序号	相关仪器设备及材料	备注
1	场地:通风采光好,相互干扰少,车辆进出方便,能够分组实训	可根据具体情况来定
2	车辆:搭载 EA888 或 EA211 发动机的大众系列车型	可根据具体情况来定
3	仪器设备:三角警示牌、隔阳罩(板)、灭火器等	其他仪器设备的选配,可根据具体情况来定
4	工量具:随车工具、安全锤、降温水箱(大型客货车预备)、轮胎气压表等	其他工量具的选配,可根据具体情况来定
5	材料:备用风窗清洗液、高沸点制动液、高沸点冷却液、夏用或冬夏通用机油、夏用或冬夏通用齿轮油、抹布等	各运行材料品种及规格的选配,可根据具体情况来定

任务实施

子任务 1 对发动机冷却系统进行夏季针对性维护,防止发动机温度过高

任务描述	对发动机冷却系统进行夏季针对性维护,如清除发动机水套和散热器内的水垢等,确保冷却液的循环流动,以保证发动机冷却系统的正常工作
操作过程及相关图表	1)拆除发动机附加的保温罩,检视百叶窗(南方地区可拆除百叶窗)能否全开 2)清除发动机水套和散热器内的水垢,测试节温器性能 冷却液进水管　散热器　散热器风扇　冷却液温度传感器　节温器2　节温器支架　节温器1　冷却液膨胀箱　气缸盖循环系统　气缸体循环系统
注意事项	1)现代乘用车已基本上取消了发动机附加的保温罩和百叶窗,北方寒冷冬季若要加装保温罩百叶窗,则一定要到有安装资质的汽车维修企业加装,并注意不能影响发动机散热器风扇的运转 2)应添加与发动机冷却水套材质相匹配的除垢剂来清除发动机水套和散热器内的水垢,否则极易腐蚀并损坏发动机水套和散热器芯
任务记录	将检查结果记录在维护项目单上(见相关工作页)
任务好处	通过针对性维护,能保证发动机冷却系统在炎热夏季正常工作,防止发动机因冷却液循环不畅、节温器主阀门不能全部打开等原因而发生冷却液过热沸腾等故障,以保持发动机的动力性,降低燃油消耗,延长使用寿命

子任务 2 对汽车各润滑系统和总成进行夏季针对性维护,防止润滑性能下降

任务描述	对汽车各总成进行夏季针对性维护,如更换发动机、变速器、减速器、转向器等各总成的润滑油(换用夏季用机油、齿轮油、液压传动油、转向器液压油等),确保各总成内的润滑油保持合适的黏度,以保持润滑油的润滑、冷却、清洁、密封、防腐和减振等性能
操作过程及相关图表	1)按车辆使用说明书的要求或视具体情况,放掉发动机油底壳、变速器、减速器、转向器等各总成内的润滑油 2)清洗后加注夏季用油(加注冬、夏通用润滑油的除外)

汽车维护

(续)

操作过程及相关图表	 
注意事项	1)更换发动机、变速器、减速器、转向器等各总成润滑油的维护作业，具有较高的技术难度，要用到一些专业设备，建议私家车主最好请专业维修企业和专业维修人员进行更换 2)在校学生应在老师指导下进行相关作业
任务记录	将检查结果记录在维护项目单上(见相关工作页)
任务好处	通过更换润滑油等维护措施，能防止各总成内的润滑油因高温而变稀，确保各总成内的润滑油保持良好的黏温性，以保持各总成良好的工作性能，从而延长车辆使用寿命

子任务3 对汽车燃油供给系统进行夏季针对性维护，防止供油中断

任务描述	对汽车燃油供给系统进行夏季针对性维护，清洗和调整燃料供给系统的供油及喷油组件，确保燃油的及时供给，以保证发动机的正常运转
操作过程及相关图表	1)清洗汽油机燃料供给系统的燃油箱、滤清器(最好更换)、喷油器和燃油分配管等部件 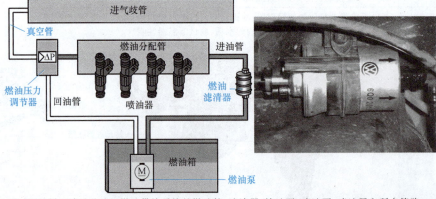 2)手动泵油循环清洗柴油机燃油供给系统的燃油箱、滤清器、输油泵、喷油泵、喷油器和所有管路 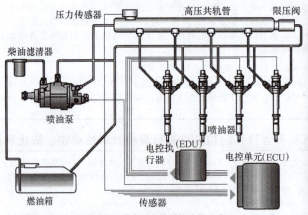 柴油机电控高压共轨燃油喷射系统  3)调整汽油机的喷油器或燃油分配管及柴油机的喷油泵、喷油器等部件 4)进排气歧管上有预热装置的应调整至"夏"字位置

模块2 汽车一般性维护

(续)

注意事项	1）清洗和调整燃油供给系统的供油及喷油组件等维护作业，具有较高的技术难度和危险性，若不是专业驾驶人员，则应请专业维修企业和专业维修人员进行维修 2）清洗采用高压共轨系统的柴油机的燃油箱、滤清器、输油泵、喷油泵、喷油器和所有管路时，禁止随意拆卸管路接头，以防高压燃油泄漏而引发火灾或击伤身体，应事先进行泄压，最好不要拆卸清洗，而是用柴油滤清器上的手油泵进行手动泵油清洗 3）在校学生应在老师指导下进行相关作业
任务记录	将检查结果记录在维护项目单上（见相关工作页）
任务好处	通过针对性维护，能保证汽车燃油供给系统在炎热夏季正常工作，防止供油系统因天气炎热而发生气阻、供油中断等现象，以保持发动机的动力性不受影响，保证车辆的正常使用

子任务4　对汽油机点火系统进行夏季针对性维护，防止发动机因高温而无法点火

任务描述	对汽油机点火系统进行夏季针对性维护，适当调整火花塞间隙和点火提前角，以保证汽油机在高温下能够正常点火
操作过程及相关图表	1）调整火花塞间隙，适当增大火花塞间隙，以防汽油机过早点火 2）调整点火正时，适当推迟点火提前角，以防汽油机发生爆燃和早燃 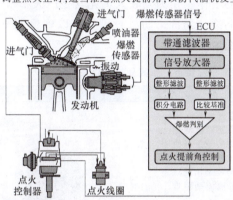
注意事项	1）调整火花塞间隙时，应先清除火花塞上的积炭等沉积物，注意撬起火花塞侧电极的力度，要避免间隙调整过大或撬断侧电极 2）调整点火正时作业具有较高的技术难度，要用到一些专业设备，建议私家车主最好请专业维修企业和专业维修人员进行调整 3）在校学生应在老师指导下进行相关作业
任务记录	将检查结果记录在维护项目单上（见相关工作页）
任务好处	通过针对性维护，能保证汽油机点火系统在炎热夏季正常工作，防止点火系统因天气炎热而发生爆燃、早燃和失火（无法点火）等现象，以保证汽油机在高温下能够正常点火

子任务5　对汽车充电系统进行夏季针对性维护，防止蓄电池过充电

任务描述	对汽车充电系统进行夏季针对性维护，适当降低蓄电池电解液密度和发电机充电电流及充电电压，以保证汽车的充电系统在高温下能够正常工作
操作过程及相关图表	1）调整蓄电池电解液密度（适当降低，用密度计进行测量，免维护蓄电池除外） 2）校正发电机电压调节器（振动触点式电压调节器），适当降低充电电流、电压，并清洁电压调节器触点（电子式电压调节器除外） 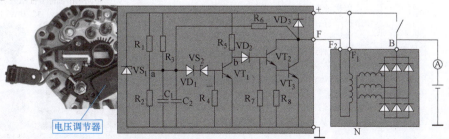

汽车维护

(续)

注意事项	1）目前小型客车基本上都装用免维护蓄电池，因此无须调整蓄电池电解液密度，但应注意避免随意拆卸蓄电池的正负极。若非拆不可，则一定要先拆负极，后拆正极，安装顺序与此相反，否则极易发生电源短路事故 2）校正发电机电压调节器的作业具有较高的技术难度，要用到一些专业设备，建议私家车主最好请专业维修企业和专业维修人员进行调整 3）在校学生应在老师指导下进行相关作业
任务记录	将检查结果记录在维护项目单上（见相关工作页）
任务好处	通过针对性维护，能保证汽车的充电系统在炎热夏季正常工作，防止充电系统因天气炎热而发生过充电情况，使蓄电池活性物质大量脱落而提前报废；防止用电设备因充电电流和电压过大而烧毁

任务2 汽车的冬季维护

人怕冷，汽车也怕冷，冬季行车易引发许多故障或事故。在天寒地冻的冬季，尤其是经过一个晚上露天的风吹霜寒后，车身会变得冰凉，难以起动。因此做好冬季车辆的维护，保障低温下的安全驾驶是一项十分重要的工作。作为驾驶人员尤其是广大私家车主必须掌握冬季车况特点并及时采取正确的维护（防寒、防冻、防滑）措施，以确保人身及财产的安全。汽车冬季车况特点、原因分析及相关图解见表6-3。

表6-3 汽车冬季车况特点、原因分析及相关图解

序号	车况特点	原因分析	相关图解
1	汽车难以起动或无法起动	1）由于冬季气温低，使燃油蒸发雾化困难，不易形成可燃混合气，另外还有机油黏度过大使起动阻力增大，蓄电池容量下降使起动转速下降等原因，从而导致起动困难 2）经过一个晚上的降温后，可能会出现汽车冷却液结冰、机油冷凝、电解液流动困难等情况，造成汽车无法起动 3）冷却液的防冻作用在冬季显得非常重要，如果不及时更换冷却液，汽车的冷却循环将受到阻碍，会导致发动机水套"开锅"，而散热器却结冰甚至冻裂	
2	怠速不稳，容易熄火	1）因蓄电池温度太低使其物理、化学性能降低而造成怠速不稳，容易熄火 2）汽车的蓄电池怕低温，低温下蓄电池的容量比常温时的容量低得多。在常温下正常使用的蓄电池一遇寒冷容量会突然下降，甚至"一下子没电了"，另外冬季冷车起动时，耗电量特别大 3）蓄电池使用年限较长时，内部放电现象日趋严重，因此蓄电池使用两年左右的车辆特别容易产生这一故障	比亚迪F3 使用骆驼牌蓄电池 蓄电池容量为60A·h，冷起动放电电流为400A
3	磨损严重，易产生噪声	1）因机油黏稠而导致零部件润滑不及时，使磨损严重、间隙过大而产生过大噪声 2）发动机70%左右的磨损均发生在冷车起动时，这种磨损是渐进性的，损伤最大 3）进入冬季了如果还在使用夏季黏稠的机油，就会加快发动机的磨损。这是因为冬季气温下降后，机油的黏度会增大，流动性变差，导致供油不及时，使运动机件的摩擦阻力增大，从而加快了发动机的磨损	SAE不同润滑油标号低温流动性(-20℃) 0W-30　5W-30　10W-30　10W-40　15W-40

模块 2　汽车一般性维护

（续）

序号	车况特点	原因分析	相关图解
4	空调的取暖效果变差	1）空调在秋天停用了一段时间后，某些运动部件会出现"咬死"现象，导致起动阻力加大，使空调电磁离合器打滑，加剧磨损 2）长时间停用空调，还可能会使轴封失效，造成冷媒泄漏	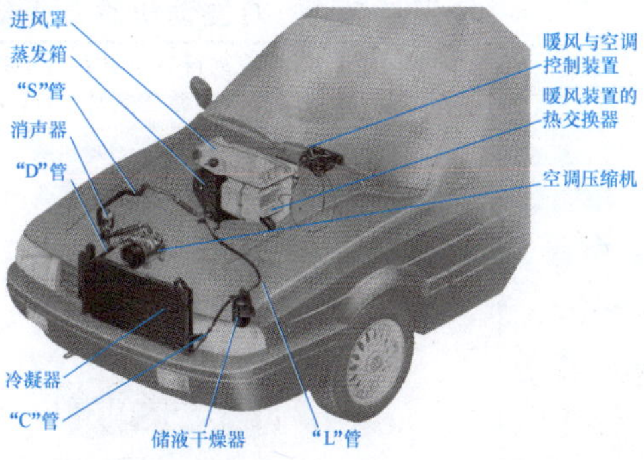
5	制动效果变差，制动距离变长，安全性能下降	1）气压制动系统储气筒上的进排气阀、制动管路等处易结冰而堵塞气道，使压缩空气压力下降甚至中断空气供给，从而导致制动效能下降或制动失效 2）液压制动管路中的制动液，由于黏度增大，流动变慢，从而导致制动效能下降	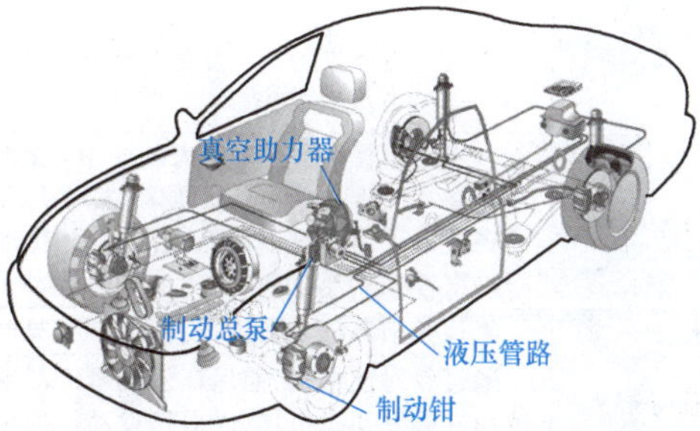
6	转向阻力增大，转向困难，操纵性能下降	转向器齿轮油、转向助力液等低温时流动性会下降，从而导致阻力增大，转向困难，操纵性变差	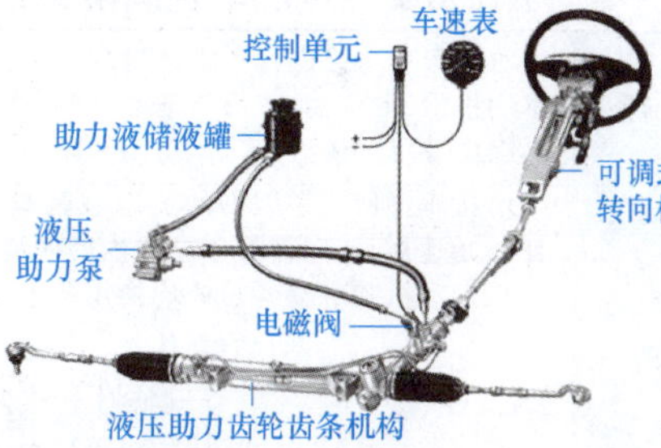

任务准备

汽车冬季维护的设备与材料准备见表 6-4。

表 6-4　汽车冬季维护的设备与材料准备

序号	相关仪器设备及材料	备注
1	场地：通风采光好，相互干扰少，车辆进出方便，能够分组实训	可根据具体情况来定
2	车辆：搭载 EA888 或 EA211 发动机的大众系列车型	可根据具体情况来定
3	仪器设备：三角警示牌、保温罩、防滑链、灭火器等	其他仪器设备的选配，可根据具体情况来定
4	工量具：随车工具、安全锤、轮胎气压表等	其他工量具的选配，可根据具体情况来定
5	材料：备用冬用风窗清洗液、低凝固点制动液、防冻型冷却液、冬用或冬夏通用机油、冬用或冬夏通用齿轮油、抹布等	各运行材料品种及规格的选配，可根据具体情况来定

83

汽车维护

任务实施

子任务1 对发动机冷却系统进行冬季针对性维护，防止发动机温度过低

任务描述	对发动机冷却系统进行冬季针对性维护，安装发动机附加保温罩，检修起动预热装置（电热塞），测试节温器效能，确保冷却液的循环流动，以保证发动机冷却系统的正常工作
操作过程及相关图表	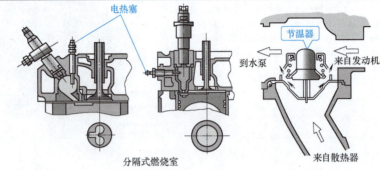 分隔式燃烧室 1）安装发动机附加保温罩及检修起动预热装置（即电热塞，部分采用分隔式燃烧室的柴油机装配此装置） 2）测试节温器效能
注意事项	1）冬季气温高于0℃的大部分南方地区，均不需要安装发动机附加保温罩 2）冬季气温低于0℃的地区，发动机冷却系统一定要添加具有防冻效能的冷却液，而且冷却液的凝固点一定要低于当地季节最低气温，以防冷却液结冰而冻裂发动机机体 3）冬季使用车辆时，一定要等待发动机暖机后，再挂档起步，否则会导致发动机剧烈磨损
任务记录	将检查结果记录在维护项目单上（见相关工作页）
任务好处	通过针对性维护，能保证发动机冷却系统在寒冷冬季正常工作，防止冷却液在气温低于0℃的情况下结冰而冻裂发动机机体，以保持发动机的正常工作和延长其使用寿命

子任务2 对汽车各润滑系统和总成进行冬季针对性维护，防止润滑性能下降

任务描述	对汽车各总成进行冬季针对性维护，如更换发动机、变速器、减速器、转向器等各总成的润滑油（换用冬季用机油、齿轮油、液压传动油、转向器液压油），确保各总成内的润滑油保持良好的流动性，以保持润滑油的润滑、冷却、清洁、密封、防腐和减振等性能
操作过程及相关图表	1）按车辆使用说明书的要求或视具体情况，放掉发动机油底壳、自动变速器（注意图中各管路接头位置）、减速器、转向器等各总成内的润滑油 2）发动机和底盘各总成均换用冬季用润滑油（加注冬、夏通用润滑油的除外） 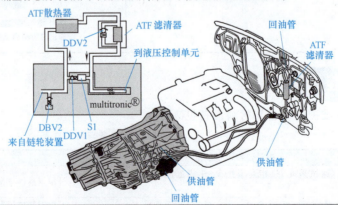
注意事项	1）更换发动机、变速器、减速器、转向器等各总成润滑油的维护作业，具有较高的技术难度，要用到一些专业设备，建议私家车主最好请专业维修企业和专业维修人员进行更换 2）在校学生应在老师指导下进行相关作业
任务记录	将检查结果记录在维护项目单上（见相关工作页）
任务好处	通过更换润滑油等维护措施，能防止各总成内的润滑油因低温而变稠，确保各总成内的润滑油保持良好的流动性，以保持各总成良好的工作性能，从而延长车辆使用寿命

84

模块2 汽车一般性维护

子任务3 对汽车燃油供给系统进行冬季针对性维护，防止供油中断

任务描述	对汽车燃油供给系统进行冬季针对性维护，清洗和调整燃料供给系统的供油及喷油组件，确保燃油的及时供给，以保证发动机的正常运转
操作过程及相关图表	1) 清洗汽油机燃油供给系统的燃油箱、滤清器、喷油器和燃油分配管等部件（以目前市场上使用越来越多的TSI汽油发动机为例） 2) 手动泵油循环清洗柴油机燃油供给系统的输油泵、喷油泵、喷油器和所有管路（以目前市场上使用越来越多的高压共轨柴油发动机为例） 3) 调整汽油机的喷油器和燃油分配管及柴油机的喷油泵和喷油器等部件 4) 有进气预热阀装置的调整到"冬"字位置
注意事项	1) 清洗和调整燃油供给系统的供油及喷油组件等维护作业，具有较高的技术难度和危险性，若不是专业驾驶人员，则应请专业维修企业和专业维修人员进行维护 2) 清洗采用高压共轨技术的柴油机或缸内直喷技术的汽油机的燃油箱、输油泵、高压油泵、喷油器和所有管路时，禁止随意拆卸管路接头，以防高压燃油泄漏而引发火灾或击伤身体，应事先进行泄压 3) 冬季应按低于当地季节最低气温5℃的标准来选择柴油牌号，以免柴油冷凝而出现供油中断 4) 在校学生应在老师指导下进行相关作业
任务记录	将检查结果记录在维护项目单上（见相关工作页）
任务好处	通过针对性维护，能保证汽车燃油供给系统在寒冷冬季正常工作，防止供油系统因天气寒冷使燃油蒸发雾化困难或结冰（柴油）、混合气不良或供油中断而出现发动机无法起动等现象，以保证车辆的正常使用

子任务4 对汽车充电系统进行冬季针对性维护，防止蓄电池充电能力下降

任务描述	对汽车充电系统进行冬季针对性维护，适当增大蓄电池电解液密度和发电机充电电流及充电电压，以保证汽车的充电系统在低温下能够正常工作
操作过程及相关图表	1) 调整蓄电池电解液的密度（适当增大，用密度计进行测量，免维护蓄电池除外） 2) 相应调整发电机电压调节器（振动触点式电压调节器），适当增大充电电流和充电电压，并用万用表进行测量

汽车维护

(续)

注意事项	1) 目前小型客车基本上都装用免维护蓄电池,因此无须调整蓄电池电解液密度,但应注意避免随意拆卸蓄电池的正负极。若非拆不可,则一定要先拆负极,后拆正极,安装顺序正好与此相反,否则极易发生电源短路事故 2) 校正发电机电压调节器的作业具有较高的技术难度,要用到一些专业设备,建议私家车主最好请专业维修企业和专业维修人员进行调整 3) 在校学生应在老师指导下进行相关作业
任务记录	将检查结果记录在维护项目单上(见相关工作页)
任务好处	通过针对性维护,能保证汽车的充电系统在寒冷冬季正常工作,防止充电系统因天气寒冷使蓄电池活性下降,充电不足,从而出现用电设备无法正常工作等现象

作 业

完成"学习工作页"项目6各项作业。

模块 3
汽车专业性维护

"行之力则知愈进，知之深则行愈达。"

典出：（宋）张栻《论语解·序》

释义：随着实践的深入，人的知识会增长，认识也会更加精进，而这种认识的深化又反过来让他的行动变得更通达、更有方向感。强调知行合一，不断地把前一步的认知和实践形成的经验作为下一步行动的基础，这样事业才会越来越进步。

素质目标

1）树立爱国、敬业、诚信、友善的价值观和正确的就业择业观念，增强创业意识、创新精神和创造能力。
2）具备良好的行为规范、职业道德和过硬的心理素质。
3）具备从基层做起、踏实做人、严谨务实、求实创新的工作作风。
4）具备团队协作、交流协商的能力。
5）遵守职业技能安全操作规范，具备安全、环保、节能意识。

项目 7 汽车首次维护

知识目标

1）理解新车及大修发动机汽车首次维护（首保）的目的及意义。
2）熟悉新车售前检查的项目及内容。

能力目标

1）能够制订新车及大修发动机汽车的首次维护计划。
3）首保时能够与车主进行互动，传授汽车使用维护保养等知识。
4）能够实施并完成新车及大修发动机汽车的首次维护作业。
5）能够进行新车及大修发动机汽车首次维护质量检验。
6）具备将技术技能、企业文化和职业素养进行融合的能力。

汽车维护

项目描述

无论是私人代步车辆,还是道路运输企业或私人的营运车辆,其专业的维修、检测和维护等技术服务主要依靠汽车维修企业来承担。汽车维修企业利用其先进的检测维修设备以及养护产品,依靠专业技术人员为客户提供维修、检测及养护等服务,从而保障了国家、集体及人民群众生命财产的安全。

汽车维护的主阵地是遍布城乡各地的汽车维修企业,汽车专业维修人员是开展汽车维护作业的主力军。作为汽车类专业的在校学生,是未来的汽车"医生"和"护士",理应熟练掌握汽车维护方面的相关知识和相关技能,尤其是新车的维护技能,从而更好地为广大车主服务。

任务1 新车首次维护

汽车的首次维护包括新车的首次维护和汽车大修发动机后的首次维护。新车的首次维护是指当新购车辆行驶到一定里程后,根据车辆使用说明书规定,对机油、机油滤清器进行更换,并对全车各系统、各总成、各部件进行全面检查、紧固的作业过程。

任务准备

一、新车的售前检查

汽车4S店售前检查(即PDI,也称移交保养)项目综合了各种类型汽车的检查项目,本任务售前的检查以上汽通用汽车的PDI检查制度和上汽通用(SGM)车型的PDI检查为例进行介绍,其他车型的检查项目及技术参数请参考厂家所提供的相关资料。

1. PDI检查相关知识

(1)PDI检查的概念　PDI是Pre Delivery Inspection的缩写,其含义是"交付前检查"。在上汽通用新车检验体系中,PDI是指车辆交付给用户前对新车所实施的"售前检查"。

注意:PDI检查与新车运输到特约店时由销售部门人员实施的"接车确认"是两个不同的项目,其实施的内容和目的都不一样,绝不可混淆,必须注意区别。

(2)实施PDI检查的目的　车辆从出厂到交付给客户需要经过运输和储存,历时几天或几个月,可能会遇到一些极端的情况,PDI工作是车辆交付客户前的最后一道检查,是确保交付给客户的每一辆车都完美无缺、符合质量要求的必要条件,也是提高客户满意度、减少售后纠纷的切实举措。

(3)实施PDI检查的要求和基本流程

1)实施PDI检查的要求。

① 对于所有交付客户之前的销售车辆,进行100%检查。

② 所有PDI检查人员必须经SGM培训并取得资格证书才可上岗。

③ PDI检查前,车辆必须按照SGM规定的程序进行洗车。

模块3 汽车专业性维护

④ 为避免天气和阳光变化而引起检查结果的变化，PDI检查应在规定的场地进行。

注意：检验场地应在室内或遮阳棚下进行，室内或棚内灯光强度在车辆腰线处应大于1100Lux。

⑤ PDI检查的注意事项：

a. PDI检查推荐由车内、车外两名检验员进行；如果是一个人，则应保证覆盖所有检查内容。

b. 外观检查应离车1m。

c. 必须用气压计检查轮胎气压，应符合技术要求。

d. 缺陷判断标准，根据"售前车辆缺陷判断标准"来判定。

e. 将检查结果填写在"售前检查单"上，并将相关信息填在DMS中上报。

⑥ PDI整个检查流程时间视车辆复杂程度控制在20min左右。

2）实施PDI检查的基本流程。PDI检查的基本流程分为静态检查和动态检查两个部分。其中，静态检查按图7-1所示流程和图7-2所示部位和顺序进行，动态检查按图7-3所示流程进行。

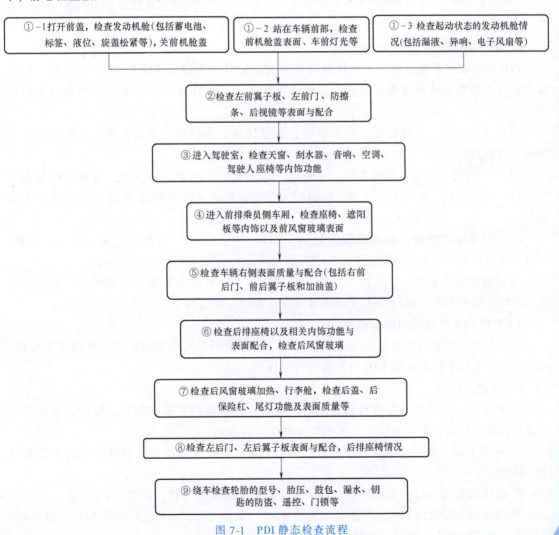

图7-1 PDI静态检查流程

汽车维护

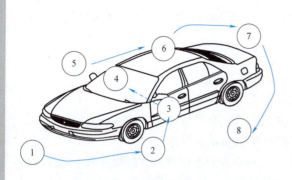

图 7-2 PDI 静态检查的部位及顺序

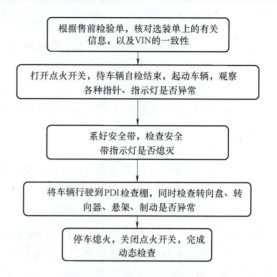

图 7-3 PDI 动态检查流程

2. PDI 检查项目

PDI 检查要求在规定的时间内将所有检查完成到位，不能出现漏检、错检等异常情况，这就需要严格按 PDI 检查要求及基本流程进行作业，并按其规律性对 PDI 检查项目进行分类归纳。

（1）上牌项目　具体可分为车身钢印、车身铭牌、合格证、车辆配置、选装项目、车身颜色等的核对。

（2）"三包"、安全及行驶项目　具体可分为发动机的基本功能项目、变速器的基本功能项目、制动系统、转向系统、发动机舱内管子及卡箍、燃油泄漏情况、车内外灯光检查等。

（3）配置检查项目　具体可分为轮胎及轮辋、全车玻璃、车外后视镜、车门内饰板、车身装备及标签、字标检查等。

（4）功能性检查项目　具体可分为：天窗功能、音响娱乐功能、空调功能、四门玻璃升降功能、遥控钥匙、四门开关、刮水器检查、驾驶人座椅调节、安全带检查等。

3. 实施 PDI 检查前的洗车作业

车身表面是否清洁如新是圆满完成新车（尤其是乘用车）交车前检查任务的重要前提，因此清洗待交接车辆是实施 PDI 检查前的首要任务。

（1）洗车准备

1）洗车人员。洗车人员需要摘除戒指、项链等容易擦伤车辆的物品，佩带金属皮带扣的必须将皮带扣用软布完全包好，否则极易刮伤车身漆面。

2）洗车工具。洗车人员应对洗车工具按以下要求进行全面检查，确认符合技术要求后才可使用。

① 确认洗车机完好、无故障，水枪出水正常，水流呈分散状，如图 7-4 所示。

② 确认擦车用的抹布是否为质地细腻、柔软、吸水性强、不掉毛、不会划伤车身漆面、易于清洗的专用抹布，并且应清洁、完好，如图 7-5 所示。

模块3　汽车专业性维护

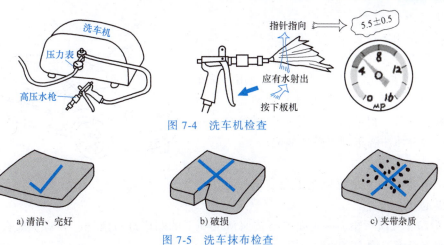

图7-4　洗车机检查

a) 清洁、完好　　　　　　　b) 破损　　　　　　　c) 夹带杂质

图7-5　洗车抹布检查

提示

擦车用抹布建议使用清洁、完好的3M RM16140海绵，并且当洗车海绵清洗超过100辆车即停止使用。

③ 确认用于清洗车辆以及擦车抹布的水是清洁的，如图7-6所示。

注意：在洗车过程中应经常换水，或者使用活水，以保证水质始终是清洁的，否则易刮花车身漆面。

3）待清洗的车辆。洗车人员应对待清洗的车辆按以下要求进行检查，确认门、窗以及发动机舱盖、行李舱全部关闭，如图7-7所示。

a) 水质清洁　　　　　　b) 脏污

图7-6　洗车水水质检查

a) 门未关严　　b) 窗未关严　　c) 行李舱未关严　　d) 天窗未关严　　e) 玻璃有破裂

图7-7　待洗车辆检查

（2）洗车作业

1）洗车人员握紧高压水枪，起动洗车机水泵，清洗时水压调节控制在5.5±0.5MPa范围内。

提醒：在操作过程中，应注意水枪在使用时会有向后的反冲力，一定要握紧，防止跌落，从而导致作业人员和车辆受到伤害。

2）将高压水枪枪口按一定角度（15°~45°）对准车身，枪口距离冲洗部位应保持

1.5~2.0m。

警告：在操作过程中应严禁将水枪枪口对人喷射，以免人身受到伤害。

3）开启水枪开关，高压水自枪口喷出，洗车人员应按图7-8所示车顶、车身前后两盖、车身左右两侧、灯具、保险杠、车轮、轮罩等自上而下顺序依次全面冲洗车辆表面各部位。

注意：

① 冲洗整车时，水枪应上下左右来回喷洗车辆，禁止定点喷洗。

② 为防止二次污染，一定要严格按照从上到下的顺序进行清洗，并将积聚在一起的泥沙及车辆表面附着物完全冲洗干净。

4）洗车人员用手指随机轻轻触摸冲洗过的车身表面，一直冲洗至感觉无沙粒、灰尘为止，如图7-9所示。

5）用擦车抹布蘸足清水，自上而下，以来回直线方式或沿部件的走向轻轻擦拭车辆表面，如图7-10所示。

图7-8 洗车顺序

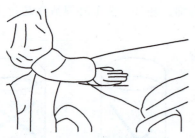

图7-9 用手指检查清洗质量

图7-10 正确擦拭车辆表面水分的方法

警告：如图7-11所示，禁止用弧线方式擦拭车身表面，以免车身漆面出现"太阳纹"；更不能用抹布擦拭含有沙粒等杂质的车身表面，以免刮花车身漆面。

a）弧线擦拭

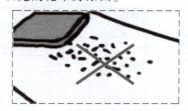

b）车身表面有沙粒

图7-11 错误擦拭车辆表面水分的方法

6）用清洁的擦车抹布擦干车身，使车辆油漆和玻璃表面无成股的水流或成滴的水迹，如图7-12、图7-13所示。

注意：在整个擦拭过程中，要始终保持水和擦车抹布是清洁的。

4. PDI检查的主要项目及操作规程

PDI检查的主要项目及操作规程，以上汽通用别克君威（REGAL）轿车的PDI检查为例进行详细介绍，见表7-1。

模块 3　汽车专业性维护

 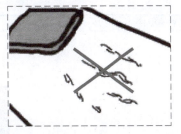

图 7-12　清洁、擦干的车身表面　　　　图 7-13　车身表面有水流、水迹

表 7-1　上汽通用别克君威（REGAL）轿车 PDI 检查项目、相关图示及关键点

PDI 检查项目	相关图示及关键点
检查范围： ①检查车内、车外是否符合要求 ②检查轮胎压力是否符合要求	  关键点：所有车型前部双雾灯，后部单雾灯/倒车灯
检查流程： ①动态试验和驾驶体验，检查是否有异响，制动是否有效 ②静态检查，接通点火开关，查看仪表所有指示灯及警告声是否正常 ③检查是否只有在 P/N 位才可以起动车辆	  关键点：左图为 2.0GL 标准配置：17 * 7 铝合金钢圈，225/55 R17 正新轮胎；右图为 2.4GS 高配置：18 * 14 铝合金钢圈，245/45 R18 普利司通轮胎
驾驶人座位置检查 1： ①巡航驾驶控制开关 ②喇叭开关 ③挂电话/语音导航关闭（低配车型静音功能） ④打电话/语音导航开关（高配车型） ⑤音源选择开关 ⑥音量调节按钮	

93

汽车维护

（续）

PDI 检查项目	相关图示及关键点
⑦前照灯/前后雾灯开关 ⑧仪表盘亮度开关 ⑨信息中心设置/控制按钮 ⑩前、后选择开关 ⑪信息中心菜单按钮 ⑫发动机转速表 ⑬发动机冷却液温度表 ⑭信息显示中心 ⑮燃油量表 ⑯车速表	 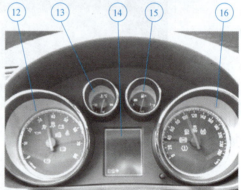 关键点：2.4L 高配车型带有语音导航系统 4 号键
驾驶人座位置检查 2： ①刮水器开关 ②后视镜方向调节按钮/左右后视镜折叠按钮 ③四门车窗升降按钮 ④后排门窗锁止按钮	  关键点：所有车型；四门车窗下降为一键式按钮；高配车型才有后视镜折叠功能

模块3 汽车专业性维护

（续）

PDI检查项目	相关图示及关键点
驾驶人座位置检查3： ①车辆点火起动按钮 ②牵引力控制 ③门锁控制 ④电源及音量调节 ⑤双闪灯 ⑥前排乘员座椅安全带提醒 ⑦倒车辅助（倒档时灯亮） ⑧信息 ⑨删除 ⑩数字按钮 ⑪录音 ⑫自动记忆水平 ⑬收藏 ⑭CD弹出 ⑮音调 ⑯多功能旋钮 ⑰导航目的地 ⑱设置（与16配合使用） ⑲回退（返回） ⑳导航语音重复 ㉑导航 ㉒蓝牙电话 ㉓硬盘/DVD/外接辅助输入 ㉔收音机（AM/FM切换） ㉕向前/向后搜索	 关键点：适用于2.4L高配车型 1号键：高配车型为无钥匙起动，钥匙放在车内就可踩加速踏板起动。不踩加速踏板，按1号键为电源ACC，再按一次为ON 18号键：设置按钮用于配置各种用户需求，包括收音机、导航、显示、车辆、电话、时间。反复按CONFIG键可在设置屏幕滚动，可按下多功能按钮进行选择 2号键：短按关闭TCS，长按关闭ESP AUX外接辅助输入接口在中央控制台储物盒内
驾驶人座位置及前排乘员座位置检查1： ①空调开关 ②内循环 ③驾驶人侧座椅加热 ④驾驶人侧温度控制 ⑤驾驶人侧座椅通风 ⑥吹风模式选择 ⑦风速调整（风速到最低时，空调关闭） ⑧空调自动控制模式 ⑨前排乘员侧座椅通风 ⑩前排乘员侧座椅加热 ⑪前排乘员侧温度控制 ⑫后风窗玻璃加热 ⑬前风窗玻璃除雾和除霜	 关键点：2.4L高配车型 12号键：后风窗玻璃加热只有在车辆起动时才可用

95

汽车维护

（续）

PDI 检查项目	相关图示及关键点
驾驶人座位置及前排乘员座位置检查 2： ①牵引力控制 ②门锁控制 ③电源及音量调节 ④双闪灯 ⑤前排乘员座椅安全带提醒 ⑥倒车辅助（R 档时指示灯亮） ⑦信息 ⑧日期时间设置 ⑨自动记忆水平 ⑩收藏 ⑪数字按钮 ⑫CD 弹出 ⑬CD 装入 ⑭前风窗玻璃除雾和除霜 ⑮后风窗玻璃加热（车辆起动后可用） ⑯前排乘员侧温度控制 ⑰前排乘员侧座椅加热 ⑱空调自动控制模式 ⑲风速调高 ⑳风速调低 ㉑驾驶人侧座椅加热 ㉒驾驶人侧温度控制 ㉓内循环 ㉔空调开关 ㉕多功能旋钮 ㉖回退 ㉗音调 ㉘静音（无蓝牙电话功能） ㉙设置（与 25 配合使用） ㉚CD/外接辅助输入 ㉛收音机（AM/FM 切换） ㉜向前/向后搜索	 关键点：适用于 2.0L 标准配置车型
检查中央扶手上娱乐控制键： ①导航 ②音频 ③多功能按钮 ④打电话/静音 ⑤目的地 ⑥电子驻车制动开关 ⑦退回 ⑧驻车制动拉杆	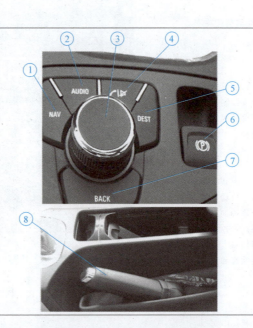

模块3　汽车专业性维护

（续）

PDI 检查项目	相关图示及关键点
座椅检查： ① 驾驶人座椅位置记忆 ② 座椅前后上下 ③ 座椅靠背前后 ④ 腰托控制 ⑤ 头枕高低按钮	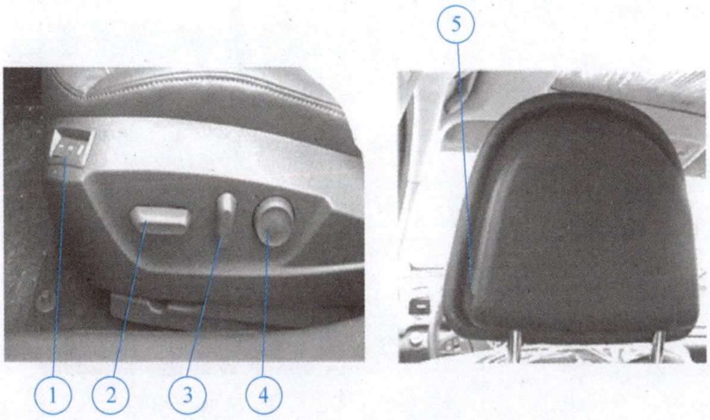 关键点：所有车型；座椅调整开关；驾驶人侧和前排乘员侧相同
前排操纵部件检查： ① 中央扶手储物盒盖板 ② 杯托 ③ 排档 ④ 电子驻车制动开关 ⑤ 机盖拉手 ⑥ DLC 检查连接头 ⑦ 制动踏板 ⑧ 加速踏板	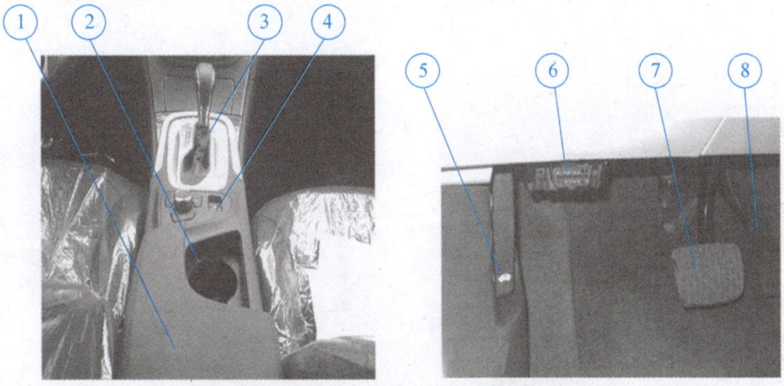 关键点：排档选择有自动和手动两种，放到 M 档为手动模式
检查左后车门外侧： ① 离车 1m 检查金属表面、油漆质量、划痕、密封胶条、缝隙 ② 检查车外拉手	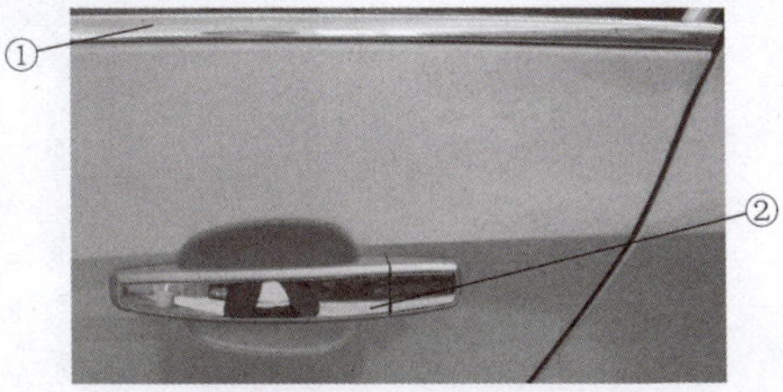
检查左后车门内侧： ① 儿童安全锁 ② 左后车门内衬、密封胶条 ③ 锁止机构	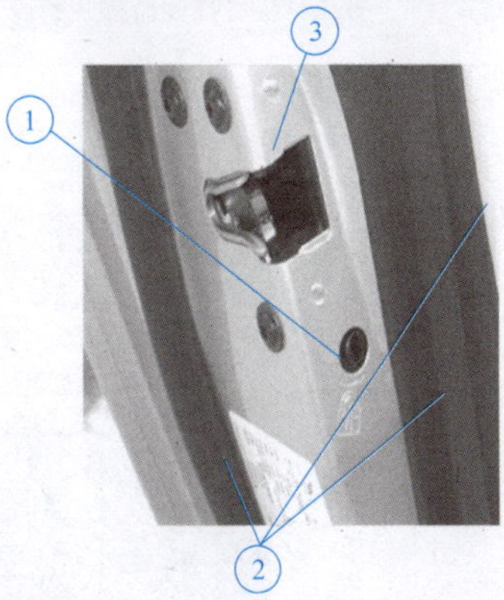 关键点：车门开关力度、手感

97

汽车维护

（续）

PDI 检查项目	相关图示及关键点
检查左后门内侧： ①检查车门内侧拉手 ②左后车门玻璃升降 ③检查后座顶篷阅读灯	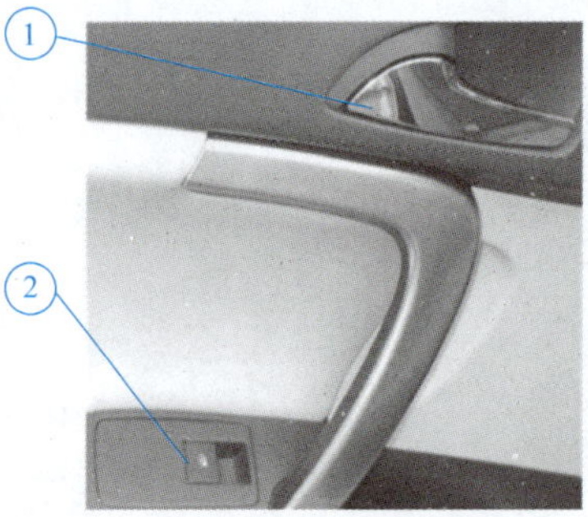 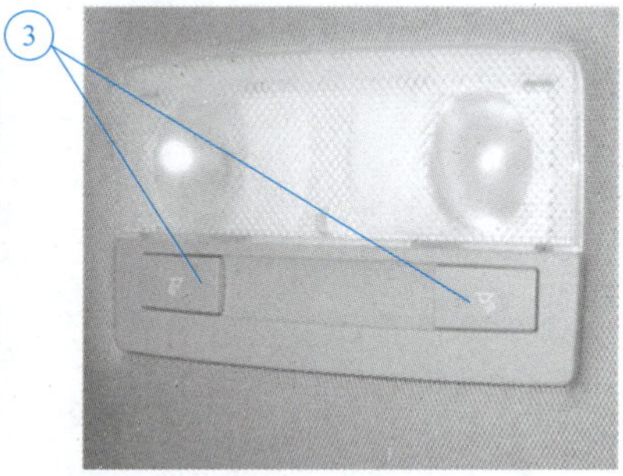 关键点：从上往下、从前往后检查左后座椅位置
检查后排座椅位置1： ①检查车顶篷拉手 ②检查通往行李舱隔板锁 ③后座椅折叠开关 ④检查后座椅头枕 ⑤检查后座椅安全带	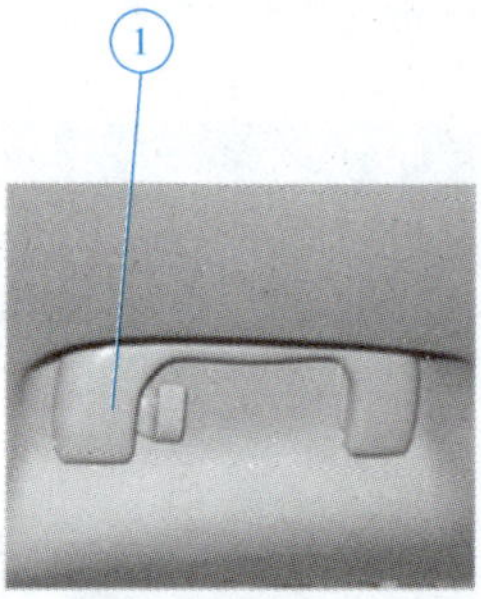 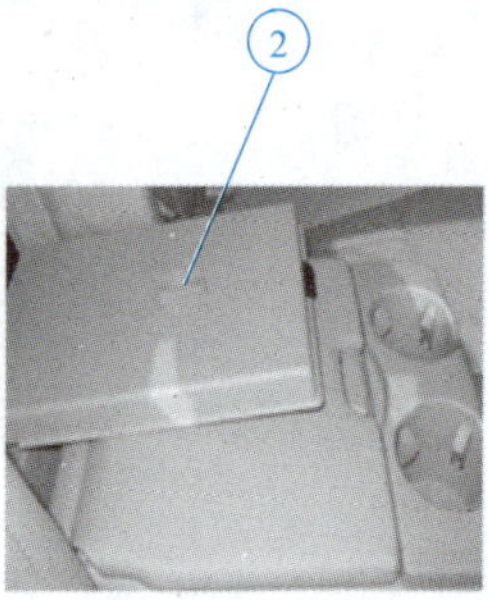 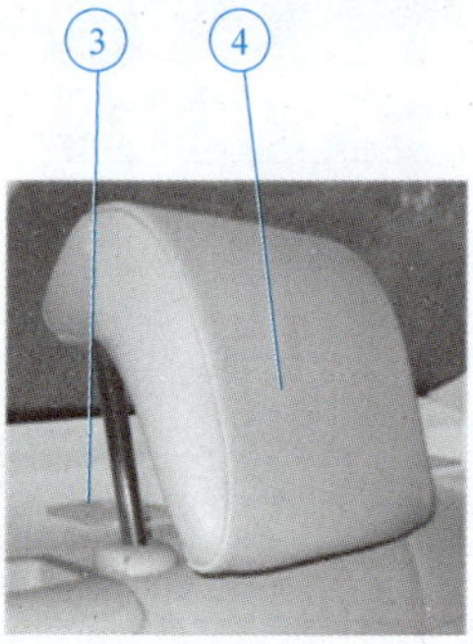 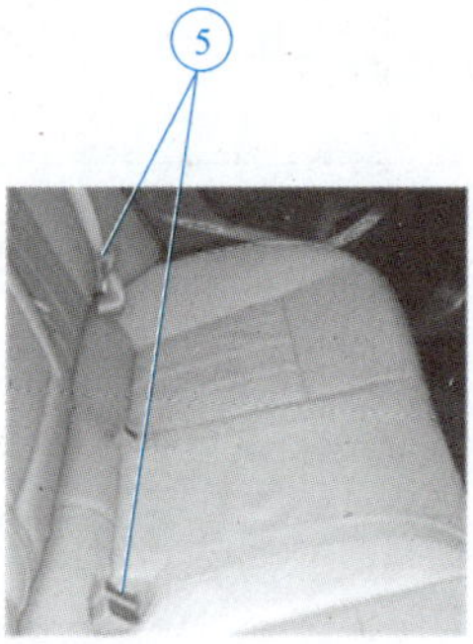 关键点：后排座椅都带折叠功能
检查后排座椅位置2： ①后排烟灰缸 ②点烟器 ③风门控制 ④后排扶手杯托 ⑤后排扶手储物盒	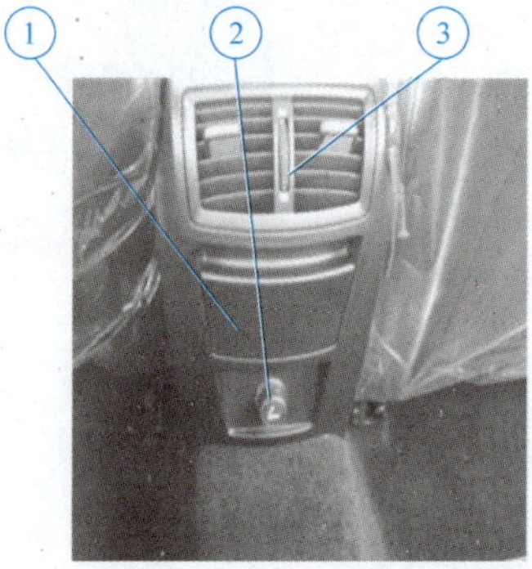 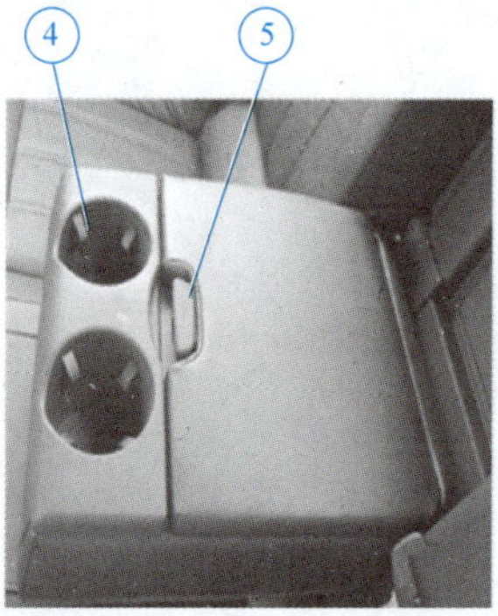

模块3 汽车专业性维护

（续）

PDI检查项目	相关图示及关键点
检查车辆后部表面： 离车1m检查金属表面、油漆质量、划痕、凹坑、密封、缝隙。 检查行李舱盖开关力度： ①倒车雷达探头 ②行李舱打开开关 ③检查尾灯装配、标牌、字标	  
检查行李舱内部： ①备胎 ②工具包 ③三角牌 ④维修标签 ⑤检查行李舱锁止机构、行李舱盖挺柱、内饰	 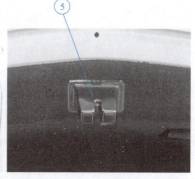 关键点：钢质备胎为16in
检查右后车门外侧： ①离车1m，检查金属表面、油漆质量、划痕、凹坑、密封、缝隙等 ②检查门把手安装、开关力度	
检查右后车门内侧、右后座椅位置： ①检查儿童安全锁，检查右后门内衬、密封性能、玻璃升降开关 ②检查右后座上拉手、衣帽挂钩	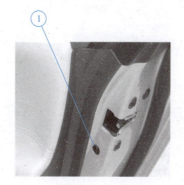 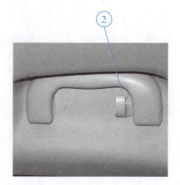

99

汽车维护

(续)

PDI 检查项目	相关图示及关键点
检查右前车门外侧： ①离车1m，检查金属表面、油漆质量、划痕、密封、缝隙、凹坑等 ②检查车外后视镜装配质量 ③检查门把手安装、开关门力度、有无异响	
检查右前车门内侧： ①内拉手 ②玻璃升降开关 ③检查锁止机构工作情况 ④内部密封性能	 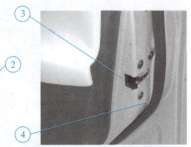
检查右前座椅位置： ①检查遮阳板标签、转动情况、有无卡滞 ②检查上拉手外观、工作状态	 
右前座椅位置1： ①检查空调出风口安装位置及有无卡滞 ②检查杂物箱开关力度、缝隙、噪声等	 
右前座椅位置2： ①检查安全带 ②检查安全带带扣	  关键点：驾驶人座椅带乘员监测传感器，如果有人坐下而没有系安全带时，仪表台上提醒灯会亮

100

模块3 汽车专业性维护

(续)

PDI检查项目	相关图示及关键点
检查右前车门内侧： 检查电动座椅8项调节功能	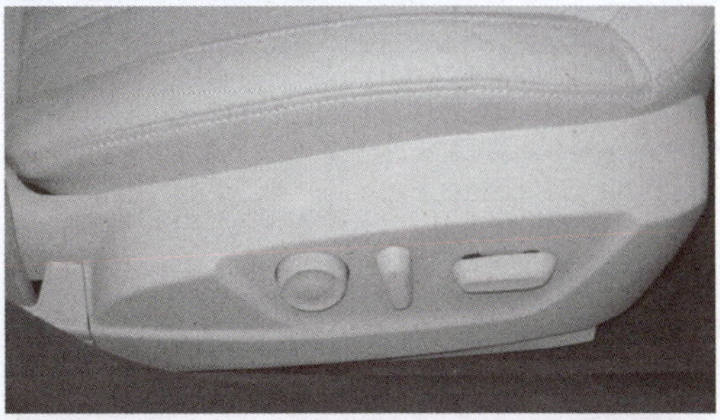 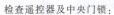
检查车辆前方： ①离车1m，检查金属表面、油漆质量、安装缝隙等 ②检查前照灯、雾灯、安装是否到位 ③检查中网、标牌安装质量	 关键点：氙气前照灯带前照灯清洗功能，长按刮水器清洗开关可喷水
检查遥控器及中央门锁： ①检查上锁按钮 ②检查开锁按钮 ③检查寻车按钮 ④检查行李舱解锁按钮 ⑤触摸窗口	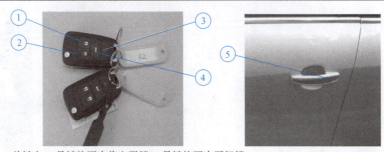 关键点：1号键按两次将上死锁，2号键按两次可解锁 高配车型带无钥匙进入功能，钥匙离车门把手1m距离内，拉车门外把手即可进入车内 高配置车型在两前门把手有触摸窗口，触摸一次上锁，触摸两次进入死锁

二、新车的首次维护（首保）

汽车技术服务企业新车的首次维护作业，以上汽通用别克系列轿车为例进行介绍。新车的首次维护的项目、内容及方法见表7-2。

表7-2 新车的首次维护的项目、内容及方法

序号	维护项目	维护内容及方法	维护间隔里程或时间说明
1	更换机油及滤清器	更换发动机机油和机油滤清器	首保5000km，以后间隔10000km或视情况而定
2	全车检查	对全车进行目视检查，包括全车灯光、全车油液等	
3	底盘检查	目视检查车辆底盘各总成、系统、部件，尤其是轮胎等关键部件是否有刮伤、轮胎气压是否正确等	
4	随车工具使用操作的车主培训	维修技师示范轮胎工具、千斤顶、三角警示牌的使用操作要领	

新车的首次维护的相关设备与材料见表7-3。

汽车维护

表 7-3 新车的首次维护的相关设备与材料

序号	相关仪器设备及材料	备注
1	场地:通风采光好,相互干扰少,车辆进、出方便,能够分组实训	可根据自身情况来定
2	车辆:上汽通用别克系列轿车	可根据自身情况来定
3	仪器设备:车辆诊断仪、举升机、机油收集装置等	其他仪器设备的选配,可根据自身情况来定
4	工、量具:轮胎扳手、千斤顶、三角警示牌、灭火器等随车工具,轮胎气压表、制动液测试仪、机油滤清器拆装工具等	其他工量具的选配,可根据自身情况来定
5	材料:机油、机油滤清器、ATF、制动液、冷却液、转向助力油、抹布等	各运行材料品种及规格的选配,可根据自身情况来定

随着我国建设服务型社会步伐的加快,加上汽车产业的快速发展、汽车技术复杂程度的日益提高以及产品竞争的日趋激烈,使得越来越多的汽车售后服务企业开始重视维修技师与车主之间的互动环节。许多汽车生产厂家明确要求其售后服务企业在车辆进行首保时,汽车维修技师必须向客户说明车辆维护的相关知识,而且将这一任务作为维修技师考核的重要内容。表 7-4 为汽车维修技师与车主进行互动时要完成的有关任务以及相应话术和工作情境。

表 7-4 维修技师与车主互动的任务、相应话术和工作情境

技师任务	相应话术	工作情境
介绍车辆以后的维护间隔(如 5000km 换机油)	发动机机油:第一次 3000km,以后每隔 5000km 或 3 个月更换一次 向客户重点说明: 机油具有润滑、密封、清洁、冷却等作用;全合成机油是全天候的机油,具有超强的润滑性能、优异的低温冷起动性能和高温清洁及抗氧化、酸化能力 机油可大大延长发动机的使用寿命,降低油耗,增加动力。因此,一定要定期更换机油及机油滤清器	
	自动变速器油:建议 60000km 更换一次 向客户重点说明: 自动变速器油也称为 ATF(液力传动油),除了传递发动机动力外,还具有液压控制的作用。此外,ATF 应具备适当的黏度、热氧化安定性、润滑抗磨性、摩擦特性、防腐(防锈)性等性能 自动变速器结构复杂,维修昂贵,其 80% 的故障均由 ATF 质量变差引起。因此,务必要按照车辆使用手册的要求及时更换 ATF,而且一定要前往汽车售后服务企业,由专业人员用专业设备进行更换	

模块 3　汽车专业性维护

（续）

技师任务	相应话术	工作情境
介绍车辆以后的维护间隔（如 5000km 换机油）	制动液：建议 30000km 或 18 个月更换一次 向客户重点说明： 　制动液具有高沸点、防腐、防锈、防氧化等性能，但具有一定的吸水性。最好在客户面前现场示范检查制动液的品质情况 　制动液若使用时间过长，则可能吸水过多，从而在频繁或紧急制动时因制动器过热而使其中的水分沸腾产生气泡且气泡迅速破裂，从而导致制动失灵。因此，一定要定期更换，且决不能混用	
	动力转向机油：建议 60000km 更换一次 向客户重点说明： 　动力转向机油具有传递转向的动力和润滑转向器等部件的作用 　动力转向机油的使用安全极为重要。在使用过程中，若发现储液罐中有气泡或管路及接头等部位存在泄漏等现象时，一定要及时前往汽车售后服务企业，由专业人员用专业设备进行检查或更换	
	发动机冷却液：理想状况是 5 年或 240000km 更换一次（仅限于别克专用） 向客户重点说明： 　发动机冷却液具有高沸点、低冰点（-45℃）、防冻、防腐、防水垢等性能 　冷却液时刻保护着车辆的发动机，因此定要定期更换，决不能混用	
介绍用车的注意事项，如发动机冷却液温度、轮胎气压、机油压力和油量等	发动机冷却液的正常温度一般为 80~90℃ 向客户重点说明： 　冷车起动后不要马上起步，更不要"轰油门"，应怠速暖机，待冷却液温度达到 50℃ 以上才可起步，先缓行一段距离，否则会导致发动机、变速器等总成严重磨损 　在行车过程中，若发现发动机冷却液温度警告灯亮，则应尽快查明原因，否则极易导致发动机因过热而损坏	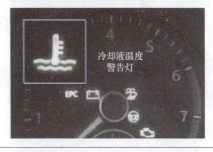
	轮胎气压应符合车辆使用手册的规定。轮胎气压值一般在燃油箱盖板内侧面或行李舱等处有标注 向客户重点说明： 　轮胎气压一定要符合车辆使用说明书的规定，不能过高也不能过低。若轮胎气压过高，易加剧轮胎磨损甚至爆胎；若轮胎气压过低，易加剧轮胎变形甚至产生裂纹 　建议车主自备轮胎气压表，一定要使用轮胎气压表来检查和调整轮胎气压，千万不可主观臆断。当认为轮胎气压过高时，千万不能用气嘴放气降压，否则极易发生危险	

汽车维护

(续)

技师任务	相应话术	工作情境
介绍车辆以后的维护间隔（如5000km换机油）	发动机机油压力和油量应符合规定。机油压力一般为300～400kPa，机油油量应处于机油尺上、下刻线之间 向客户重点说明： 发动机是汽车的"心脏"，机油是发动机的"血液"。为确保发动机润滑系统正常工作，汽车仪表板上均设置了机油压力指示灯。当发动机起动后和在发动机正常运转时，该指示灯均应熄灭；若发动机起动后不能熄灭或在发动机运转过程中该灯亮起，则不能起步和继续行驶，应尽快查明原因，否则极易导致发动机损坏	
示范轮胎专用工具、随车千斤顶和三角警示牌的使用操作	向客户说明轮胎专用工具及随车千斤顶和三角警示牌的放置位置	
	向客户示范轮胎专用工具的使用操作要领	顺时针拧紧 松紧螺栓的对角顺序 逆时针拧松
	向客户示范随车千斤顶的使用操作要领	千斤顶使用位置标记 硬质地板可以提供足够的支撑力
讲述车辆质量担保期限及其必要条件等	1）整车保修期：2年或60000km，以先到达者为准（蓄电池使用1年或汽车行驶30000km） 2）更换配件的保修期：1年或20000km，以先到达者为准 3）客户享受保修必要条件：按照车辆定期维护要求在上汽通用授权的特约维修中心接受定期维护和维修 4）须确认是否享有保修服务的权利 向客户重点说明： 无有效发票和保修手册不能证明车辆处于保修期内的、里程表读数无法读取或更改的车辆将无法保修	

模块 3 汽车专业性维护

(续)

技师任务	相应话术	工作情境
告知车辆非保修的项目	1) 正常的噪声、振动、磨损和老化 向客户重点说明： 包括但不限于油漆、内饰件、电镀件及其他外观件、火花塞、轮胎、刮水器刮片、制动片、离合器片、软管、传动带、密封条、灯泡、熔丝等引起的噪声、振动、磨损和老化 2) 环境与外部环境原因造成的损坏 向客户重点说明： 包括但不限于工业粉尘损坏、酸性或碱性物质腐蚀、沙石或与其他物体接触造成的碎片或划痕 3) 使用不当造成的 向客户重点说明： 使用不当是指改装或竞赛，未按使用说明书使用车辆，使用不干净的燃油和润滑油、加装、超载等 4) 客户提出保修前，未保护好损坏件原始状态，或发生故障后在未经同意情况下擅自处置导致损坏扩大的 5) 因车辆停用造成的经济损失和附加费用	
告知公司24小时救援服务电话及保险咨询电话等	1) 24 小时救援服务电话：1××××××××× 2) 保险咨询电话：1×××××××××（×××经理） 3) 保险报案电话：平安保险 95511；太平洋保险 95500；中保保险 95518 4) 交通事故：122 5) 医疗救护：120	

三、汽车首次维护质量检验

国家还没有出台汽车首次维护的质量检验相关规定，目前主要根据车辆维修手册相关要求进行。不同厂家、不同车型首次维护质量检验的项目和内容也不尽相同，应灵活掌握。这里以别克汽车为例进行介绍，其具体检验部位、项目、技术要求及检验方法见表 7-5。

表 7-5 汽车首次维护的质量检验部位、项目、技术要求及检验方法

序号	检验部位	检验项目	技术要求	检验方法
1	发动机润滑系统	发动机机油品质	所更换发动机润滑油的黏度等级、使用级别、品牌以及加注量应符合原厂要求	查看产品说明书及维修手册
		机油滤清器的安装情况	所更换机油滤清器的规格应符合原厂要求，安装可靠，试运行检验应无渗漏现象	目视检查
2	全车	全车灯光	全车灯光应齐全有效	目视检查
		全车油液	全车机油液面、制动液液面、转向助力液液面、冷却液液面、风窗玻璃洗涤液液面以及变速器油液面高度均应符合规定，应无渗漏现象	目视检查
3	底盘	各总成、系统、部件	各总成、系统、部件工作良好，应无异响、松动、脱落、干涉等现象	测试检查
		轮胎	轮胎等关键部件应无刮伤、裂纹，轮胎气压应符合厂家规定	目视及仪表检查
4	随车工具	轮胎工具、千斤顶、三角警示牌	轮胎工具、千斤顶、三角警示牌应齐全有效，并按指定位置摆放或固定	目视检查

汽车维护

任务实施

子任务1 更换发动机机油和机油滤清器

任务描述	通过首次更换发动机机油和机油滤清器,及时清除发动机由于新车磨合而产生的金属屑,以防止油路被金属屑堵塞而导致供油不畅和金属屑成为磨粒而加剧摩擦表面的磨损
操作过程及相关图表	1)打开发动机舱盖,拧开机油加注口盖   2)将车辆举升到合适的高度,并将集油盘置于车辆放油螺塞下方   3)使用合适的工具松开放油螺塞,将废机油排放至收集油盘中   警告:刚运行过的车辆,机体与机油均处于高温状态,注意不要被烫伤 4)排放完旧机油后,将放油口擦拭干净;安装新的放油螺塞及垫圈,使用扭力扳手按规定力矩拧紧放油螺塞  

模块 3　汽车专业性维护

（续）

| 操作过程及相关图表 | 5）拆卸机油滤清器，并报废；在拆卸机油滤清器时，可能会有少量机油外泄，应及时擦净

注意：
①若机油滤清器是安装在车辆底部的，需要将集油盘放置于机油滤清器下方，自然排放旧机油
②若机油滤清器是安装在车辆上部的分体式结构，需要利用集油盘的吸管收集旧机油，并将抹布垫在滤清器下方，以防外泄机油溅在车辆上

6）更换厂商指定的机油滤清器及密封圈。在安装前，将少许新的机油均匀涂抹于机油滤清器及其密封圈上，以免刮伤密封圈
7）安装新的机油滤清器，查阅相应车型维修手册中机油滤清器的拧紧力矩，使用扭力扳手按规定力矩拧紧机油滤清器

8）将车辆降至合适高度，加注指定黏度和使用等级的发动机机油至规定容量
 |

汽车维护

(续)

操作过程及相关图表	9）运行发动机数分钟后熄火；再次举升车辆，检查是否存在渗漏，并确认机油的油位在规定的范围内  	
注意事项	1）应按车辆使用手册规定的首保里程及时更换发动机机油和机油滤清器；若不及时更换，会影响发动机的动力性和燃油经济性，甚至会损坏发动机 2）应选用厂家规定或推荐的机油及机油滤清器（即匹配型发动机润滑油），以延长发动机的使用寿命 3）配置有"发动机机油寿命监视系统"的车辆，在更换机油及机油滤清器后，还应复位机油寿命监视系统	
任务记录	将更换过程及结果记录在维护项目单内（见相关工作页）	
任务好处	通过首次更换发动机机油和机油滤清器（首保最重要任务）来消除新车磨合所带来的金属屑等磨粒对润滑油路的堵塞、对摩擦表面的异常磨损等隐患，以延长发动机的使用寿命	

子任务2　对全车进行目视检查（这里重点检查全车灯光及全车油液）

任务描述	通过对全车进行目视检查（主要包括全车灯光和全车油液等），及时消除行车安全隐患和全车潜在技术故障。	
操作过程及相关图表	检查全车灯光	①检查前、后照明灯   ②检查信号灯  

模块3 汽车专业性维护

(续)

操作过程及相关图表	检查全车灯光	③检查仪表灯 ④检查车内照明灯   车内环境氛围灯
	检查全车油液	①检查发动机润滑油液面高度 a. 将车辆停放在水平地面上,关闭发动机,静置一段时间(不低于15min) b. 找到发动机润滑油油尺,拔出油尺,将其擦拭干净 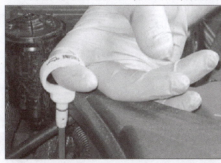  c. 把已经擦拭干净的油尺重新插回到油尺管中 d. 把油尺拔出来,检查润滑油液面的高度(在油尺上有最大和最小液面高度的标记) e. 如果发现机油量损失过多,则要进一步进行检查和维修 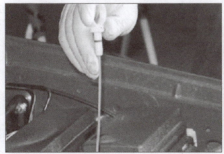  ②检查发动机冷却液 a. 找到发动机冷却液膨胀水箱(即冷却液溢流罐) b. 检查液面高度,可以从冷却液膨胀水箱的外侧查看或打开盖子查看。如果液面太低(低于LOW或MIN),则需要进行补充   警告:禁止在发动机热态下打开膨胀水箱的盖子,以免被烫伤

（续）

操作过程及相关图表	检查全车油液	③检查风窗玻璃清洗液  a. 检查储液罐中清洗液的状况和液面高度。如果液面太低，则需要补充清洗液；如果发现清洗液已被污染，则要将其从储液罐中排出，再加注新的清洗液；必要时，要拆洗储液罐  b. 试用刮水器喷淋装置，检查清洗液泵是否运转，查看喷口是否堵塞或喷射角度及距离是否正常 ④检查动力转向油液面高度 a. 找到动力转向油储液罐 b. 将盖子上的油尺擦拭干净，把盖子盖好，重新打开盖子，检查油尺上油位的高度 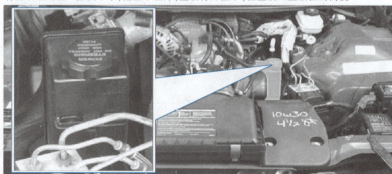 

模块 3　汽车专业性维护

（续）

操作过程及相关图表	检查全车油液	 c. 如果液面较低，需要加注油液到标准高度 提示：在车辆正常运行时，动力转向油是不会被用尽的，即在打转向盘时，油液液面不应该下降至过低。如果液面过低，则需要检查动力转向系统是否存在渗漏情况 ⑤检查制动液 a. 打开发动机舱盖，找到制动总泵的位置（一般位于发动机舱后方靠近驾驶人侧），把制动液储液罐周围擦拭干净，以防在打开盖子时有灰尘等杂物进入制动总泵  b. 拆下储液罐盖，检查制动液液面高度（在储液罐的侧面上通常标有"MAX"和"MIN"的标记） 

图中注意：动力转向油是可燃性的液体

要记住，制动液
- 是有危害的液体
- 含有的聚乙二醇，会腐蚀油漆层和损害导线的绝缘层

汽车维护

(续)

操作过程及相关图表	检查全车油液	c. 必要时，添加规定的制动液，但不能加得过满
		
		技术要点
		制动液压系统是一个"封闭的"系统。制动液液面过低时，表明存在制动片被磨损或者油液渗漏。如果制动液液面过低，要请有经验的维修技工对制动片磨损或者油液渗漏情况进行检查。

		d. 正确安装储液罐盖
		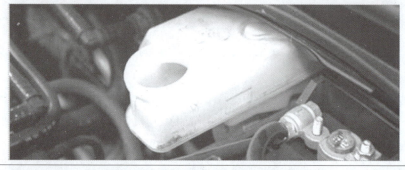
		⑥检查自动变速器油
		  a. 执行手册规定的检查条件：确认发动机是否运转，变速器档位是否处于 N 档或 P 档，变速器油液的温度是多少，变速器是否有油尺等
		  b. 当执行完手册上规定的检查自动变速器油时应满足的条件时，拔出油尺，将其擦拭干净
		  c. 将已经擦拭干净的油尺重新插回到油尺管中
		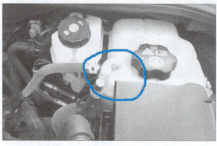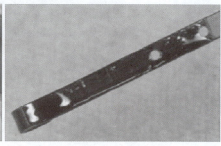
		  d. 把油尺拔出来，检查液面的高度（在油尺上标有 MAX 和 MIN 液面高度标记）
		  e. 如果液面较低，使用 SGM 推荐的自动变速器油加注到位（如有必要，对自动变速器进行进一步检查）；再一次检查油尺，确认液面正常（不要加注过量），把油尺正常地插回去
		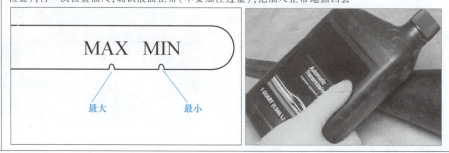

模块3 汽车专业性维护

（续）

注意事项	1) 全车灯光、仪表应齐全有效，否则会影响车辆的正常使用 2) 如果发动机润滑油油面太低，则容易导致发动机过热，甚至会导致发动机机械性损坏 3) 如果发动机冷却液中出现了铁锈或颜色变为棕色时，则要对发动机冷却系统进行冲洗。对于使用常规使用寿命冷却液的车辆，推荐至少每两年要冲洗一次 4) 风窗玻璃清洗液中含有防冻剂，加水容易导致清洗液在夏季产生水垢、在寒冷冬季结冰从而堵塞喷孔 5) 热的动力转向油可能会引起严重的烫伤。因此，在热态下检查动力转向油时，要求应戴好防护用具，如手套和防护眼镜等，以免被烫伤 6) 制动液与制动橡胶软管有配伍性，因此禁止混用不同规格、不同品牌和不同成分的制动液。否则，会使制动软管溶胀甚至破裂而导致制动失效 7) 自动变速器的使用寿命主要取决于自动变速器油，因此汽车行驶到规定里程后一定要更换自动变速器油，否则会降低自动变速器的使用寿命。建议采用机器对自动变速器油进行彻底更换。若手工更换，则只能更换一半油液，另一半在阀体内的油液将无法更换
任务记录	将检查结果记录在维护项目单内（见相关工作页）
任务好处	通过目视检查全车灯光和全车油液，确保全车灯光齐全有效，确保全车油液液位正确、质量有效、无渗漏现象，以及时消除行车安全隐患和全车潜在技术故障

子任务3　对汽车底盘进行目视检查

任务描述	通过对车辆底盘各总成、系统、部件，尤其是轮胎等关键部件进行目视检查，来确认这些部件是否有刮伤、轮胎气压是否正确等，以及时消除行车安全隐患和全车潜在的技术故障
操作过程及相关图表	检查轮胎 ①检查轮胎气压 a. 定期检查轮胎气压，保持正确的轮胎充气压力 b. 若胎压不正确，则进行调整 c. 若胎压过低，则应进行补充。在补充前，首先在车辆上找到轮胎胎压标签（一般在燃油箱盖上），并根据车辆承载情况，选择前、后轮胎的气压标准值 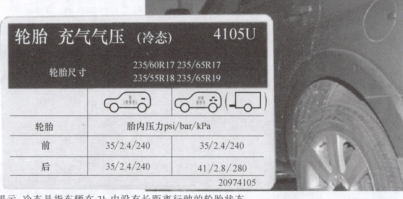 提示：冷态是指车辆在3h内没有长距离行驶的轮胎状态 ②检查轮胎磨损情况 轮胎发生异常磨损的主要原因是：车轮不平衡，轮胎安装不正确，车轮定位不准，以及车轮轴承磨损和减振器、弹簧或其他悬架部件失去平衡。轮胎的异常磨损主要分为羽状磨损和不均匀磨损两种情况 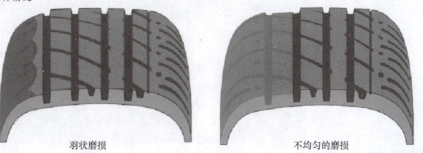 　　　　羽状磨损　　　　　　　　　　　　　不均匀的磨损

113

汽车维护

（续）

操作过程及相关图表	检查转向及悬架系统的零部件	① 将车辆举升到合适高度并进行锁止，以防车辆自行下落 ② 检查转向机、动力转向软管、横拉杆球头销以及传动轴防尘套等部件及总成的密封状况 ③ 检查减振器等部件及总成的密封状况 
	检查排气管及联接螺栓	检查排气管有无漏气及联接螺栓有无松动或老化等 

模块3　汽车专业性维护

（续）

注意事项	1）轮胎气压不能过高或过低。若胎压过高，则会加剧胎冠磨损甚至爆胎；若胎压过低，则会加剧胎侧变形甚至出现裂纹。只有保持正确的轮胎充气压力，才能够保证轮胎按照设计的性能工作，才能够改善燃油经济性，才能减少事故的发生 2）减振器的渗漏会影响车辆的操纵性能和稳定性能；若动力转向液液面太低，则会导致动力转向泵损坏，使转向变得困难。因此，若发现转向系统有渗漏现象，必须进行维修
任务记录	将检查结果记录在维护项目单内（见相关工作页）。
任务好处	通过目视检查全车轮胎、转向、悬架及排气管等关乎行车安全的重要部件的各项技术状况，避免因轮胎爆胎，转向沉重、摇摆、跑偏，悬架失衡使车身倾斜以及因排气管漏气而引发火灾等危及汽车行驶安全的现象发生，及时消除行车安全隐患和全车潜在技术故障

任务2　大修发动机汽车首次维护

汽车大修发动机后的首次维护是指当大修发动机后的车辆行驶到一定里程后，对机油、机油滤清器进行更换，并对发动机各系统、各总成、各部件进行全面检查、紧固、调整的作业过程。其目的主要是及时清除因发动机磨合而产生的金属屑等磨粒，以免金属屑等磨粒堵塞润滑油道或引起机件异常磨损，同时避免因发动机气缸盖螺栓和进、排气管垫螺栓发生松动而导致漏水、漏油、漏气等故障。

大修发动机汽车的首次维护作业以上汽通用别克系列轿车为例进行介绍。

任务准备

一、大修发动机汽车的首次维护计划与设备、材料准备

大修发动机汽车的首次维护的项目、内容及方法见表7-6。

表7-6　大修发动机汽车的首次维护的项目、内容及方法

序号	维护项目	维护内容及方法	维护间隔里程或时间说明
1	更换机油及滤清器	更换发动机机油和机油滤清器	间隔3000～5000km，或视情况而定
2	发动机总成检查	对发动机各系统、各总成、各部件进行全面检查、紧固或调整	

大修发动机汽车的首次维护的相关设备与材料见表7-7。

表7-7　大修发动机汽车的首次维护的相关设备与材料

序号	相关仪器设备及材料	备注
1	场地：通风采光好，相互干扰少，车辆进、出方便，能够分组实训	可根据具体情况来定
2	车辆：搭载LSY发动机的别克凯越轿车	可根据具体情况来定
3	仪器设备：车辆诊断仪、举升机等	其他仪器设备的选配，可根据具体情况来定
4	工、量具：机油专用工具、集油器、扭力扳手、抹布等	其他工、量具的选配，可根据具体情况来定
5	材料：机油、机油滤清器等	各运行材料品种及规格的选配，可根据具体情况来定

二、大修发动机汽车的首次维护质量检验

国家还没有出台大修发动机汽车首次维护的质量检验相关规定，目前主要根据车辆维修

手册相关要求进行，不同厂家、不同车型首次维护质量检验的项目和内容也不尽相同，应灵活掌握。这里以别克汽车为例进行介绍，其具体检验部位、项目、技术要求及检验方法见表7-8。

表7-8 大修发动机汽车首次维护的质量检验部位、项目、技术要求及检验方法

序号	检验部位	检验项目	技术要求	检验方法
1	发动机润滑系统	发动机机油品质	所更换发动机润滑油的黏度等级、使用级别、品牌以及加注量应符合原厂要求	查看产品说明书及维修手册
		机油滤清器的安装情况	所更换机油滤清器的规格应符合原厂要求，安装可靠，试运行检验应无渗漏现象	目视检查
2	发动机总成	各系统运行情况	发动机燃油系统、冷却系统、润滑系统、点火系统、起动系统等各系统运行情况良好	目视检查、紧固或调整
		各部件工作情况	发动机喷油器、点火线圈、火花塞、急速控制阀、废气再循环阀等各部件工作情况良好	目视检查、紧固或调整
		各总成安装情况	发电机、空调压缩机等的运转总成安装牢固，运转正常	目视检查、紧固或调整

任务实施

子任务1 更换发动机机油和机油滤清器

该任务与新车首次维护的更换发动机机油和机油滤清器的作业任务基本相同，请相互参考，这里不再赘述。

子任务2 对发动机各系统、总成、部件进行全面检查、紧固或调整

任务描述	通过对发动机系统、总成、部件进行全面检查、紧固或调整，以确保各总成、系统、部件工作良好，避免出现异响、松动、脱落、干涉、泄漏等现象
操作过程及相关图表	1）检查气门罩盖密封情况 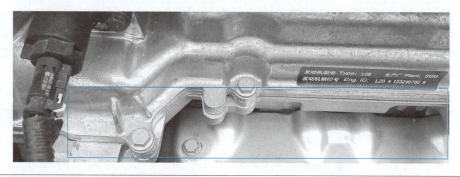 2）检查气缸盖螺栓与气缸垫的紧固及密封情况（必要时，应拆开气门罩盖进行检查）  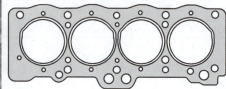

模块3　汽车专业性维护

（续）

操作过程及相关图表

3）检查进、排气歧管及总管的连接紧固情况

4）检查油底壳密封情况，主要查看油底壳密封垫和放油螺塞的密封情况

5）检查发电机及空调压缩机等旋转部件传动带的松紧情况。如果传动带被压下超过25mm，则应按照维修手册给出的张紧数据进行张紧度调整

注意事项：不要去检查运动中的传动带，否则可能会造成严重的伤害

6）检查各管路的连接及密封情况

带螺纹的连接头

弹性夹

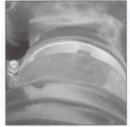

使用螺钉固紧的卡箍

117

汽车维护

(续)

操作过程及相关图表	7）检查各导线的连接及紧固情况，尤其要注意各插接器的连接紧固情况  8）检查发动机各附属装置的工作情况 9）重点检查发动机有无异响，查看发电机、空调压缩机等的旋转部位有无干涉、卡滞等情况 （可以看见的就是发电机传动带 正时带是看不见的）
注意事项	1）应按相应大修发动机气缸盖螺栓、进气歧管、排气歧管联接螺栓的拧紧力矩和拧紧顺序，依次检查各个螺栓的拧紧力矩，必要时按规定力矩再次拧紧 2）应仔细检查发电机、空调压缩机等的旋转部件的运转情况，应无松旷、干涉、卡滞、异响等情况
任务记录	将检查结果记录在维护项目单内（见相关工作页）。
任务好处	通过对发动机各系统、总成、部件进行全面检查、紧固或调整，可以确保各总成、系统、部件工作良好，避免出现异响、松动、脱落、干涉、泄漏等现象，以免大修后的发动机过早产生故障或损坏

作　业

完成学习工作页中项目7的各项作业。

项目8　汽车定期维护

知识目标

1）熟悉企业（4S店）按汽车行驶里程进行A、B级维护作业的项目、维护特色及维护建议等内容。

2）理解汽车深度维护的目的及意义。

能力目标

1）掌握企业（4S店）按汽车行驶里程进行A、B级维护作业的操作要领。

模块 3　汽车专业性维护

2）掌握汽车深度维护作业的操作要领。

项目描述

"定期检测，强制维护，视情修理"是当前我国汽车维护的主要制度。其中，强制维护是指汽车行驶或使用到规定的里程或时间后，按期强制执行，不得拖延，并在维护作业中遵循汽车维护分级和作业范围的有关规定，以确保维护质量。

强制维护是预防性的，保持车容整洁、车况良好，及时消除发现的故障和隐患，防止汽车过早损坏是汽车维护的基本要求。强制维护是在预防维护的前提下所执行的维护制度，汽车维护工作必须遵照交通运输管理部门或汽车使用说明书规定的行驶里程或时间间隔按期执行，即定期维护。

汽车的定期维护一般分为常规维护和按需维护两种，其中常规维护在众多汽车售后服务企业中分为 A 级维护和 B 级维护，而按需维护主要是指汽车的深度维护。

任务 1　常规维护

汽车的常规维护的是强制性的，汽车使用到规定的里程或时间后，必须进行维护，不得拖延，更不能取消，否则会造成严重的安全隐患。下面以上汽通用别克系列部分车型为例进行汽车常规维护详细介绍，其他车型的常规维护可参照执行。

一、A 级维护

汽车的 A 级维护适用于行驶里程为 5000km、10000km 和 20000km 的车辆，每间隔 5000km 或 10000km 进行一次 A 级维护。其维护作业任务主要包括：机油、机油滤清器和放油螺塞垫片的更换，发动机室、车身和底盘的检查，发动机系统和变速器系统的自诊断，保养灯归零（复位检查）以及特色维护等内容，详见表 8-1。

表 8-1　汽车的 A 级维护项目、自诊断及特色维护

作业任务	作业内容	操作过程及相关图示
更换	机油、机油滤清器、放油螺塞垫片的更换	1）找到加油机油口盖，并旋下加油机油口盖 2）找到油底壳上放油螺塞的位置（图中圆圈所示）

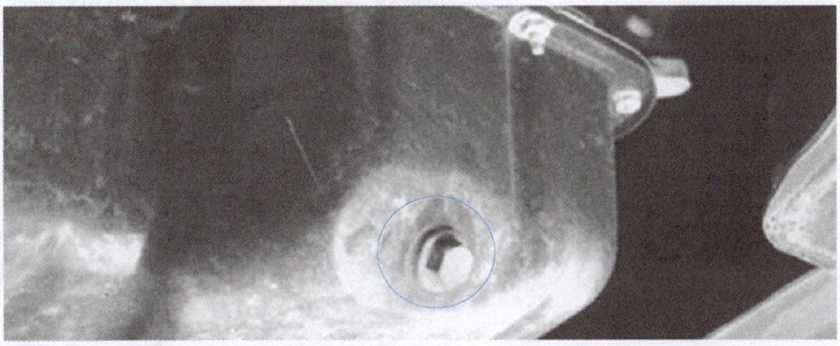

汽车维护

（续）

作业任务	作业内容	操作过程及相关图示
更换	机油、机油滤清器、放油螺塞垫片的更换	3）在放油螺塞的下面放置一个适当的容器（集油器），使用适当的工具卸下放油螺塞，将使用过的旧机油排入容器中  4）当旧机油全部放净后，将放油口和放油螺塞擦拭干净 5）更换新的放油螺塞垫片，将放油螺塞按规定力矩拧紧  6）找到机油滤清器的安装位置，清除滤清器周围的灰尘和碎屑，在机油滤清器的下面放置一个适当的容器（集油器），使用机油滤清器专用扳手卸下旧的机油滤清器 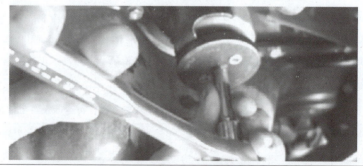 7）在新的机油滤清器的橡胶密封圈上涂上一层薄薄的新机油，然后用手将新的机油滤清器旋拧到位，再拧紧到厂家规定的拧紧力矩（一般用机滤扳手转动3/4圈即可） 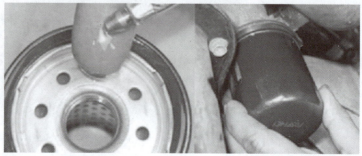

模块 3　汽车专业性维护

（续）

作业任务	作业内容	操作过程及相关图示
更换	机油、机油滤清器、放油螺塞垫片的更换	8）使用漏斗加注新的机油，所加注机油的品牌、规格、黏度及使用等级应符合车辆使用说明书的规定 9）运行发动机数分钟，再次检查发动机机油液面高度，需要时添加一些机油，直至达到合适高度为止 10）装回加油机油口盖，检查新的机油滤清器和新的放油螺塞等部位是否漏油，若无漏油现象，则本次更换机油、机油滤清器及放油螺塞的作业任务完成
检查	发动机室传动带的维护（检查和调整）	1）在检查传动带之前，先要让发动机冷却下来，然后找到传动带的位置（注意：在不同的车型上，传动带的数量和布置位置是不一样的）  注意事项：不要去检查运动中的传动带，否则可能会造成严重的伤害

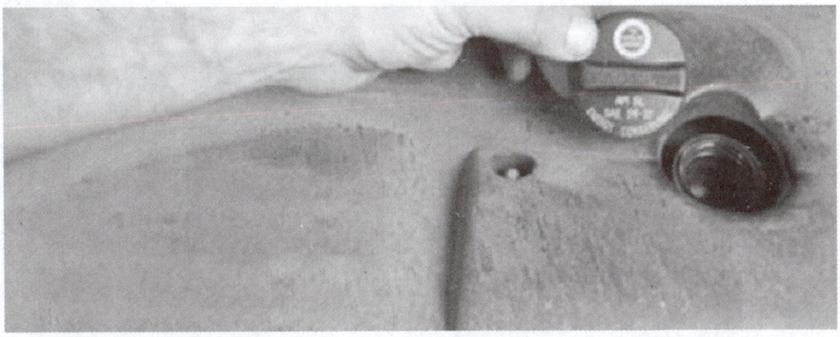

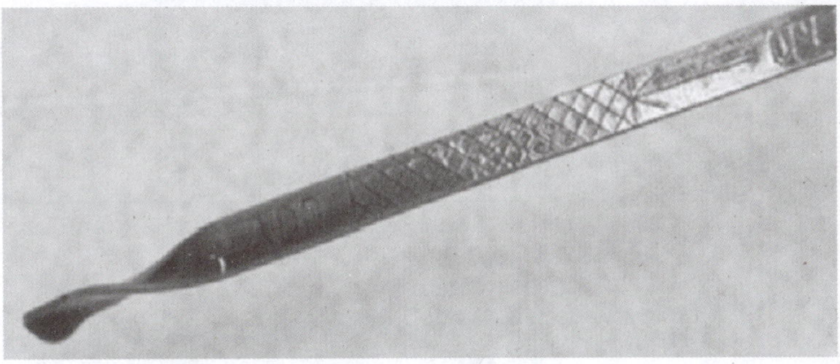

121

（续）

作业任务	作业内容	操作过程及相关图示
检查	发动机室传动带的维护（检查和调整）	2）检查传动带是否开裂、边缘磨损或者表面磨光，如果发现有损坏的迹象，则应更换传动带（在 B 级维护详述）  3）如果传动带被压下超过了 25mm，则使用传动带张紧力测试器按维修手册上给出的传动带张紧数据来校准传动带张紧度 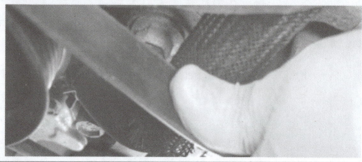 注意：有一些传动带是自动张紧的。在有些自动张紧器上有传动带张紧力刻度，如果传动带的张紧力不符合规定，则应更换自动张紧器
	蓄电池的维护（这里只介绍免维护蓄电池的维护）	1）检查接线柱是否被腐蚀。若被腐蚀，则使用硬毛刷子和小苏打溶液或其他允许的清洁剂来清理接线柱，并使用蓄电池接线柱密封保护剂来涂敷接线柱，以防腐蚀 2）检查接线柱上电缆的连接情况，必要时进行清理和紧固  
	空气滤清器的维护	1）找到空气滤清器的位置。现代使用燃油喷射系统的发动机上，空气滤清器一般位于距离缸体较远的位置 

模块3 汽车专业性维护

(续)

作业任务	作业内容	操作过程及相关图示
检查	空气滤清器的维护	2)拆下空气滤清器外壳上的螺母或松掉卡箍,把空气滤清器外壳打开  3)把旧的空气滤清器滤芯从滤清器壳体中拆下,使用一块清洁的抹布把空气滤清器壳体内侧的灰尘清理干净  4)把新的空气滤清器滤芯正确地放入滤清器壳体中,盖好滤清器的外壳,安装好螺母或卡箍 
	发动机室冷却装置的维护(这里重点介绍发动机冷却液液面高度检查维护项目)	1)找到发动机冷却液溢流罐 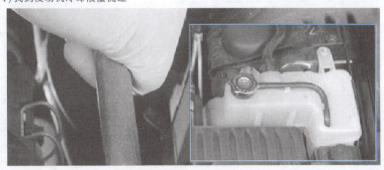

汽车维护

(续)

作业任务	作业内容	操作过程及相关图示
检查	发动机室冷却装置的维护(这里重点介绍发动机冷却液液面高度检查维护项目)	2)检查冷却液液面高度。可以从冷却液溢流罐的外侧查看或者打开盖子查看,如果发现液面过低,则需要进行补充 3)检查冷却液溢流罐,如果冷却液溢流罐是空的,应该由有经验的维修技师来检查冷却系统的渗漏情况 注意:重新加注时,应先将冷却液加注到散热器中,以免损伤发动机机体  警告 如果在压力盖子上使用了螺旋卡口,禁止在发动机热状态下打开溢流罐的盖子。同样,禁止在发动机热状态时打开散热器的盖子
	车身灯光系统的维护	1)检查前照灯的光束照射距离(照度)和光束照射位置(角度)。若不符合技术要求,则应进行调整或维修,必要时利用前照灯检测仪进行调整 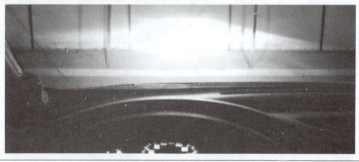 2)检查转向信号灯的工作情况。所有转向信号灯的闪烁频率和亮度应一致,否则应进行检查或调整   3)检查制动信号灯的工作情况。在点火开关钥匙处于工作档、踩下制动踏板时,所有制动信号灯均应亮,且亮度应一致 

作业任务	作业内容	操作过程及相关图示
检查	车身灯光系统的维护	4)检查仪表灯的工作情况。当点火开关钥匙处于工作档(ON 档)时,仪表灯应亮,且亮度应均匀一致;当点火开关钥匙处于工作档(ON 档)但未起动发动机时,所有系统自检灯均应亮,其中有些自检灯亮数秒后熄灭,有些自检灯待发动机起动后才熄灭 
	刮水器和喷水系统的维护	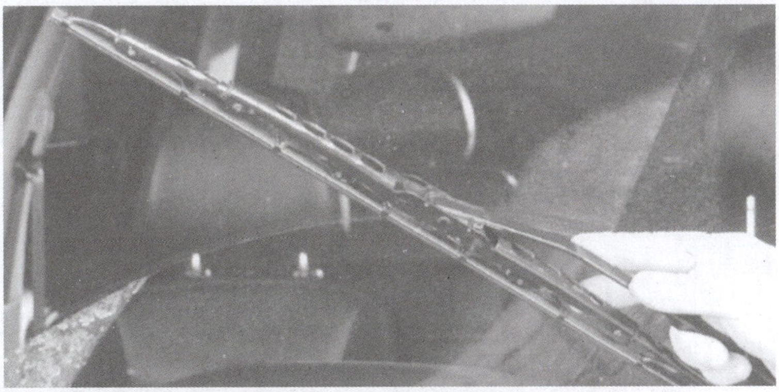 1)把刮水器从风窗玻璃上提升起来
		2)如果刮水片须更换,则拆下旧的刮水片 注意:不同型号刮水器上的零件是不同的,因此拆卸方法也是不相同的,应注意相关说明 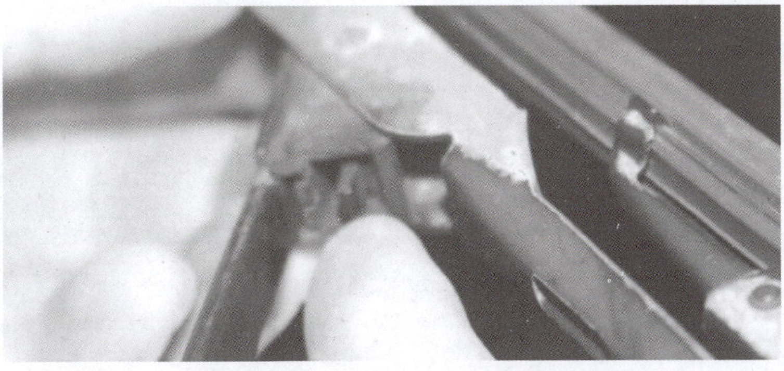

（续）

作业任务	作业内容	操作过程及相关图示
检查	刮水器和喷水系统的维护	3）选择正确的刮水片（俗称雨刮片），把新的刮水片安装在刮水器摇臂上，再轻轻地把刮水器放回到风窗玻璃上  4）使用刮水器的清洗功能，检查喷水系统（在 B 级维护中细述）和所更换刮水片的工作是否正常。如果刮水片存在松动或刮水效果不良现象，则应重新进行调整 
	底盘驻车制动器的维护	不同车型在不同坡度的道路上进行驻车制动性能检查，制动均应可靠，不允许出现溜动现象  注意：车型不同，所用驻车制动器的结构也有所不同，有的车型采用提拉式驻车制动器，有的车型采用脚踩式驻车制动器，有的车型采用电子式驻车制动器，应注意区别

模块3 汽车专业性维护

(续)

作业任务	作业内容	操作过程及相关图示
检查	行车制动器的维护	这里重点进行制动液、制动管路和制动软管的检查,其他项目在B级维护中进行介绍 1)制动液液面高度检查 ①打开发动机机舱盖,找到制动总泵的位置,用干净抹布将制动液储液罐周围擦干净,以防打开盖子时灰尘进入储液罐 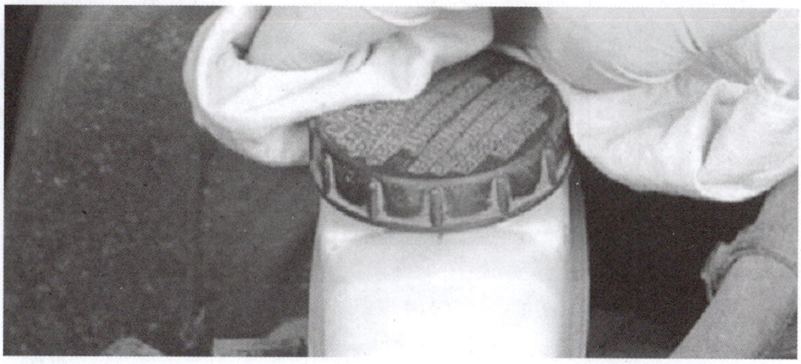 ②拆下储液罐盖子,检查制动液液面高度(在储液罐侧面通常都标有最高和最低标记) 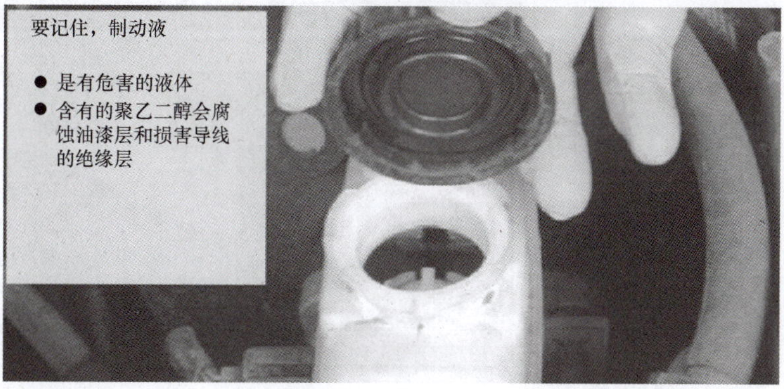 要记住,制动液 ● 是有危害的液体 ● 含有的聚乙二醇会腐蚀油漆层和损害导线的绝缘层 ③必要时,添加指定的制动液,但不允许加得过满,以防溢出而腐蚀机体 ④正确安装储液罐盖子 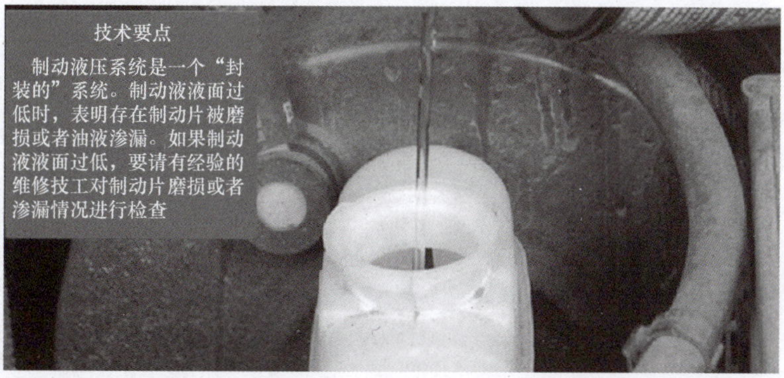 技术要点 制动液压系统是一个"封装的"系统。制动液液面过低时,表明存在制动片被磨损或者油液渗漏。如果制动液液面过低,要请有经验的维修技工对制动片磨损或者渗漏情况进行检查

汽车维护

（续）

作业任务	作业内容	操作过程及相关图示
	行车制动器的维护	2）制动管路和制动软管密封性检查。所有管路及连接部位均不得有渗漏现象，否则应立即检修，以免发生制动失效等严重事故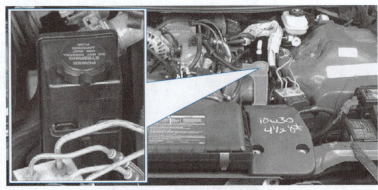
检查	转向盘、连杆及其转向机的维护（这里重点介绍液压助力转向机的维护）	1）检查动力转向油液面高度 ①找到动力转向油储液罐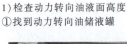 ②将储液罐盖子上的油尺擦拭干净，再把盖子盖好，重新打开盖子，检查油尺上油位的高度

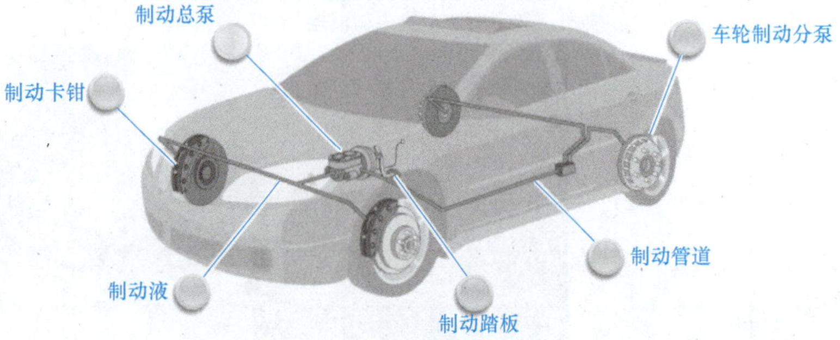

模块3 汽车专业性维护

(续)

作业任务	作业内容	操作过程及相关图示
检查	转向盘、连杆及其转向机的维护(这里重点介绍液压助力转向机的维护)	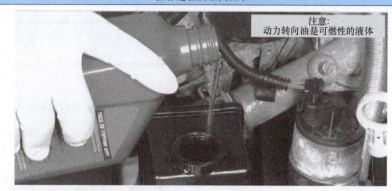注意:动力转向油是可燃性的液体 ③如果液面过低,则应加注动力转向油到规定液面高度 注意:在车辆正常运转时,动力转向油是不会用尽的,如果发现液面过低,则应检查液压助力转向系统是否存在渗漏现象 2)动力转向油的维护(放在B级维护项目中介绍) 3)转向盘、连杆及其转向机的维护(重点检查转向横拉杆球头销等各连接销的润滑、密封及紧固等情况) 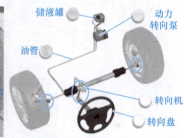
	离合器液、差速器油、变速器油、混合动力传动桥油、动力转向油的检查	提示:手动变速器所配备离合器油与制动液压油为同一用油,变速驱动桥的变速器油与差速器油以及混合动力传动桥油为同一用油,这里不做一一介绍,请参见相关内容 1)自动变速器油液面高度的检查 ①关闭发动机使其停止运转,变速器应处于P位或N位,油液的温度应在正常(分冷态和热态两种情况)范围内,找到油尺位置(有些车型无油尺,应用专门仪器检查,详见后续内容) ②当执行完车辆维修手册上规定的自动变速器油液面高度检查的各项条件后,拔出油尺并擦拭干净,然后将油尺插回到油尺管中 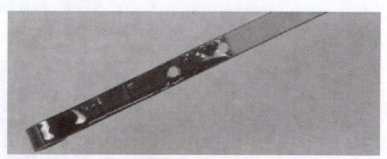 ③把油尺拔出来,检查液面的高度(查看油尺上的最大和最小液面高度标记)

129

汽车维护

（续）

作业任务	作业内容	操作过程及相关图示
检查	离合器液、差速器油、变速器油、混合动力传动桥油、动力转向油的检查	

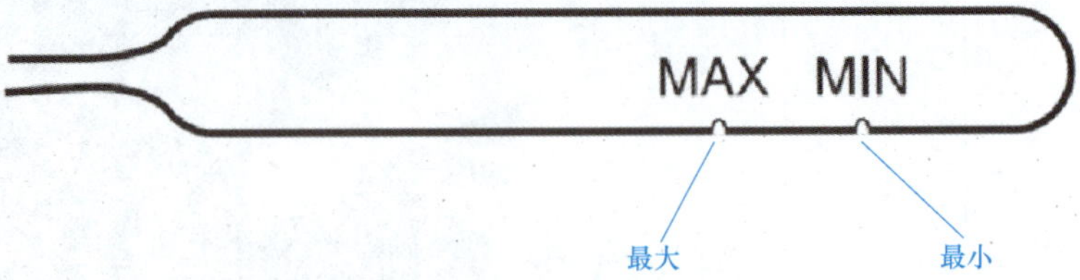

最大　　　　　最小

④如果液面过低，使用维修手册推荐或规定的自动变速器油加注到位（如有必要，则对自动变速器进行进一步检查）。再一次用油尺进行检查，确认液面高度是否正常（不要加注过量），最后将油尺正确插回油尺管中

2）手动变速器油液面高度的检查（这里以大多数乘用车所装配手动变速驱动桥的变速器油与差速器油检查为例进行介绍）

提示：现代大多数手动变速驱动桥没有配备油尺。平时重点检查手动变速驱动桥有无漏油情况，若无渗漏现象，则油面高度均在规定范围内；若检查油液品质，可直接放油检查，必要时进行更换 |
| | 轮胎损伤情况的检查（轮胎换位维护在B级维护中介绍） | 1）轮胎气压及磨损情况的检查

用轮胎气压表检查轮胎气压，轮胎气压应符合车辆使用说明书的规定，不能过高也不能过低，否则会出现异常磨损或裂纹，降低轮胎的使用寿命，危及行车安全。若需要调整轮胎气压，一定要用轮胎气压表来进行调整，禁止用放气的方法调整气压，否则极易发生爆胎和挤压伤人等事故

  |

模块3　汽车专业性维护

（续）

作业任务	作业内容	操作过程及相关图示
检查	轮胎损伤情况的检查（轮胎换位维护在B级维护中介绍）	2）轮胎损伤情况的检查 　　检查中，若发现轮胎胎冠或胎侧出现较深裂纹、凹坑、扎痕或尖锐划痕，应及时更换轮胎，以免发生爆胎、瘪胎等故障，从而危及行车安全 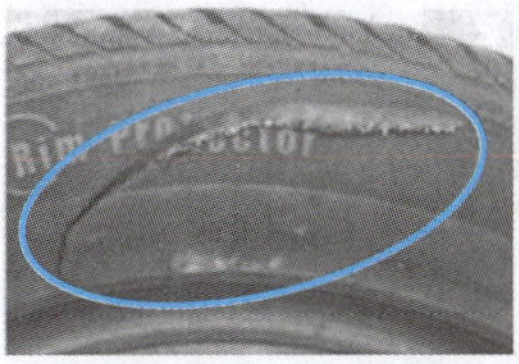 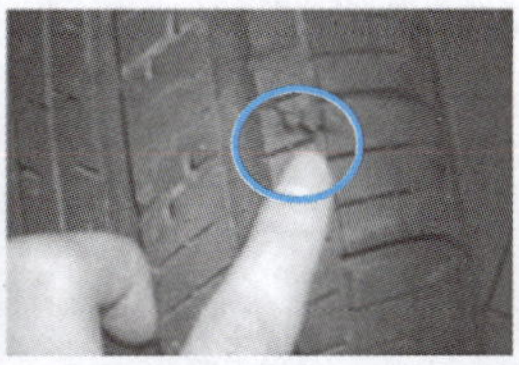 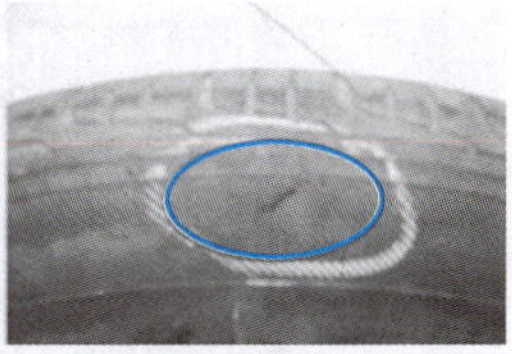
自诊断	电控燃油喷射系统的故障诊断仪故障诊断（以别克系列轿车为例）	1）检测前的检查。汽车电源电压正常，熔断器中的熔丝正常，发动机搭铁良好 2）仪器连接 　　注意：在插入或取下诊断卡前，必须断开电源线缆和检测接头。将数据电缆接在故障诊断仪（也称为解码器）上部左边的插头并用两螺钉紧固，数据电缆的另一插头与OBD-Ⅱ检测插头连接并用两螺钉紧固 3）连接适配器。将检测适配插头连接到汽车上，诊断插头位于仪表板下方，转向柱旁边，为OBD-Ⅱ标准16针插头 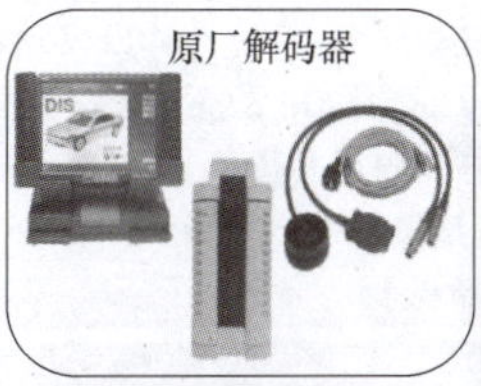 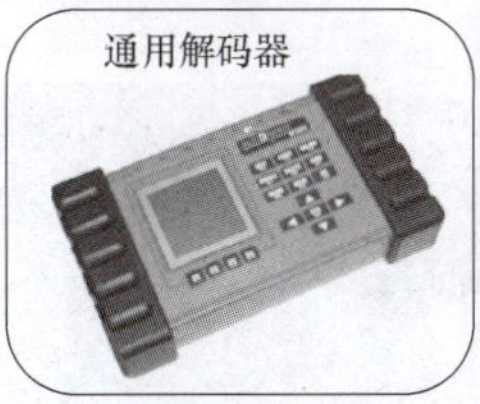  原厂解码器 通用解码器 维修人员将故障诊断仪与车辆的OBD接口相连，借此导出相关的故障码，看是否有故障记录 4）启动故障诊断仪 5）按下Y键 6）转动滚轮并按下Y键 7）完成车辆识别 8）调取故障码和数据 9）显示故障码 10）根据故障码提示（详见各车型维修手册），排除故障 11）按照故障诊断仪操作提示，消除故障码（发动机起动后故障自检灯应熄灭），完成电控燃油喷射系统的故障诊断仪故障诊断 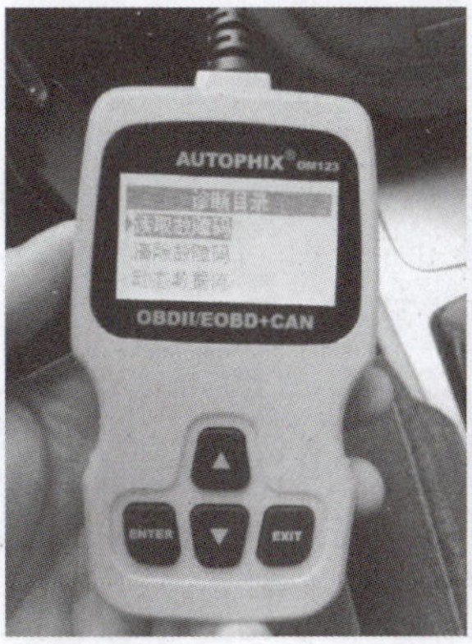 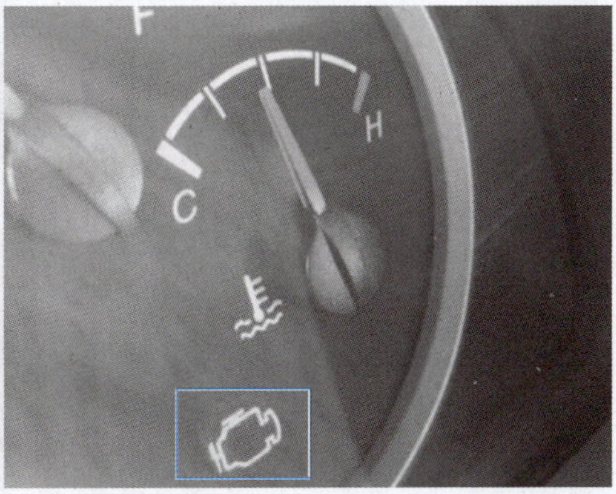

汽车维护

(续)

作业任务	作业内容	操作过程及相关图示
自诊断	电控燃油喷射系统的故障诊断仪故障诊断(以别克系列轿车为例)	提示:现代汽车上微机控制系统越来越多,利用故障诊断仪读取故障码和数据流进行故障诊断非常快捷,能有效地缩小故障范围,甚至能直接完成故障定位。因此对于有微机控制的电气系统故障或相关故障进行检测与诊断时,要优先采用故障诊断仪
	电控自动变速器系统以及其他电控系统的电脑诊断	提示:现代汽车的各种电子控制系统的故障诊断仪诊断方法和操作步骤大同小异,而且诊断接口均为16针插头的OBD-Ⅱ标准接口,同一车辆上的其他电控系统的故障诊断可共用同一解码器并共享该接口,只是不同车型诊断接口的位置有所不同,应注意区别,这里不再一一介绍
保养灯归零	机油复位操作(机油保养灯归零)	这里以别克系列部分车型机油保养灯手工归零操作为例进行介绍 提示:2016款别克君威、君越和昂科拉等车型,根据不同的行车条件,由微机计算出机油寿命,并通过组合仪表中央显示屏将剩余的机油寿命显示在车辆信息菜单上。菜单和功能可以用转向信号控制杆上的按钮进行选择。当系统计算出发动机机油寿命已减小时,在驾驶人信息中心显示屏上会出现Change Engine Oil Soon(请速更换机油),提醒驾驶人尽快更换机油,每次更换发动机机油后必须将其归零复位 1)显示发动机剩余机油寿命的车型按如下步骤操作: ①按控制杆上的MENU按钮(菜单键) ②选择"车辆信息菜单"(选择键) ③转动调节轮以选择"机油寿命" 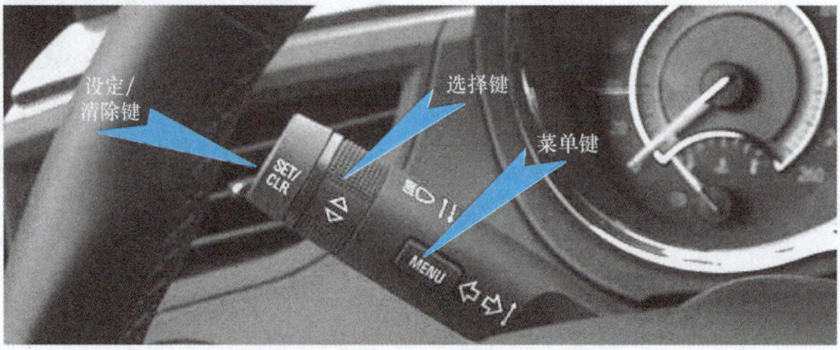 2)提示发动机机油寿命复位(维护周期复位)的车型按如下步骤操作: ①按控制杆上的MENU按钮(菜单键) ②选择"车辆信息菜单"(选择键) ③转动调节轮以选择"机油寿命" ④按住Set/Clr按钮(设定/清除键)复位几秒,中央显示屏显示机油寿命100%,复位成功 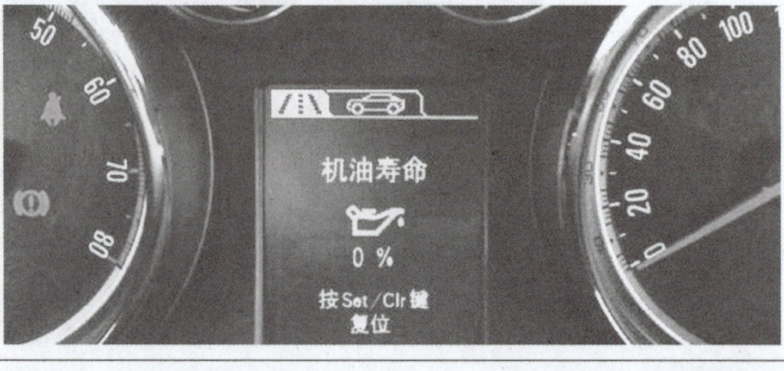

模块 3　汽车专业性维护

(续)

作业任务	作业内容	操作过程及相关图示
保养灯归零	胎压复位操作(轮胎气压指示灯归零)	这里以别克君威轿车轮胎气压指示灯复位为例进行介绍 1) 顶级配置的别克君威轿车,按 Gage 键,看到仪表上显示胎压复位的提示(重新学习),再按 Set/Clr 按钮(设定键/清除键)即可完成复位 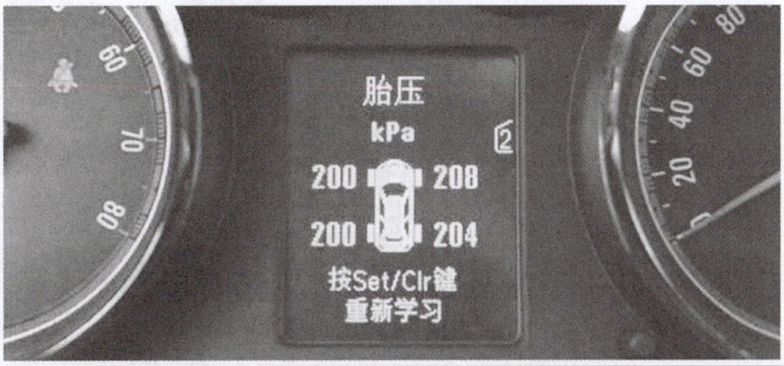 2) 普通配置的别克君威轿车,按 RESET 按钮(里程表小计归零键),按住该按钮,仪表板上的 TIRE LOW 指示灯闪烁,放开该按钮即可完成复位 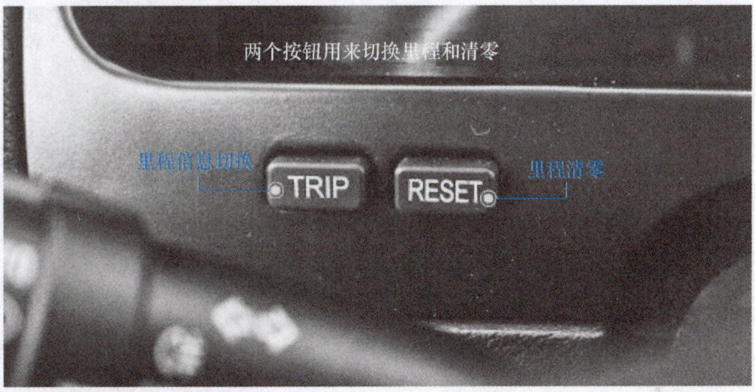
	时钟音响复位操作(在 B 级维护作业中介绍)	
	空调复位操作(在 B 级维护作业中介绍)	
特色维护	见后续系统维护相关内容	

二、B 级维护

汽车的 B 级维护适用于行驶里程为 15000km、30000km 和 45000km 的车辆,每间隔 15000km 进行一次 B 级维护。其维护作业任务主要包括:机油、机油滤清器、放油螺塞垫片、空气滤清器、燃油滤清器、空调滤清器的更换,发动机基本部件、车身和底盘各总成及主要部件、燃油和进排气控制系统以及点火系统主要总成及部件的检查,发动机系统、变速器系统、ABS、安全气囊系统以及其他系统的自诊断,保养灯归零(复位检查)以及特色维护等内容,详见表 8-2。

表 8-2　汽车的 B 级维护项目、自诊断及特色维护

作业任务	作业内容	操作过程及相关图示
更换	机油、机油滤清器以及放油螺塞垫片的更换作业	与 A 级维护相同,前已述及,这里不再赘述
	空气滤清器的更换作业	与 A 级维护相同,前已述及,这里不再赘述

汽车维护

(续)

作业任务	作业内容	操作过程及相关图示
更换	燃油滤清器的更换	1)燃油滤清器的拆卸 ①通过燃油分配管上的油压测试口泄放燃油系统残余压力 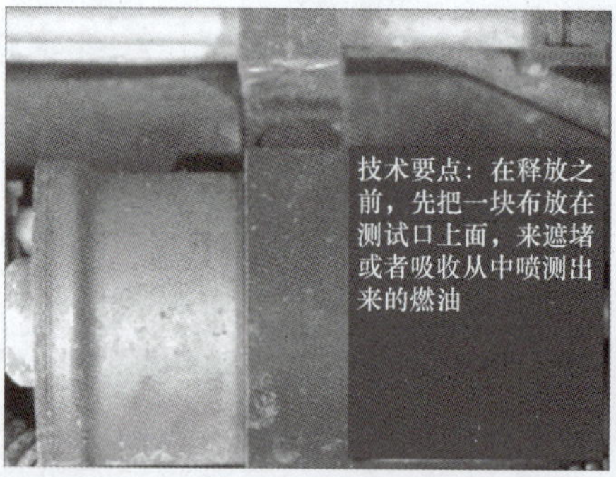 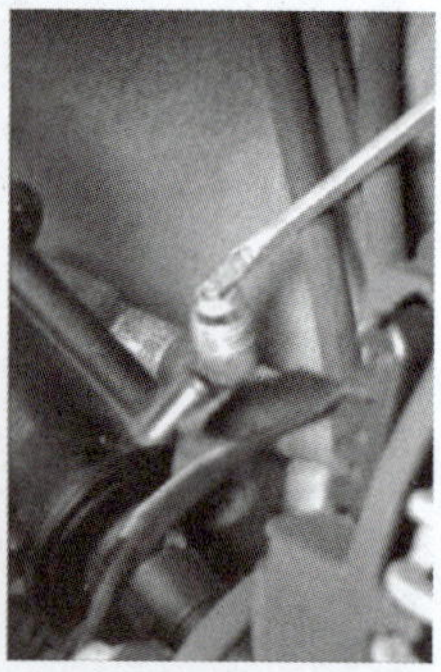 技术要点：在释放之前，先把一块布放在测试口上面，来遮堵或者吸收从中喷测出来的燃油 ②用干净抹布清洁燃油入口管接头和出口管接头  ③在燃油滤清器下面放置一个接油盘收集拆卸燃油滤清器时流出的燃油  ④使用合适的工具拆下快速管接头处的固定夹，使用合适的喇叭口螺母扳手或者呆扳手拆卸带螺纹的管接头  技术要点：在拆开管接头之前，把一块布放在管接头上面，来遮堵或者吸收从中喷溅出来的燃油

模块3 汽车专业性维护

(续)

作业任务	作业内容	操作过程及相关图示
更换	燃油滤清器的更换	⑤慢慢地从燃油管道上拆下燃油滤清器,用接油盘收集拆卸燃油滤清器时流出的燃油,取走固定支座  技术要点:必要时堵住燃油管道,以备安装新的滤清器 2)燃油滤清器的安装 ①确定燃油滤清器正确的安装方向  ②在两个管接头处涂上少许机油或凡士林 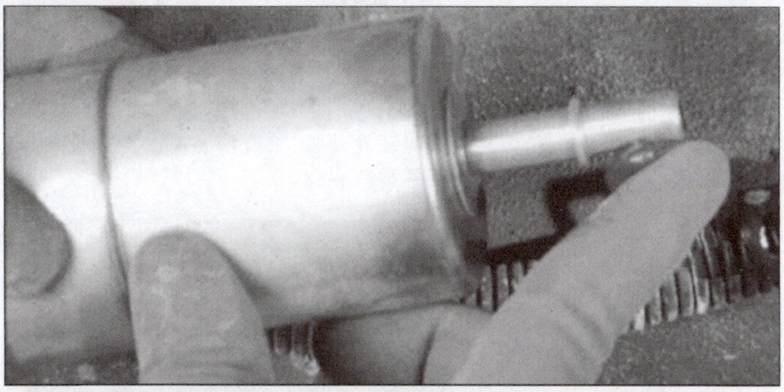 ③加上固定夹。如果使用了卡箍,则应按规定力矩拧紧 

汽车维护

（续）

作业任务	作业内容	操作过程及相关图示
更换	燃油滤清器的更换	④将入口软管和出口软管正确地插入到燃油滤清器上  ⑤用专用工具安装固定支座  ⑥起动发动机，检查渗漏情况，清理工作区域，根据对有害物质处理的相关规定处理好各种废弃物 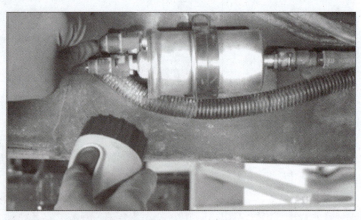
	空调滤清器的更换	空调滤清器的更换作业与空气滤清器的更换作业内容及操作要领相近，不同车型的空调滤清器的安装位置有所不同，更换时根据不同车型维修手册查找即可，这里不再赘述

模块3 汽车专业性维护

（续）

作业任务	作业内容	操作过程及相关图示
检查	传动带的维护	检查和调整作业与A级维护作业基本相同，不再赘述，这里重点介绍传动带的更换作业 1）找到传动带张紧器（传动带张紧器通常有一个弹簧加载的转臂，带轮固定在可移动的偏心的托架上）  2）查找传动带走向图（如果没有，在拆卸传动带之前先要把传动带的走向记录下来），使用合适的工具松开传动带张紧器，再把传动带滑移下来  3）使用正确的传动带进行更换（应参看车辆零部件目录或对照新旧传动带的开槽数目、宽度和长度）  4）参看维修手册和发动机舱内铭牌上的传动带走向图，按照传动带的走向图安装好新的传动带 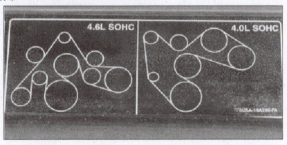

137

(续)

作业任务	作业内容	操作过程及相关图示
检查	传动带的维护	5) 调整好新传动带的张紧力 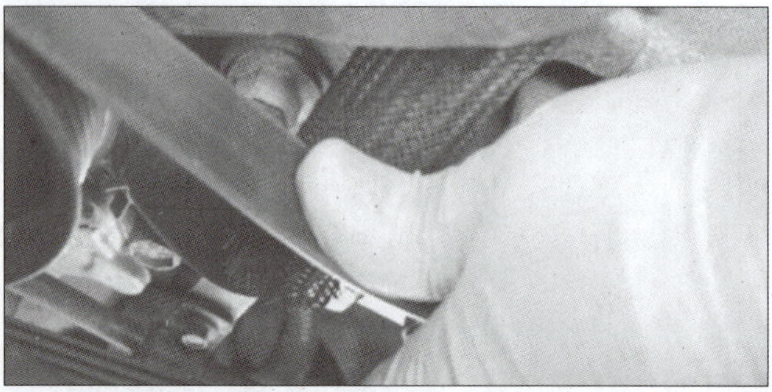 注意：对于偏心的传动带张紧器，当两个带轮之间的传动带能压下大约 6 mm 时，拧紧定位紧固件；当出现松动时，弹簧加载的转臂会自动张紧传动带 6) 安装好带轮罩
	发动机冷却及加热系统的维护	发动机冷却系统冷却液液面高度的检查、补充、调整和更换等维护作业与 A 级维护大同小异，这里重点介绍发动机冷却系统的清洁和冷却液冰点检查作业 1) 发动机冷却系统的清洁 ① 关闭发动机，等待发动机完全冷却，当冷却系统内的压力下降后，安全地打开散热器盖 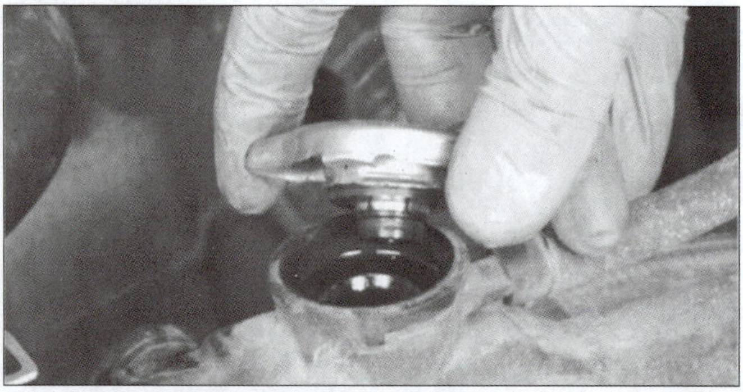 ② 排出溢流罐（膨胀水箱）中的冷却液，将散热器中冷却液的液面高度降低到上水管的下边缘（大多数的设备上用一根虹吸管或者喷管来进行这一步操作）  ③ 打开冲洗设备两根软管上的球阀 ④ 将设备调定为冲洗冷却系统模式（详见设备使用说明书）

模块 3　汽车专业性维护

（续）

作业任务	作业内容	操作过程及相关图示
检查	发动机冷却及加热系统的维护	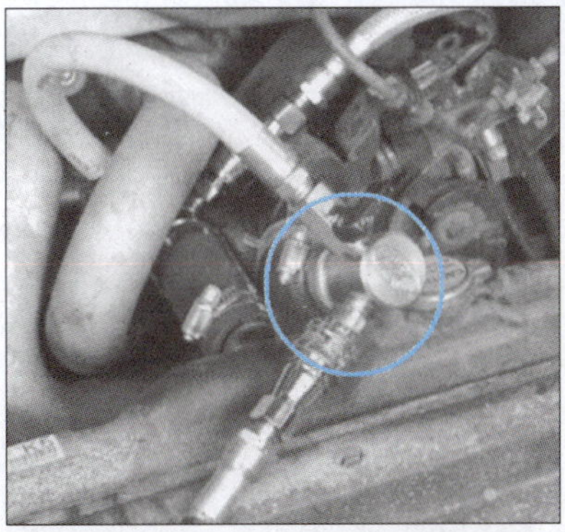  ⑤将设备开关转到"注入"档或者"冲洗"档（这取决于设备上的设置），启动冲洗模式，完成冲洗后，转到"关闭"档 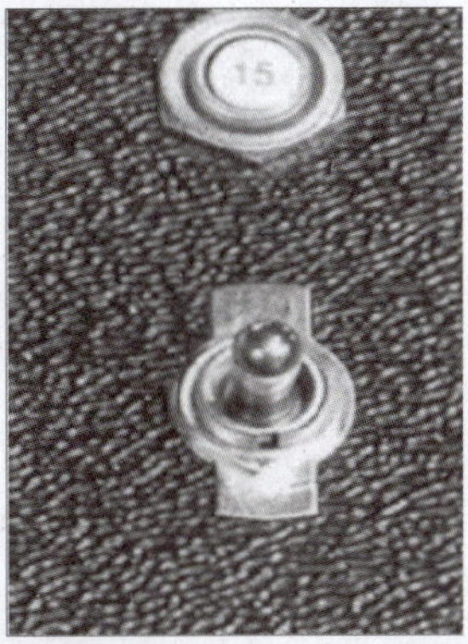 ⑥拆卸设备的冲洗管道，再连接上水管到散热器上 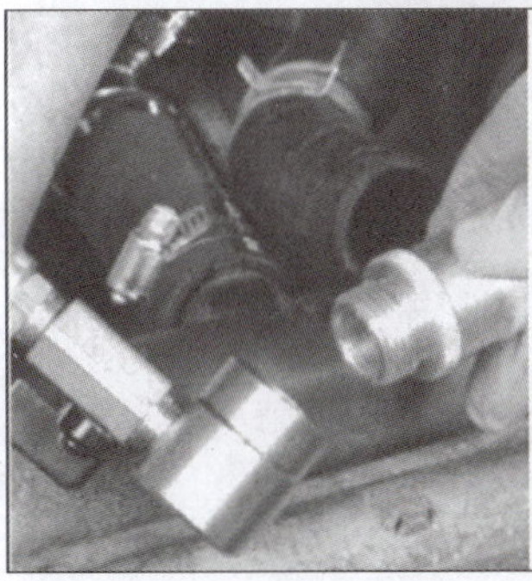 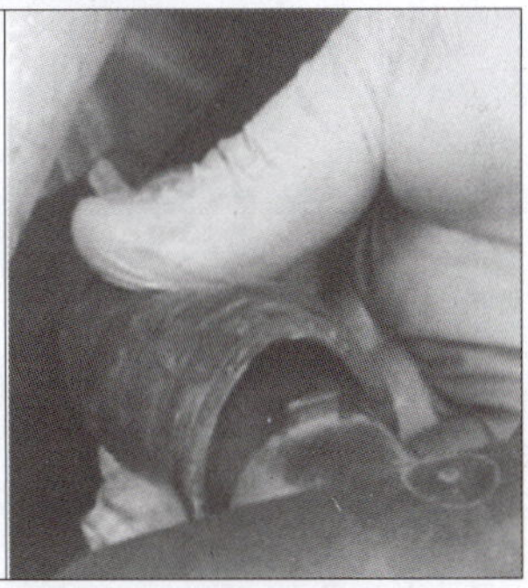 ⑦打开散热器盖，加注冷却液到散热器和溢流罐中，完成冷却系统的清洁和更换作业 

汽车维护

(续)

作业任务	作业内容	操作过程及相关图示
检查	发动机冷却及加热系统的维护	2)冷却液的冰点检查 ①找到冷却液溢流罐 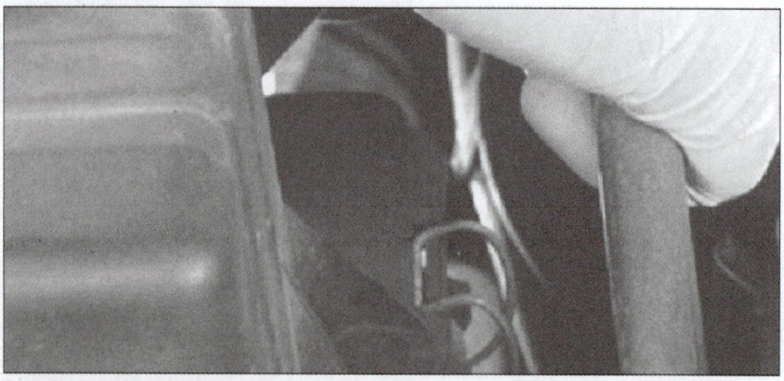 ②多次抽吸冷却液进入比重计  ③查看浮动指示器的读数,测量冷却液的冰点值(温度) 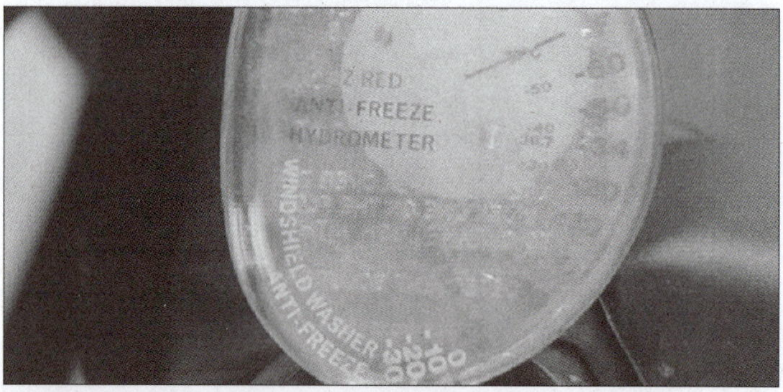 ④使用测试试纸判定冷却液的浓度或酸性程度(pH值) 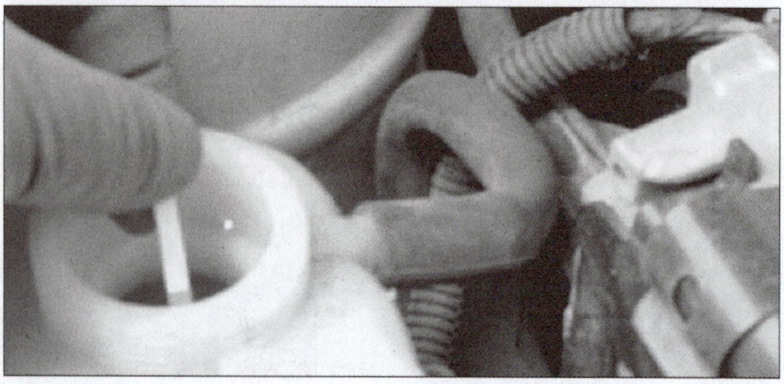

模块3 汽车专业性维护

（续）

作业任务	作业内容	操作过程及相关图示
检查	排气管的维护	排气管的清洁、检查及紧固等维护作业，已在本书相关内容中述及，这里重点介绍更换排气系统管道部件的维护作业  技术要点：如果排气零部件已经被严重地腐蚀了，就可能需要使用加热或者切割工具 注意：切勿在排气系统处于高温状态下接触部件 1）拆卸相关的紧固件或者法兰盘，脱开受损的部件，然后从悬挂件上拆下受损的部件 2）检查排气悬挂件的受损情况，更换已经受损而不能正常使用的零部件 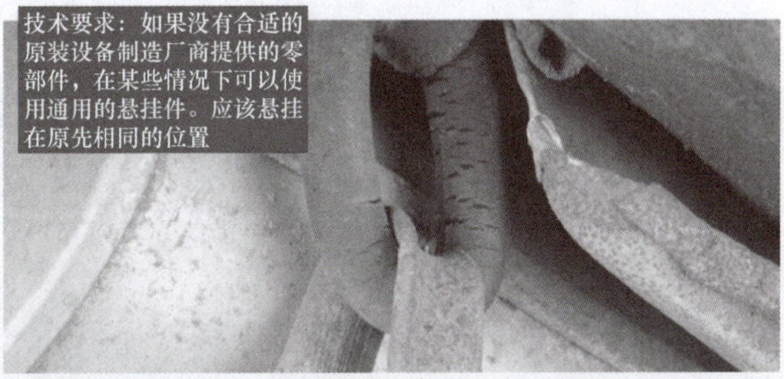 技术要求：如果没有合适的原装设备制造厂商提供的零部件，在某些情况下可以使用通用的悬挂件。应该悬挂在原先相同的位置 3）安装好支架和悬挂件之后，安装好被更换的管道部件  4）当整个排气系统都被安放到位之后，开始紧固新的部件（注意使用新的密封垫圈） 

（续）

作业任务	作业内容	操作过程及相关图示
检查	排气管的维护	5）当整个排气系统都被安装好后，检查是否存在干涉现象（注意：整个排气系统的所有零部件均不得与车身直接接触） 6）举升车辆，运转发动机，检查所有的连接处是否存在泄漏现象 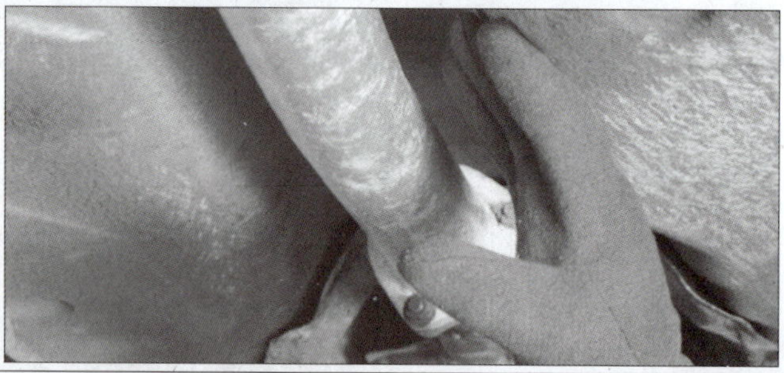
	蓄电池维护	目前绝大多数乘用车均装用免维护蓄电池，其相关检查等维护作业前已述及，这里不再赘述；起动电压的大小取决于蓄电池所提供电压，其检查方法较为简单，这里不做介绍
	火花塞维护	1）火花塞的清洁维护。用火花塞专用套筒扳手拆卸火花塞，若发现火花塞电极间有积炭，则用相应工具及清洗剂清理火花塞上的积炭，直至清洁 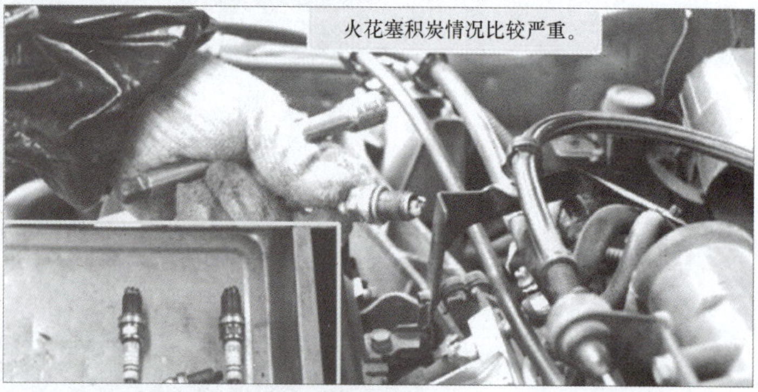 2）火花塞电极间隙的检查与调整 用游标卡尺或塞尺测量火花塞间隙，发现火花塞间隙不当时，应用特制的测量调整工具弯曲侧电极进行调整  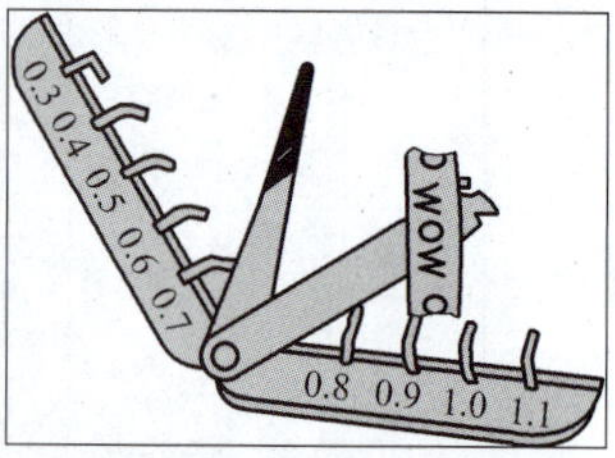 3）若检查发现火花塞电极烧蚀严重，则按车辆使用说明书的要求更换新的火花塞  

模块3 汽车专业性维护

(续)

作业任务	作业内容	操作过程及相关图示
检查	点火线圈和高压导线维护	根据汽油发动机点火系统的结构不同，点火系统可分为集中点火、分组点火和独立点火等3种点火方式。目前，大多数点火系统开始采用独立点火系统，且绝大部分独立点火系统已取消高压导线，取而代之的是高压火帽（具有屏蔽电磁干扰的作用） 这里以上汽通用部分采用独立点火系统的别克车型为例进行介绍 1)检查点火线圈和高压火帽的完好程度及其绝缘和插接器连接情况  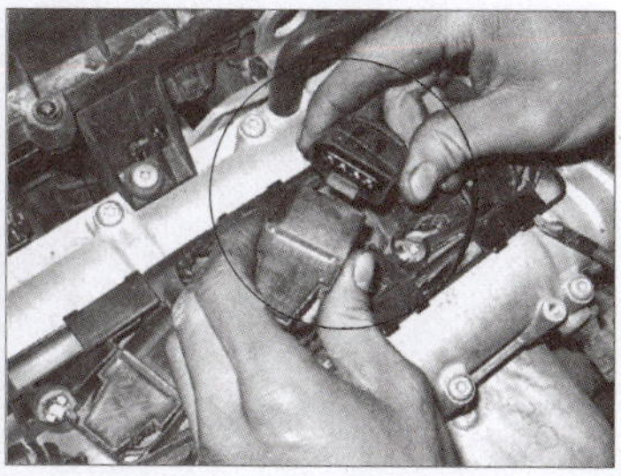 2)分别测量点火线圈的初、次级线圈的电阻。初级线圈的电阻一般为几欧姆到十几欧姆，次级线圈的电阻一般为几千欧姆到十几千欧姆，否则应更换 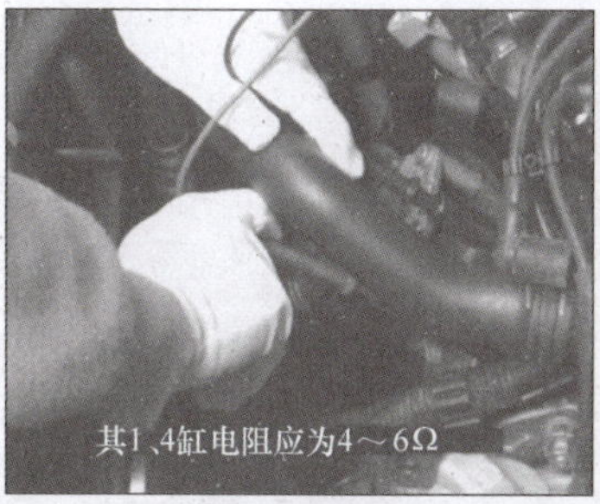  其1、4缸电阻应为4~6Ω　　拔出点火线圈高压线测量点火线圈次级电阻
	燃油和进、排气控制系统中空气滤清器、进气歧管、排气歧管、燃油泵、燃油滤清器、喷油器等主要部件的维护	燃油和进、排气控制系统中空气滤清器和燃油滤清器的维护作业，前已述及，不再赘述，这里重点介绍进气歧管、排气歧管、燃油泵和喷油器等主要部件的维护作业 1)进、排气歧管的维护 检查进、排气歧管的连接及紧固情况，仔细检查有无漏气现象，必要时应进行更换   2)燃油泵的维护 ①就车检查电动汽油泵是否工作 a. 打开燃油箱盖，然后打开点火开关（不要起动发动机），在燃油箱口处仔细听有无电动燃油泵运转的声音。如果在打开点火开关后，能听到电动汽油泵运转3~5s后停止，说明电动燃油泵工作正常 b. 若在燃油箱口处听不清电动燃油泵运转的声音，可在打开点火开关或起动发动机后，在发动机上方仔细听有无"嘶嘶"的燃油流动声，也可用手检查进油软管有无压力（图中箭头所示）。如果有"嘶嘶"的燃油流动声或进油软管有压力，说明电动燃油泵工作正常

（续）

作业任务	作业内容	操作过程及相关图示
检查	燃油和进、排气控制系统中空气滤清器、进气歧管、排气歧管、燃油泵、燃油滤清器、喷油器等主要部件的维护	 c. 拆下发动机进油管，打开点火开关或起动发动机，此时若油管内有大量燃油流出，说明电动燃油泵工作正常。此时应特别注意防火，以免发生火灾 ② 就车测量电动燃油泵的泵油压力 电动燃油泵能运转，但并不说明其工作完全正常，还应通过测量电动燃油泵的最大供油压力和保持压力来判断其有无泵油压力过低、出油单向阀泄漏等故障。就车测量电动燃油泵最大压力和保持压力的方法为： a. 起动发动机，拔下燃油泵继电器或熔丝，使发动机慢慢熄火，释放燃油系统的油压 b. 拆下进油软管，用干抹布围住进油软管与燃油分配管接头处（图中圆圈所示），吸附残余燃油，以免残余燃油流淌而引发火灾  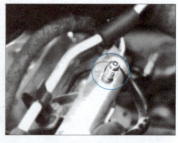 c. 用合适的管路及接头（一般用三通接头）将油压表接在燃油管路上，并将出油口用螺母塞住（图中圆圈所示） d. 打开点火开关或起动发动机，使燃油泵运转泵油，利用油压表测量电动燃油泵的最大供油压力和保持压力。若不符合规定，则应更换燃油泵 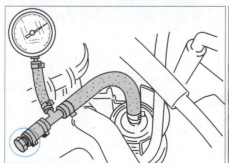 

模块3 汽车专业性维护

（续）

作业任务	作业内容	操作过程及相关图示
检查	燃油和进、排气控制系统中空气滤清器、进气歧管、排气歧管、燃油泵、燃油滤清器、喷油器等主要部件的维护	3）喷油器的维护 ①就车检查 a. 测听 步骤1：将发动机热车后使其怠速运转 步骤2：用螺钉旋具或听诊器测听各缸喷油器工作的声音 步骤3：若某缸喷油器的工作声音很小，则说明该喷油器工作不正常，可能是针阀卡滞，应作进一步的检查 步骤4：若听不见某缸喷油器的工作声音，说明该喷油器不工作，应检查喷油器控制电路或测量喷油器电磁线圈电阻。若控制电路及电磁线圈正常，则说明喷油器针阀完全卡死，应更换喷油器 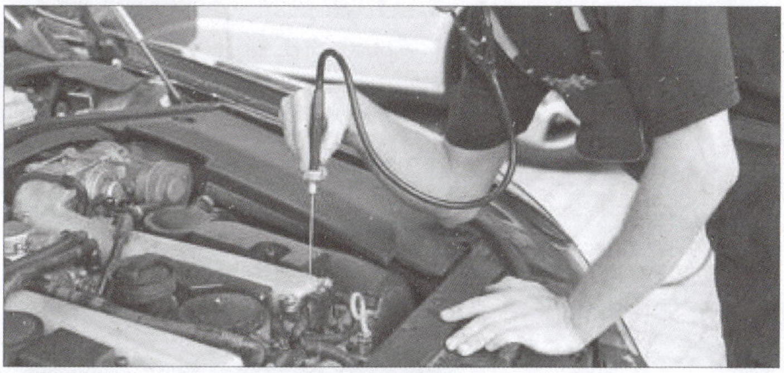 b. 断缸检查 步骤1：将发动机热车后使其怠速运转 步骤2：依次拔下各缸喷油器的线束插头，使喷油器停止喷油，进行断缸检查 若拔下某缸喷油器线束插头后，发动机转速明显下降，则说明该喷油器工作正常；若拔下某缸喷油器线束插头后，发动机转速无明显下降，则说明该缸不工作或工作不良，可能是喷油器不工作，应作进一步的检查 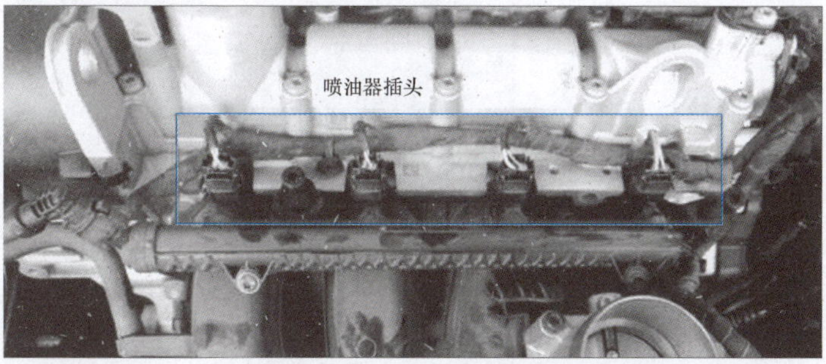 喷油器插头 c. 检测阻值 步骤1：检查喷油器两脚之间的电阻，应在 10~13Ω 之间（高阻型） 步骤2：检查喷油器 1#插口与地之间的电压，点火开关打开时应为蓄电池电压 步骤3：1#插口电压与主继电器之间电路正常时，将一个二极管接在两插口上 步骤4：起动发动机，二极管应亮，否则更换发动机 ECU 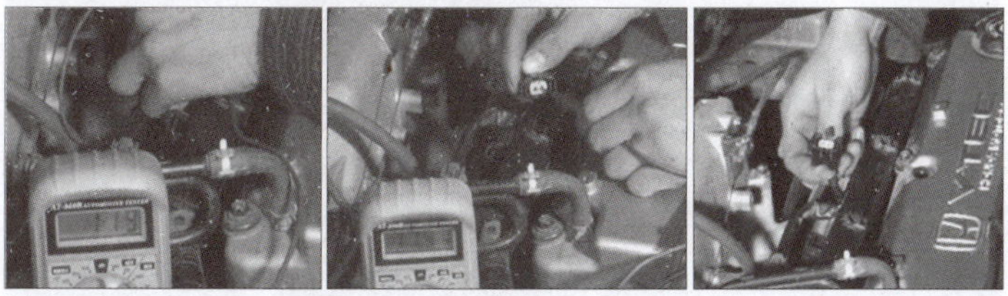 ②拆下清洗 a. 在检测喷油器工作性能前，先进行喷油器超声波清洗。将喷油器放入超声波清洗池，在控制面板设定"超声波清洗"功能进行超声波清洗，清洗时间为 10min

汽车维护

（续）

作业任务	作业内容	操作过程及相关图示
检查	燃油和进、排气控制系统中空气滤清器、进气歧管、排气歧管、燃油泵、燃油滤清器、喷油器等主要部件的维护	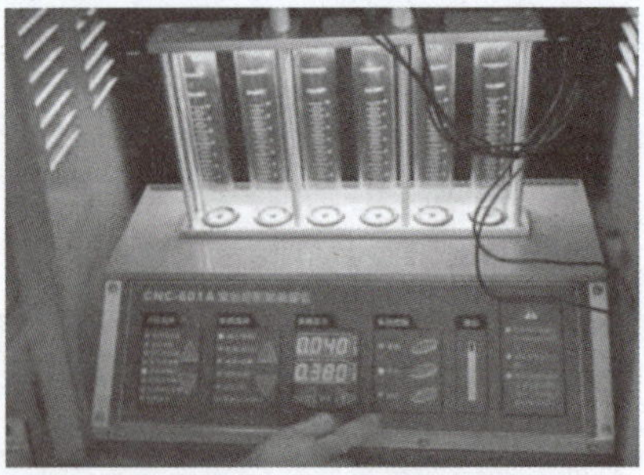  b. 喷油器工作性能的检测 步骤1：将喷油器接在分油器支架偶件上，并设定检测时的压力、转速、脉冲、时间等工作范围，进行均匀测试。该检测是测试喷油器相同工况下，喷油器油量是否一致或误差是否在规定范围内，否则应更换喷油器 步骤2：雾化测试。同上，在控制面板上设置压力、转速、脉冲、时间等工作范围，按"运行"键，观看每个喷油器喷油雾化是否良好、是否有直线射流现象，否则需更换 步骤3：密封性测试。在控制面板设定相关参数后，检测喷油器在1min之内至少漏油1滴，否则应更换 步骤4：喷油量测试。在控制面板上设定相关的参数，检测喷油器在设定时间喷油量是否一致，如果相差太多，则应更换喷油器 
	车身灯光系统、喇叭和刮水器的维护	与A级维护大同小异，不再赘述
	喷水系统的维护	1）检查储液罐中清洗液的液面高度和质量。如果液面太低，则应补充清洗液至合适高度；如果清洗液被污染了，则应更换新的清洗液；如有必要，则应清洗储液罐 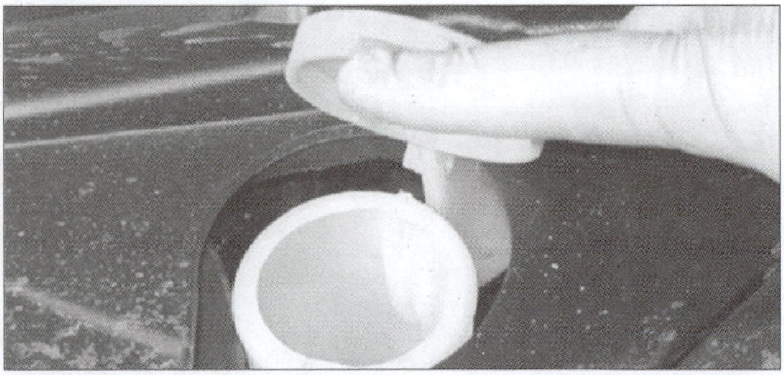

模块3 汽车专业性维护

（续）

作业任务	作业内容	操作过程及相关图示
检查	喷水系统的维护	2）进一步检查清洗液储液罐是否有渗漏或其他损坏 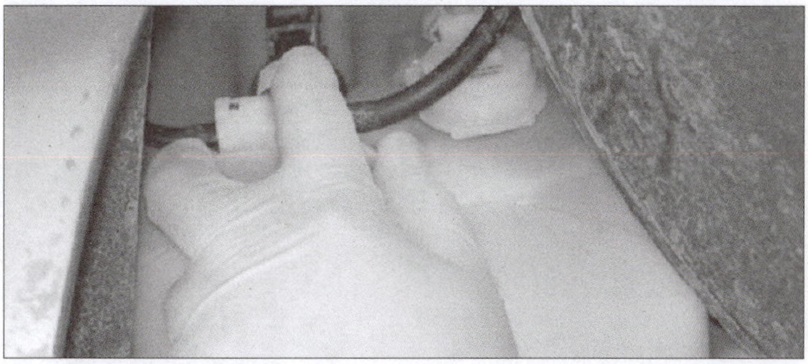 3）在启动清洗功能后，检查清洗液泵是否运转；如果没有运转，检查清洗液泵的插接器是否松动 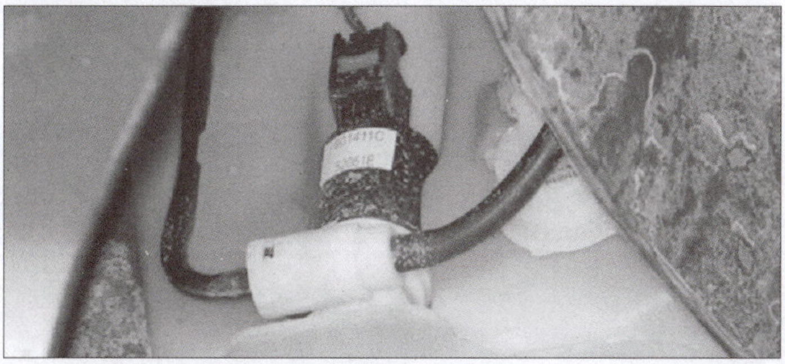 4）使清洗液泵运转，检查喷嘴是否堵塞；如果被堵塞，使用针或其他工具进行清理 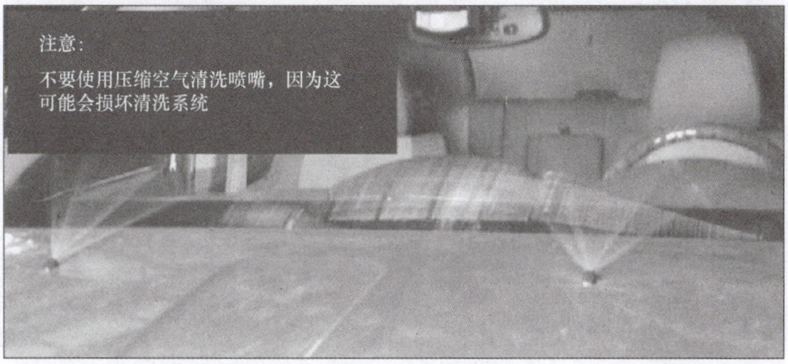 注意： 不要使用压缩空气清洗喷嘴，因为这可能会损坏清洗系统 5）检查清洗液管道是否泄漏 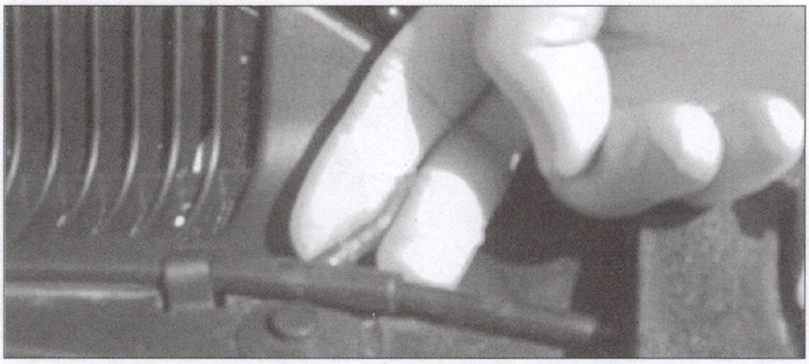

147

汽车维护

（续）

作业任务	作业内容	操作过程及相关图示
检查	驻车制动器的维护	驻车制动器的维护与A级维护相同，这里不再赘述
	行车制动器的维护	行车制动器的其他维护项目与A级维护基本相同，这里重点介绍鼓式和盘式制动器的清洁、检查及更换等维护作业 1）更换鼓式制动器的制动蹄，并检查相关零部件 ①拆下复位弹簧，再拆下压紧弹簧 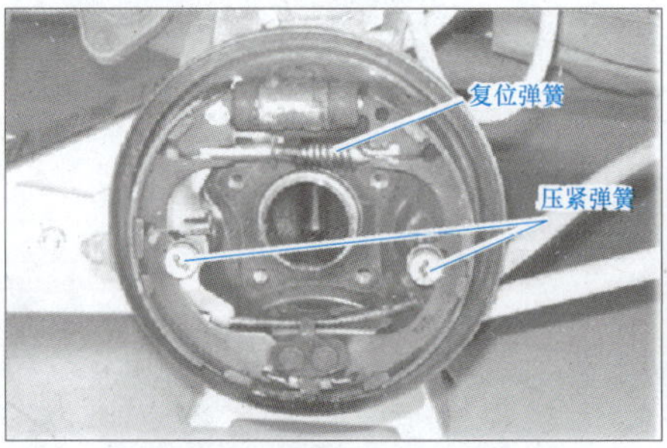 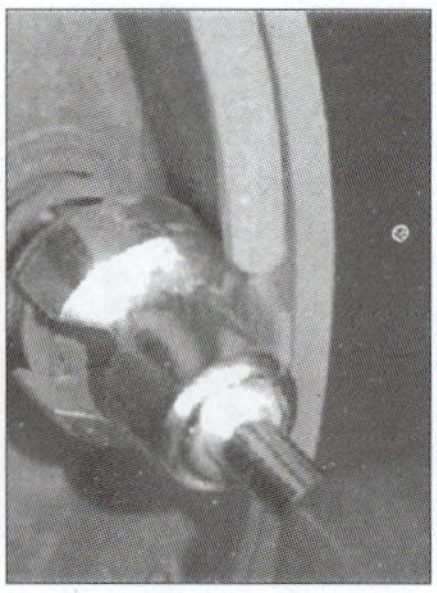 ②拧松并拆下驻车制动驱动臂及组件 ③检查车轮制动分泵和制动器底板上的磨损、损坏和渗漏等情况   ④安装新的制动蹄 ⑤在制动蹄等组件安装定位之后，固定表面已修正的制动鼓，并完成初始化调整工作  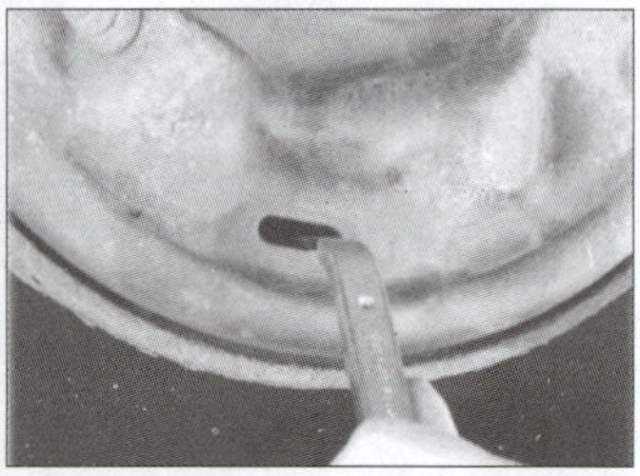 2）检查和清洁鼓式制动器的制动鼓，并检查相关零部件 ①拆下制动鼓 ②检查制动鼓的内表面是否有擦痕或磨光区域  

模块3 汽车专业性维护

（续）

作业任务	作业内容	操作过程及相关图示
检查	行车制动器的维护	③使用制动器清洗喷洒剂清洁制动鼓的内表面 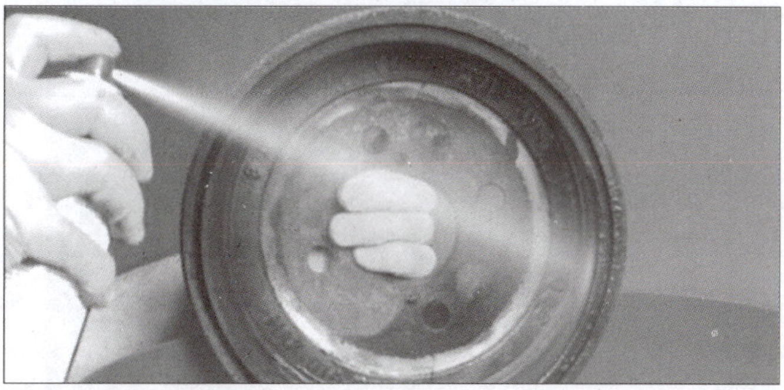 ④清洁制动器上的各个零部件，包括制动蹄及摩擦衬片及其周围的区域 注意：不要使用压缩空气来清理制动器周围的零部件，应使用制动器清洗喷洒剂进行清洁  ⑤用游标卡尺测量制动鼓的内径，确定是否有足够的厚度进行表面再修整  ⑥如有必要（有足够的厚度），在制动器专用车床上对制动鼓内表面进行修整（结合车辆二级维护进行小修） 

（续）

作业任务	作业内容	操作过程及相关图示
检查	行车制动器的维护	3）检查和清洁盘式制动器的制动盘，并检查相关零部件 ①检查制动盘是否需要修整表面或者予以更换（若发现制动盘出现裂纹，则予以更换，如图所示） 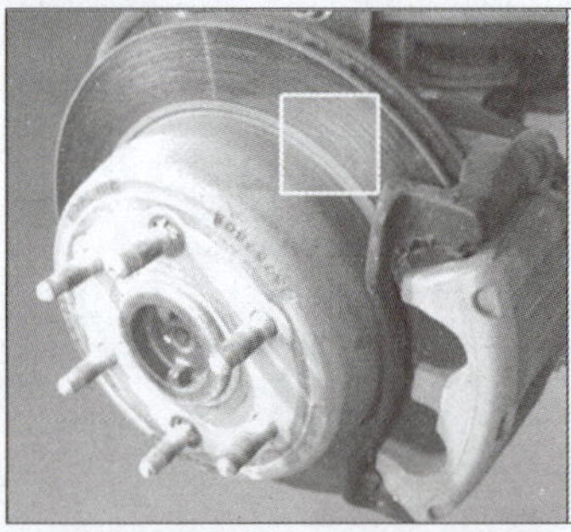 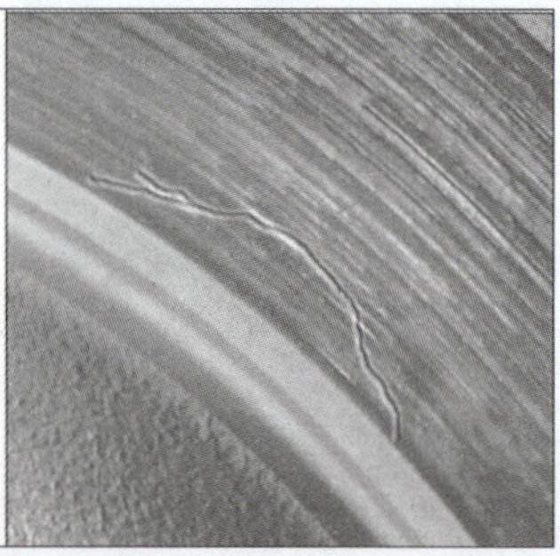 ②拆下制动卡钳，检查制动片。若发现制动片异常磨损、有较深沟槽或摩擦衬片厚度不足，维修应更换；仔细检查制动管和柔性软管，如果发现液压部件有渗漏，则应请有经验的维修技师做进一步检查   ③测量制动盘的厚度，确定是否有足够的厚度进行再修整 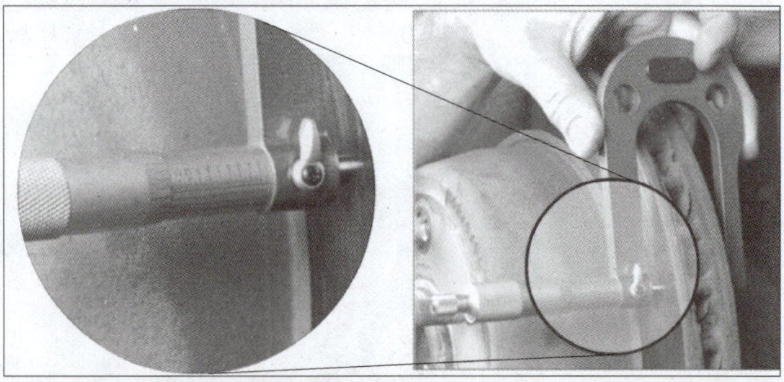 ④使用百分表测量制动盘的表面跳动量，检查表面跳动量是否在允许范围内。必要时结合二级维修进行小修（在制动器专用机床上修磨制动盘表面） 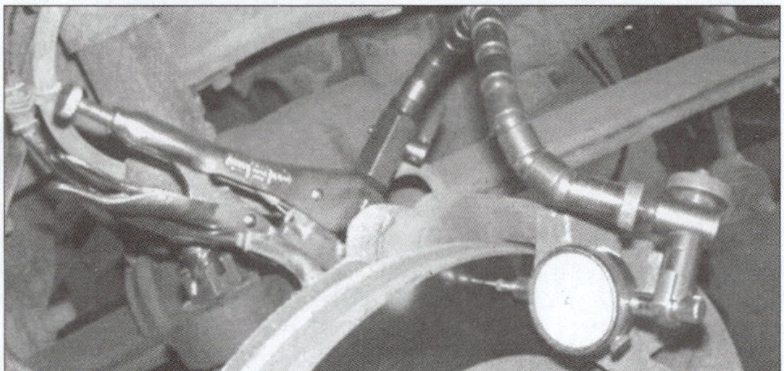

模块3 汽车专业性维护 (续)

作业任务	作业内容	操作过程及相关图示
检查	行车制动器的维护	⑤在制动片背面涂敷消声剂，安装制动片（必要时更换新品），在卡钳、导轨和销钉上涂敷合适的润滑剂 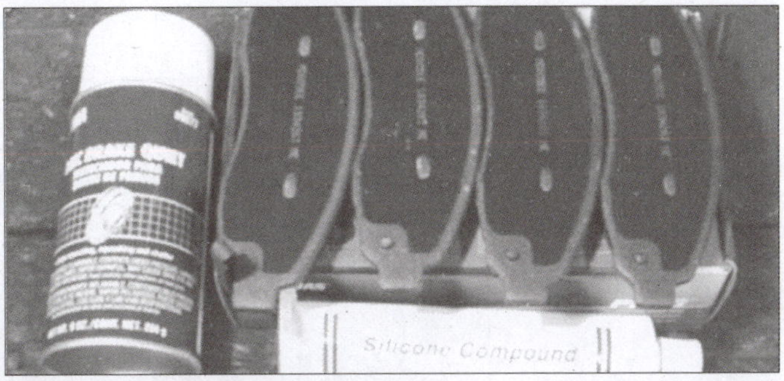 ⑥戴上合适的防护眼镜和手套，使用制动器喷洒剂去除制动盘上的灰尘和碎屑等磨粒物 
	转向盘、连杆、转向机等总成及零部件的维护	转向盘、连杆、转向机等总成及零部件的维护内容与A级维护基本相同，这里重点介绍动力转向油的维护及转向系统各连接件的检查及润滑作业 1）动力转向油的维护作业（系统管道清洗及油液更换） ①熟悉动力转向系统的油路及油液 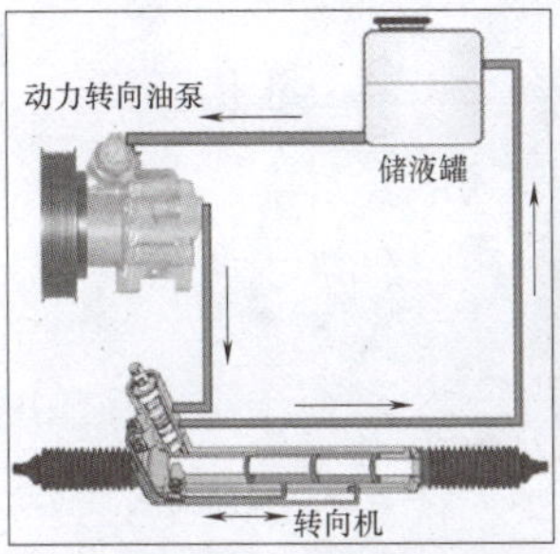 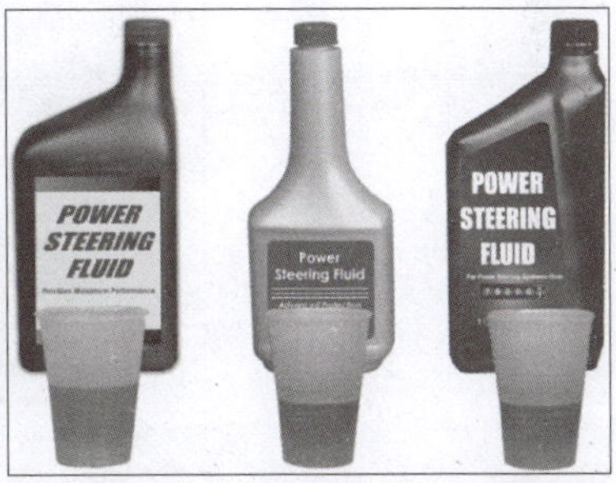 ②关闭发动机，打开发动机舱盖 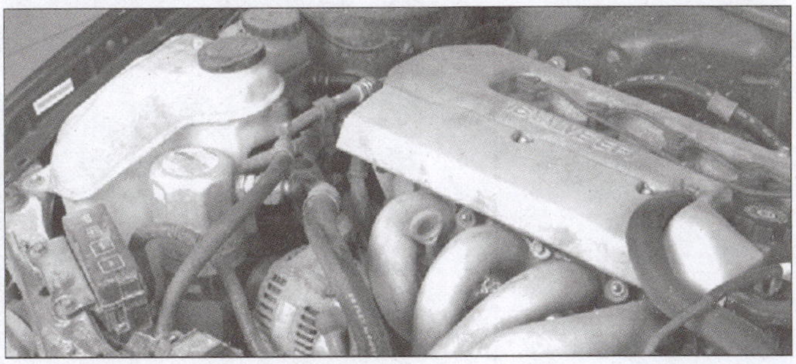

151

（续）

作业任务	作业内容	操作过程及相关图示
检查	转向盘、连杆、转向机等总成及零部件的维护	③在车辆上放置一个虹吸管，入口管道应达到储液罐的底部，返回管道应正好位于储液罐液面上方，关闭控制盒上的空气阀门，把空气管道连接到冲洗设备上的供气管接头处 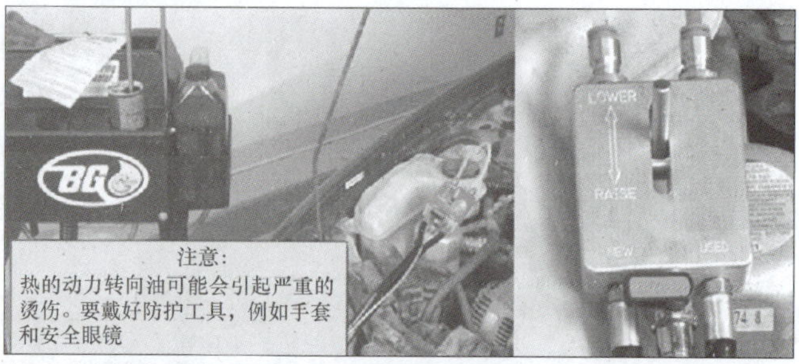 注意： 热的动力转向油可能会引起严重的烫伤。要戴好防护工具，例如手套和安全眼镜 LOWER RAISE ④把新的动力转向油冲洗液安放在冲洗设备上 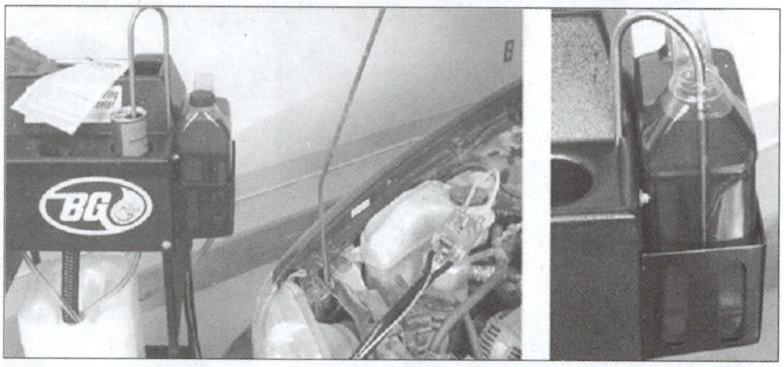 ⑤起动车辆，使发动机达到正常运转温度，使用空气阀控制油液置换的速度，使用控制盒上“提升”和“降低”推拉杆来控制储液罐中液面的高度 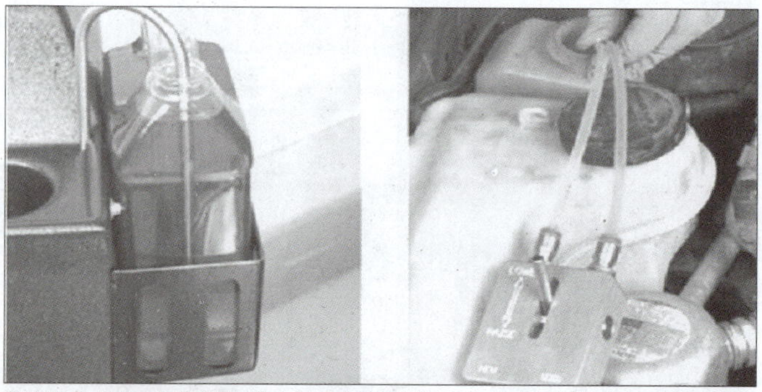 ⑥将转向盘在左、右极限位置之间来回转动若干次，确保所有油液已被置换 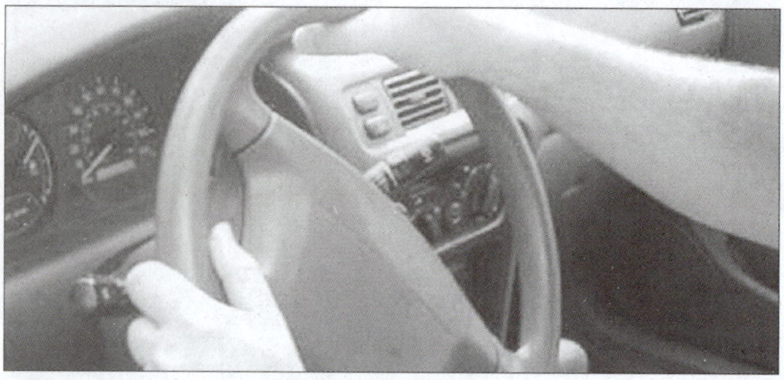

模块3　汽车专业性维护

（续）

作业任务	作业内容	操作过程及相关图示
检查	转向盘、连杆、转向机等总成及零部件的维护	⑦当冲洗油瓶中所有的油被用完时，整个置换过程完成；关闭空气阀，取出储液罐中的虹吸管，将储液罐中的油液添加到标准刻度，即完成动力转向油的维护作业 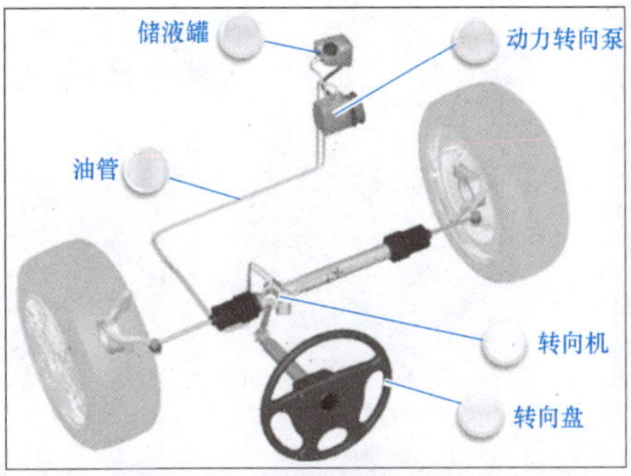 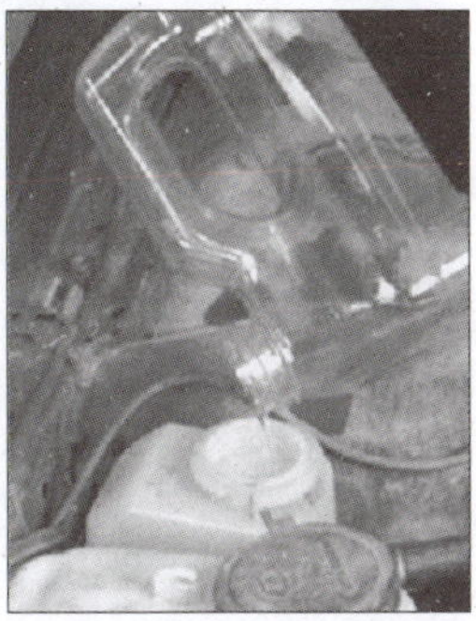 2）转向系统各连接件的检查及润滑作业 提示：转向系统各连接件的检查及润滑等作业，一般与前、后悬架装置的检查及润滑等作业同步进行，这里一并介绍 ①用举升机将车辆举升至合适高度，并进行可靠锁止，以防车辆下坠  ②检查并润滑（有润滑脂加注孔的）下控制臂、前轴衬套、后轴衬套、下球头、内横拉杆、外横拉杆及球头。 注意：某些车型必须将前轮拆下后，才能接触到上球头和下球头润滑脂的加注孔 ③检查并润滑（有润滑脂加注孔的）中间连杆、随动转向臂、转向摇臂和万向节 ④检查并润滑（有润滑脂加注孔的）上控制臂、前后轴衬套和上球头 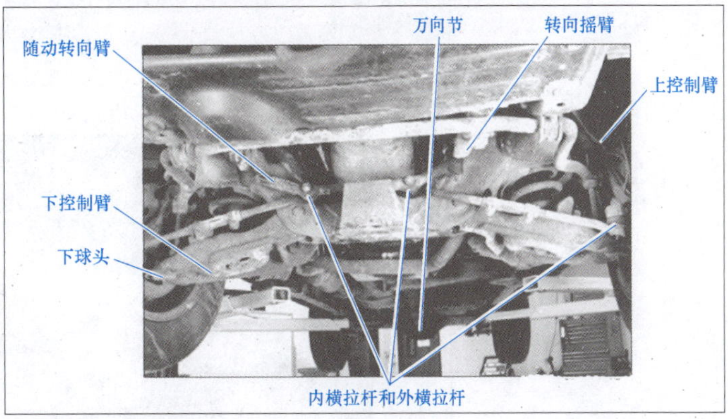

(续)

作业任务	作业内容	操作过程及相关图示
检查	转向盘、连杆、转向机等总成及零部件的维护	⑤给转向横拉杆球头销加注润滑脂 注意：在使用油脂枪之前，先使用干净的抹布将油脂枪加注口清理干净，以免将磨粒带入润滑表面而加剧部件磨损 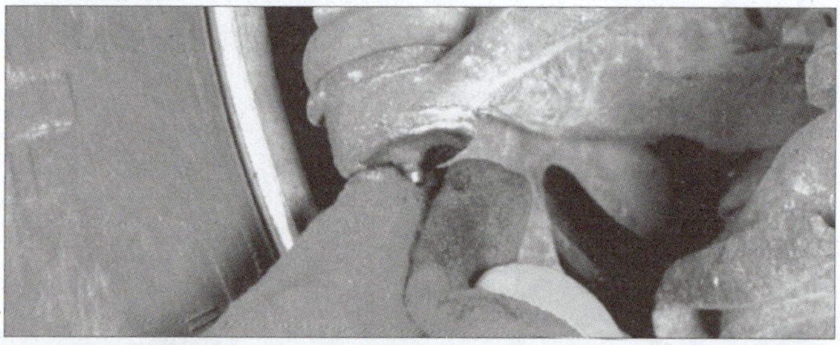 ⑥泵压润滑脂进入加注口，直到横拉杆球头销（或稳定杆球头销）防尘罩鼓起 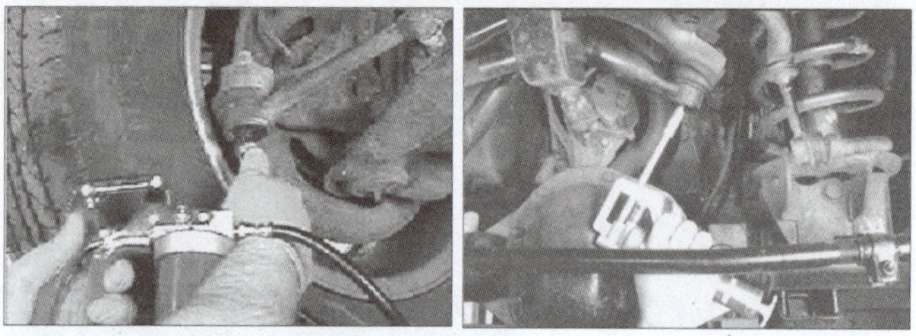 ⑦用抹布将多余的润滑脂擦拭干净，把车辆降下，维护作业完成  黄油嘴
	离合器液、差速器油(FR4或WD)、MT(或AT)变速器油、混合动力传动桥油、动力转向油的检查、补给及更换作业	离合器液、差速器油(FR4或WD)、MT(或AT)变速器油、混合动力传动桥油、动力转向油的检查、补给及更换作业与A级维护大同小异，这里重点介绍自动变速器的清洗作业 提示：自动变速器使用寿命的长短主要取决于自动变速器油的更换和自动变速器的使用操作。目前，自动变速器大多采用机器换油（人工换油只能换掉一半油液，其他油液会滞留在阀体内而无法排出），可实现排旧油、洗油道、换新油，不仅效率高，而且换油彻底 自动变速器清洗作业： 1)把新的自动变速器油（简称ATF）加注到设备中，准备进行冲洗；使车辆运行到正常工作温度；关闭发动机，打开发动机舱盖 

模块3　汽车专业性维护

（续）

作业任务	作业内容	操作过程及相关图示
检查	离合器液、差速器油（FR4或WD）、MT（或AT）变速器油、混合动力传动桥油、动力转向油的检查、补给及更换作业	2）找到变速器油管道上的连接部位，安装适配接头 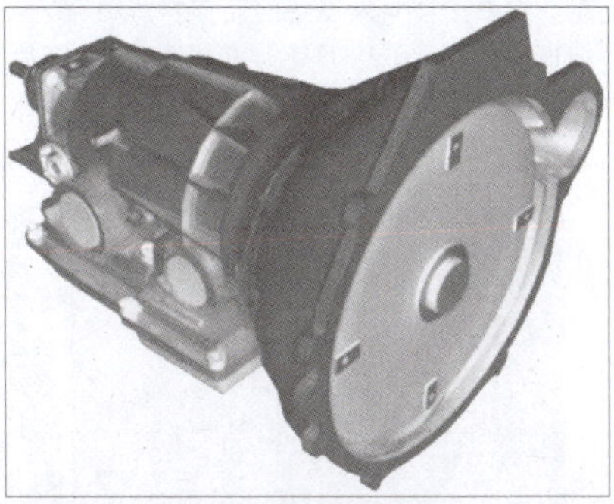 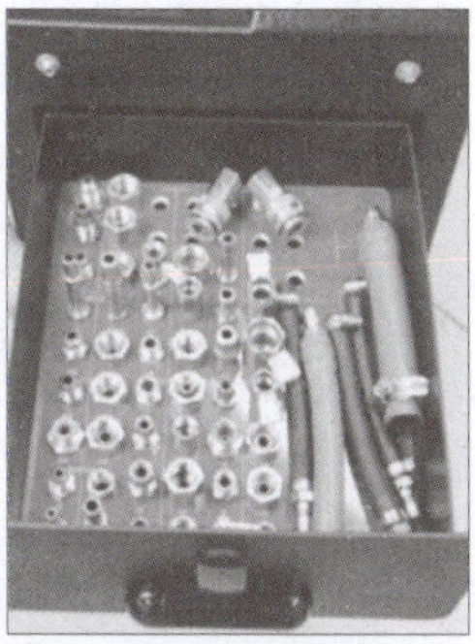 3）把设备上的一根油管连接到通向变速器的管道接头上   4）把另外一根油管连接到通向冷却器或散热器的管道接头上；调校油液的流动方向（不同设备的调校方法不尽相同） 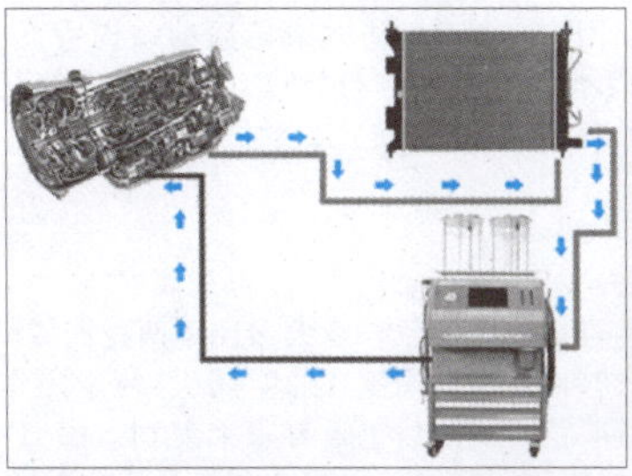  5）把设备上的控制杆转到"旁通/再加注"位置，起动车辆，检查渗漏情况 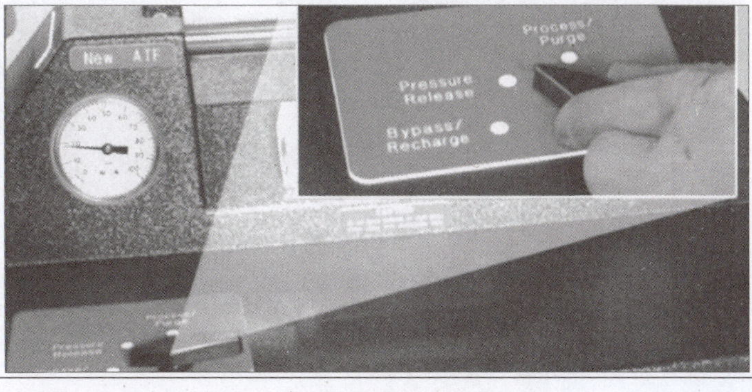

(续)

作业任务	作业内容	操作过程及相关图示
检查	离合器液、差速器油(FR4 或 WD)、MT(或 AT)变速器油、混合动力传动桥油、动力转向油的检查、补给及更换作业	6)使车辆保持运行状态,把设备上的控制杆转到"处理/清洗"位置;变速器内部的油泵会把旧油液泵入设备的储存容器中;在容器的膜片上产生压力,压力将新的变速器油推送到变速器中的各油道和阀体中,完成自动变速器的清洗和自动变速器油的更换作业 7)卸掉设备,检查油液的油量,检查系统的渗漏情况  
	四轮换位、车轮动平衡、四轮定位等作业	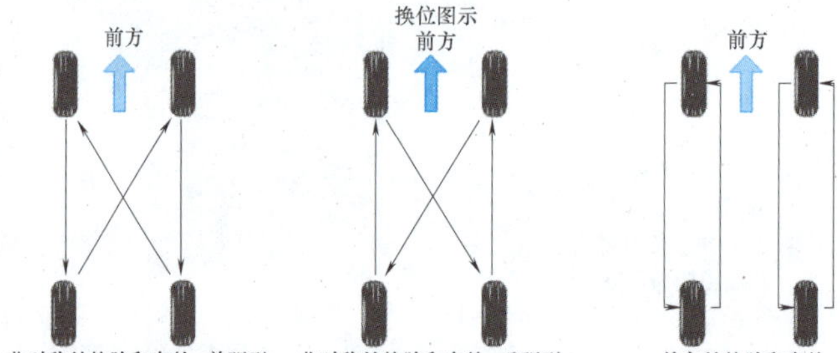 1)四轮换位作业(单向的轮胎换位) 轮胎换位能使所有轮胎保持均匀磨损,通过轮胎换位可以补救磨损不均匀的轮胎。四轮换位作业以大多数乘用车所装用子午线轮胎的单向换位作业为例进行介绍,并讲解轮胎螺母的紧固作业,其他作业与 A 级维护基本相同,不再赘述 非对称的轮胎和车轮-前驱型　　非对称的轮胎和车轮-后驱型　　单向的轮胎和车轮 注意:因汽车驱动的方式或轮胎的结构特点不同,其换位方式也有所不同,应按车辆维修手册换位图示进行换位。特别注意的是:采用子午线轮胎并有旋转方向要求的轮胎,只能同侧(单向)前、后更换 ①举升车辆,并可靠锁止,以防车辆下坠 注意:目前轮胎换位作业大多使用两柱四腿举升机举升车辆,两柱四腿举升机不仅使用便捷,而且车轮周围作业空间大,便于操作,但由于车辆发动机的布置及驱动方式的不同,使车辆前后重量有很大差别。因此举升车辆时,一定要注意重力平衡,要求长腿举轻、短腿举重,而且4个举升腿的支点应处于同一平面(若不同则调整),否则极易引起车辆倾覆或下坠而导致车辆损毁人员伤亡 

模块3 汽车专业性维护

（续）

作业任务	作业内容	操作过程及相关图示
检查	四轮换位、车轮动平衡、四轮定位等作业	②卸下车辆右侧的前、后轮胎（车轮），在前、后轮胎（车轮）上做好标记 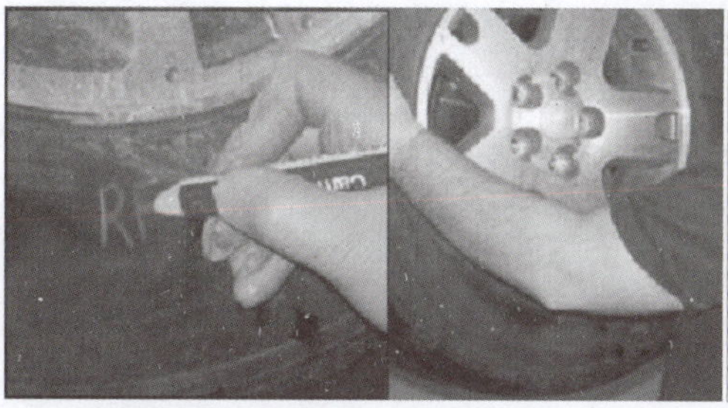 技术要点：某些车辆上安装有防盗的车轮盘子或者轮胎螺母，需要使用专用的工具进行拆卸。请查看合适的维修信息来拆卸。 ③将后轮胎换到前面，再将前轮胎换到后面  ④卸下车辆左侧的前、后轮胎（车轮），在前、后轮胎（车轮）上做好标记  ⑤将后轮胎换到前面，再将前轮胎换到后面 

汽车维护

（续）

作业任务	作业内容	操作过程及相关图示
检查	四轮换位、车轮动平衡、四轮定位等作业	⑥将轮胎螺母拧上，但不要拧紧，然后将车辆从举升机上降下来，按规定力矩将轮胎螺母左右交叉依次拧紧  2）轮胎螺母的紧固作业 ①在安装车轮前检查相关部件，包括清洁车轮和螺柱上的灰尘  ②使用金属刷子去除灰尘和锈迹  ③应正确选用轮胎螺母  注意：不要润滑轮胎螺母或螺柱，否则极易引起螺母松动而引发事故

模块3 汽车专业性维护

（续）

作业任务	作业内容	操作过程及相关图示
检查	四轮换位、车轮动平衡、四轮定位等作业	④按照图示顺序依次预拧紧轮胎螺母，再按维修手册上规定的力矩依次交叉紧固各个轮胎螺母 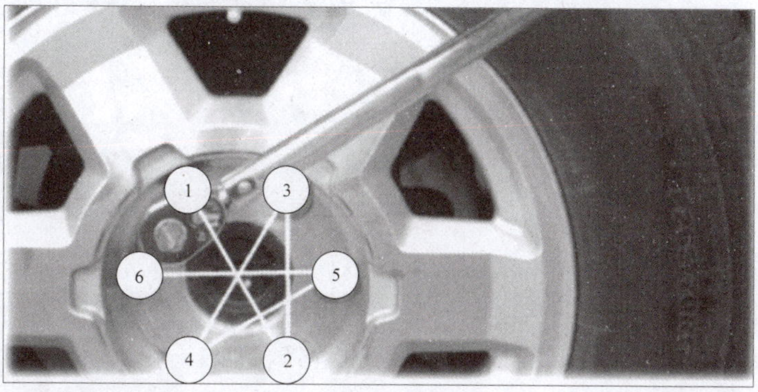 3）车轮动平衡作业 动平衡不良的车轮会导致：车轮在行驶中产生振动，轮胎异常磨损，胎面产生凸凹不平，车辆难以操纵，影响行车安全 提示：只要轮胎安装到轮辋上就要做动平衡，按照厂商规定的维护标准定期做动平衡，发现车轮异常振动、异常磨损时要做动平衡 ①检查轮胎气压，应在规定范围内 ②将轮胎套装在动平衡机主轴上，用锥套和专用车轮锁紧扳手将车轮固定在主轴上并锁紧 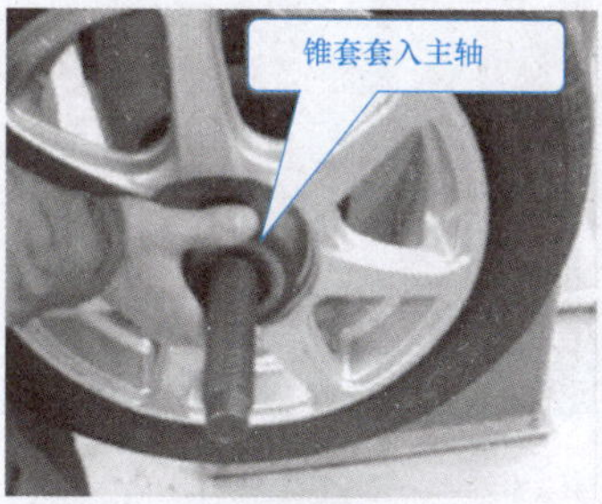  ③用测量标尺测出动平衡机离车轮轮辋的距离 a，并输入数值 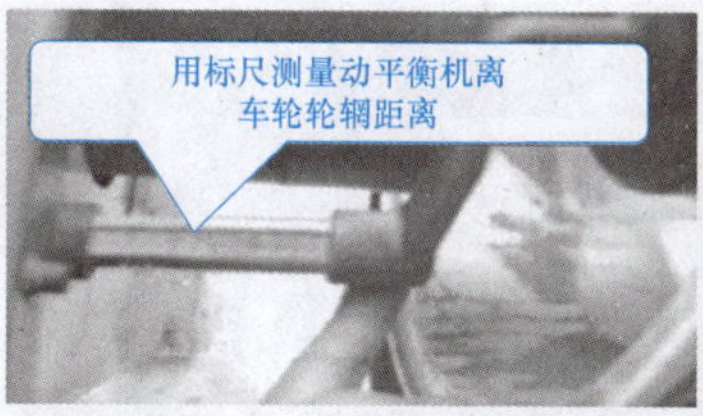  ④用测量卡钳测量轮辋宽度 b，并输入数值。 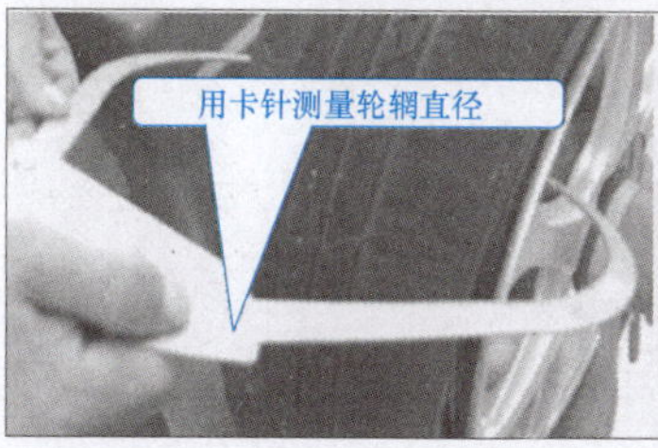 

159

汽车维护

(续)

作业任务	作业内容	操作过程及相关图示
检查	四轮换位、车轮动平衡、四轮定位等作业	⑤用卡尺测量轮辋直径 d，并输入数值  轮辋直径　　　输入数值 ⑥放下防护罩，按下起动按钮，在轮胎开始转动后观察显示仪上显示数值 起动按钮　　　显示数值 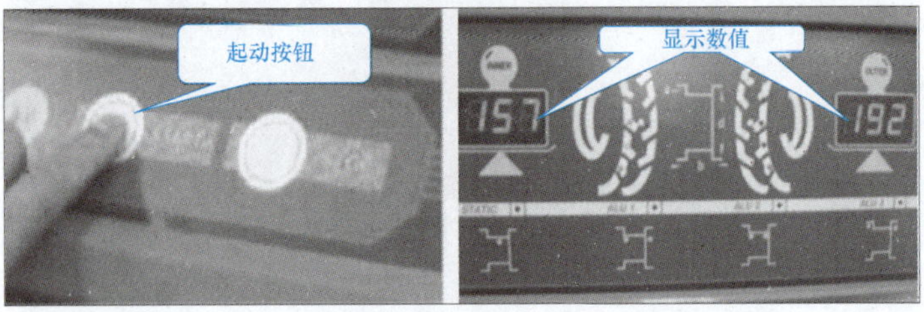 ⑦用手转动轮胎，当显示仪上左侧红灯全部亮时停止转动，在轮辋内左侧装上相应数值的平衡块 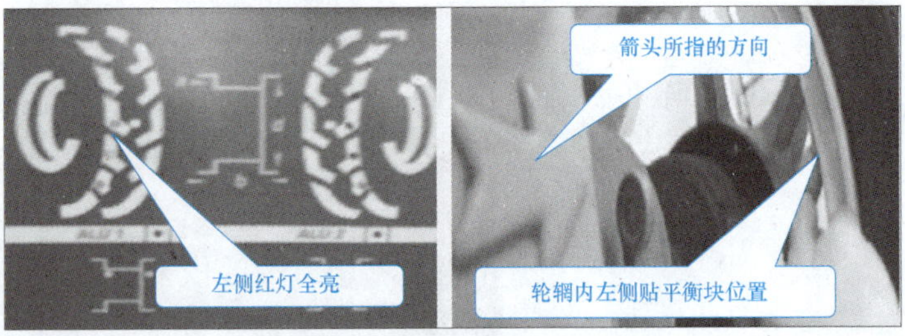 箭头所指的方向 左侧红灯全亮　　　轮辋内左侧贴平衡块位置 ⑧用手转动轮胎，当显示仪上右侧红灯全部亮时停止转动，在轮辋内右侧装上相应数值的平衡块 右侧红灯全亮 轮辋外侧贴平衡块 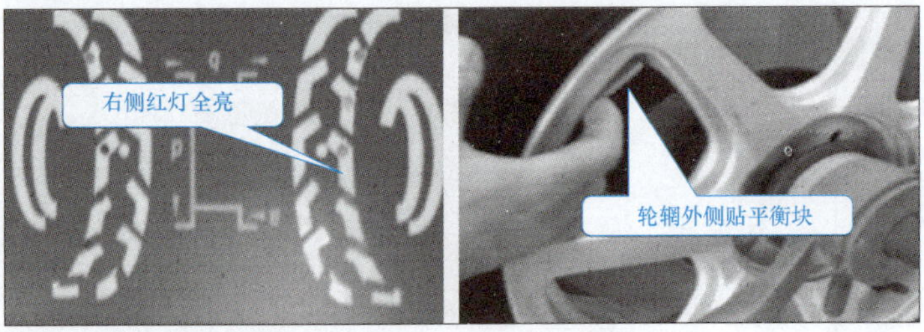 ⑨装好平衡块后再次测量，显示仪两边显示的数据误差应在规定范围(误差值5g)，车轮即达到动平衡要求 ⑩操作完毕后，松开车轮锁紧扳手，拆除锥套，取下轮胎，切断电源，清洁平衡机设备 注意： ①动平衡误差值一般应小于5g ②避免主轴或平衡机强烈振动 ③禁止用重物敲击平衡机的任何部件

模块 3　汽车专业性维护

(续)

作业任务	作业内容	操作过程及相关图示
检查	四轮换位、车轮动平衡、四轮定位等作业	4) 四轮定位作业 　　四轮定位的内容主要包括：前轮主销后倾、主销内倾、前轮外倾、前轮前束和后轮外倾、后轮前束 　　注意：车轮外倾角和车轮前束值可为正值，也可为负值。因车辆设计不同而不同 　　进行四轮定位的前提有：每行驶 10000km 或 6 个月后；直线行驶时车辆往左或往右；直行时需要紧握转向盘；直行时转向盘不正；感觉车身会漂浮或摇摆不定；前轮或后轮单轮磨损；安装新的轮胎后；碰撞事故维修后；换装新的悬架或转向有关配件后 　　提示：四轮定位作业的操作步骤较为繁琐，这里不做详述，请参考有关资料
自诊断	发动机系统、变速器系统、ABS、安全气囊系统以及其他系统的故障诊断仪故障诊断	上汽别克系列轿车 B 级维护作业中，发动机系统、变速器系统、ABS、安全气囊系统以及其他系统的故障诊断仪故障诊断方法和步骤与 A 级维护作业的相同，这里不再赘述 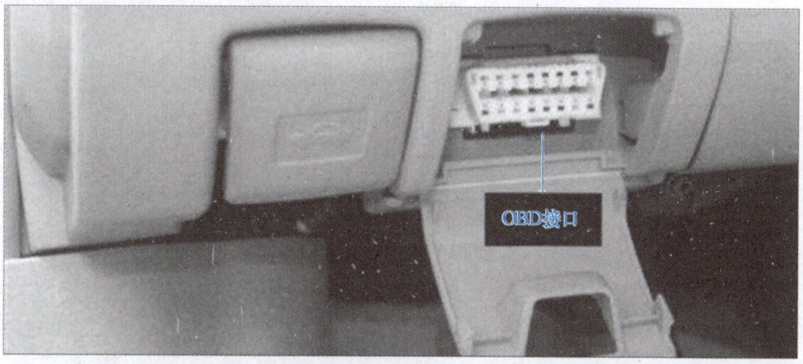 　　再次提示：现代汽车的各种电子控制系统的故障诊断仪故障诊断方法和操作步骤大同小异，而且诊断接口均为 16 针插头的 OBD-Ⅱ 标准接口，同一车辆上的其他电控系统的故障诊断可共用同一解码器并共享该接口，只是不同车型诊断接口的位置有所不同，应注意区别
保养灯归零	机油复位、胎压复位、时钟音响复位及空调复位等保养灯归零	1) 机油复位(机油保养灯归零) 　　现代大多数汽车均配置了机油寿命监测系统(如图所示)，进行更换机油和机油滤清器等维护作业后，还需要进行机油寿命复位操作。以上汽通用(SGM)系列部分车型为例进行机油寿命复位操作介绍  　　注意：目前 SGM 车型主要有 3 种机油寿命复位方式。不同车型、不同年款的车辆，其机油寿命复位方式有所不同，应注意查看维修手册

（续）

作业任务	作业内容	操作过程及相关图示
保养灯归零	机油复位、胎压复位、时钟音响复位及空调复位等保养灯归零	①方式1：人工复位 a. 将点火开关置于 ON 位置 b. 按下驾驶人信息中心设置菜单"MENU"按钮，并旋转切换显示项，直到驾驶人信息中心屏幕上出现"剩余机油寿命值" c. 长按设置/复位(Set/Clr)按钮以复位系统。此时，剩余机油寿命读数应为100% d. 将点火开关置于 OFF 位置，完成复位 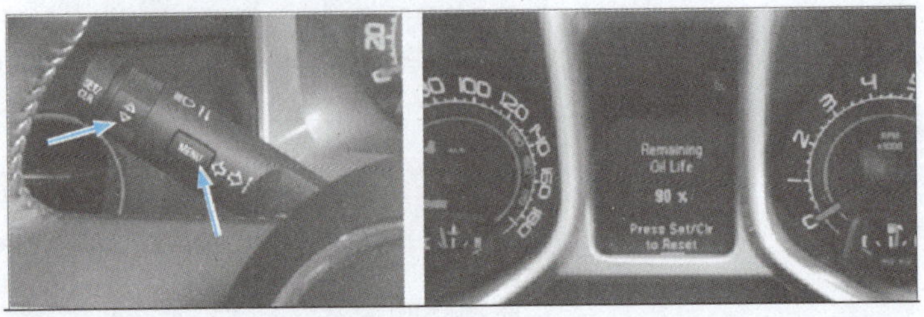 ②方式2：人工复位 a. 在发动机关闭的情况下，将点火开关置于 ON/RUN 位置 b. 在点火开关置于 ON 位置时，完全踩下和松开加速踏板3次 c. 如果"更换发动机机油"灯没有亮，则系统已经重置 d. 起动车辆时，如果"更换发动机机油"灯再次亮，则发动机机油寿命系统没有复位，应重复本程序，直至完成复位 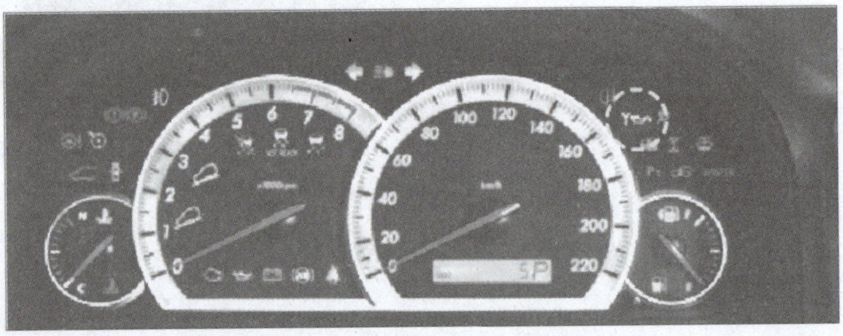 ③方式3：仪器复位 a. 将点火开关置于 ON 位置 b. 选择模块诊断→发动机控制模块→配置/复位功能→复位功能→发动机机油寿命复位，复位机油寿命或手动输入机油寿命值 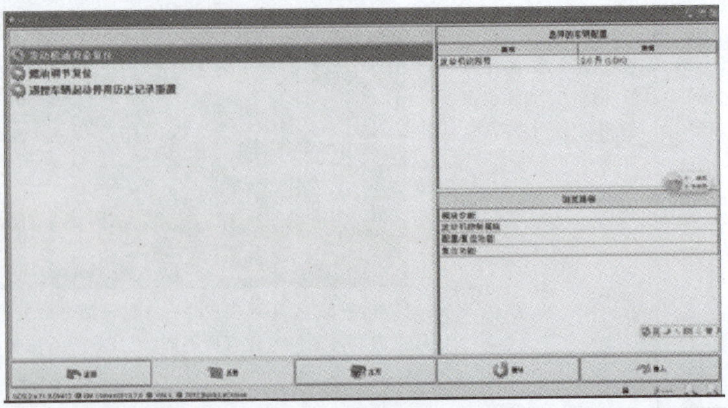

模块3 汽车专业性维护

(续)

作业任务	作业内容	操作过程及相关图示
保养灯归零	机油复位、胎压复位、时钟音响复位及空调复位等保养灯归零	2）胎压复位 ①老款别克车系胎压复位 上汽老款别克轿车仪表板上有轮胎气压过低警告灯，当某一个轮胎气压不足时，警告灯亮，需要检查轮胎气压和进行相关维护，维护完成后应按程序对警告系统进行重新设定（即复位） a. 将点火开关置于"RUN"位置 b. 按下仪表板熔丝盒内的红色重新设定（RESET）按钮，并保持5s。在行驶期间轮胎气压过低警告灯闪烁3次，然后熄灭，轮胎压力警告系统重新设定完成  ②别克新君越轿车胎压复位 上汽通用新君越轿车装有胎压监测系统，当系统发现一只或多只轮胎压力过低，组合仪表上的轮胎压力过低指示灯将亮，在装载驾驶人信息中心的车辆上，出现请检查轮胎气压的信息（CHECK TIRE PRESSURE）。如果出现该信息，应立即停车检查轮胎是否损坏。对气压过低轮胎，应充气至推荐压力。修复完成后，必须对胎压监测系统进行复位 A. 装载驾驶人信息中心（DIC）的车辆的复位： a. 将开点火开关置于ON位置 b. 按住驾驶人信息中心最右侧的Gage键，直到组合仪表的屏幕上显示胎压监测系统（TIRE MONITOR SYSTEM） c. 按下带箭头的设置/重置键（Set/Clr）进行重新学习，直至显示胎压监测系统已复位（TIRE MONITOR SYSTEM HAS BEEN RESET） d. 复位完毕 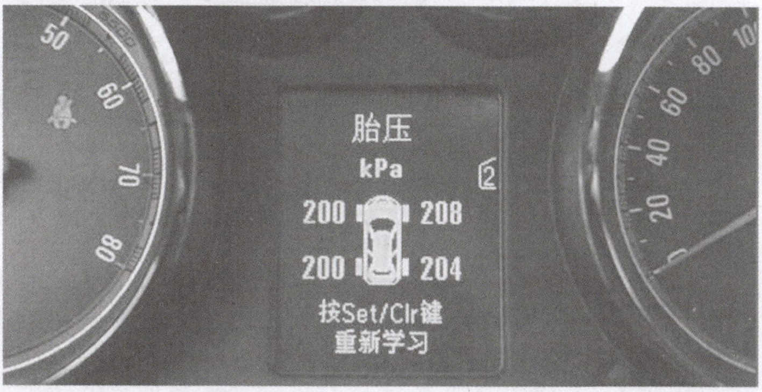

(续)

作业任务	作业内容	操作过程及相关图示
保养灯归零	机油复位、胎压复位、时钟音响复位及空调复位等保养灯归零	B. 未装载驾驶人信息中心（DIC）的车辆的复位： a. 将开点火开关置于 ON 位置 b. 按住 ODO/TRIP 按钮，切换组合仪表上里程显示，直到仅显示总计里程  c. 再次按下 ODO/TRIP 按钮并保持不放，几秒后，轮胎气压过低指示灯开始闪烁，当听到两声蜂鸣声后，表明复位完成 注意：上汽别克轿车车型、年款不同，其胎压复位方法也不同，应按具体车型和年款查找相关资料进行复位 3）时钟音响复位 汽车拆装蓄电池后的时钟音响复位操作，以上汽别克音响断电后的解锁功能恢复（即音响复位）操作为例进行介绍。其操作步骤如下： ①将点火开关置于 ON 位置，显示屏显示"LOCK"（锁定） ②按"MIN"键，显示屏显示"000" ③按"MIN"键，使后两位数字和密码相符 ④按"HR"键，使前一位或两位数字和密码相符 ⑤确认这个数字和密码相符之后，按"AM-FM"键，显示屏出现"SEC"安全，表明音像系统可以工作（即完成复位）并已加密保护  注意： ①按上述步骤输入密码，在任何两个步骤之间停顿不得超过 15s ②如果输入 8 次错误密码，显示屏会出现 INOP，再试之前必须使点火开关处于接通状态，等待 1h 再试 警告：只有 3 次机会输入正确密码，否则会再次显示 INOP ③车型不同，复位操作方法也不同，应根据相关车型及年款要求查阅相关资料进行复位

模块3 汽车专业性维护

(续)

作业任务	作业内容	操作过程及相关图示
保养灯归零	机油复位、胎压复位、时钟音响复位及空调复位等保养灯归零	4）空调复位 空调复位操作，以通用君越轿车自动空调系统的自动校准（以下称为复位）为例进行介绍 ①更换暖风、通风与空调控制模块后的复位 汽车在更换暖风、通风与空调系统控制模块时，暖风、通风与空调系统控制模块必须执行校准程序。在暖风、通风与空调系统控制模块复位期间，禁止调整暖风、通风与空调系统控制模块上的任何控制开关。复位中断会导致暖风、通风与空调系统性能不良。更换暖风、通风与空调控制模块后的复位： a. 将点火开关置于OFF（关闭）位置。 b. 断开故障诊断仪 c. 安装暖风、通风与空调系统控制模块 d. 连接先前断开的所有部件 e. 起动车辆 f. 等候40s，让暖风、通风与空调系统控制模块自动进行复位 g. 确认没有故障码被设定为当前故障码，则更换暖风、通风与空调控制模块后的复位结束 ②更换暖风、通风与空调系统执行器后的复位 在更换暖风、通风与空调系统执行器后，必须执行校准设定程序。在执行复位期间，禁止调整暖风、通风与空调系统控制模块上的任何控制开关。复位中断会导致暖风、通风与空调系统性能不良。更换暖风、通风与空调系统执行器后的复位： a. 清除所有故障码 b. 将点火开关置于OFF位置 c. 安装暖风、通风与空调系统执行器 d. 连接先前断开的所有部件 e. 拆下空调系统的HVAC/ECAS熔丝至少10s f. 安装HVAC/ECAS熔丝 g. 起动车辆 h. 等候40s，让暖风、通风与空调系统控制模块复位 i. 确认没有故障码被设定为当前故障码，则更换暖风、通风与空调执行器后的复位结束 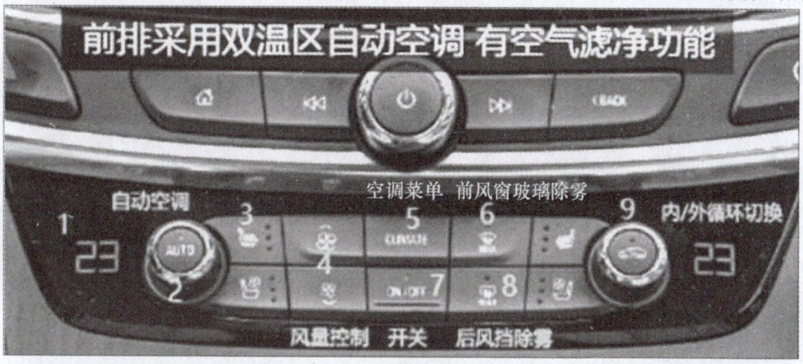
特色维护		见后续系统维护相关内容

任务2 系统维护

汽车的系统维护是指利用专业的产品、设备、技术，在传统维护项目的基础上对车辆进行免拆、快速、全面、彻底的维护，也称深度维护或特色维护。以上汽通用别克系列部分车型为例进行汽车系统维护的详细介绍，其他车型的系统维护可参照执行。

子任务1 汽车燃油系统的深度维护

任务准备

汽车燃油系统的深度维护计划见表8-3。

汽车维护

表 8-3 汽车燃油系统的深度维护计划

序号	维护项目	深度维护内容及方法	间隔里程或时间
1	进气系统清洗	使用专用维护设备及产品,按特定工艺流程和操作步骤对缸内直喷涡轮增压式汽油发动机的进气系统进行深度清洗	每 10000km 或根据维修技师提示及车主需求而定
2	燃油管路清洗	使用专用维护设备及产品,按特定工艺流程和操作步骤对缸内直喷涡轮增压式汽油发动机的燃油管路进行深度清洗	每 10000km 或根据维修技师提示及车主需求而定

汽车燃油系统深度维护的相关设备与材料见表 8-4。

表 8-4 汽车燃油系统深度维护的相关设备与材料

序号	相关仪器设备及材料	备注
1	场地:通风采光好,相互干扰少,车辆进、出方便,能够分组实训	可根据具体情况来定
2	车辆:上汽通用部分车型	可根据具体情况来定
3	仪器设备:空气压缩机、举升机等	其他仪器设备的选配,可根据具体情况来定
4	工量具:进气系统清洗专用工具箱(进气软管、S形尾管、快速接头)、燃油管路清洗专用工具、护目镜、手套等	其他工、量具的选配,可根据具体情况来定
5	材料:缸内直喷涡轮增压式汽油机进气系统清洗液(压力罐)、全效型进气系统清洗液(自然吸气式发动机)、燃油管路清洗剂、抹布等	各运行材料品种及规格的选配,可根据具体情况来定

任务实施

1. 进气系统清洗(以缸内直喷涡轮增压式汽油机为例)

任务描述	利用进气系统清洗液使用特殊工具将药液充分雾化,能有效清洁进气系统各个部件;工艺流程安全高效,不伤害涡轮、氧传感器及三元催化转化器,定期使用可提升发动机功率
清洗步骤及相关图表	1)前期准备 ①检查车辆有无故障,若有故障(即发动机起动后故障指示灯未熄灭),则先排除故障后再进行清洗工作 ②确保发动机已达正常工作温度(80~100℃)后熄火  2)安装清洗设备的S形尾管 ①拆下进气歧管真空管 提示:真空管接口越接近节流阀越好,管径比S形管应稍大一些 ②将螺旋软管出口端插入真空管并固定 注意:螺旋管药剂出口应朝向气缸方向 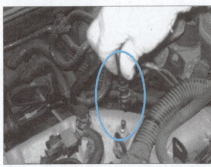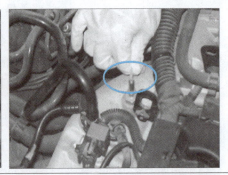

模块 3 汽车专业性维护

（续）

清洗步骤及相关图表	3）稳定转速 将发动机转速控制在2000~2500r/min范围内  注意：应保持发动机转速处于稳定状态。若发动机转速忽高忽低，则容易导致进气歧管内累积残液，从而损坏机件 4）连接工具并开始清洗 ①将铜接头锁在清洁剂出口 注意：用手拧紧即可 ②使清洁剂出口朝下，将针阀插入，确认清洗剂流入进气道 提示：过程中或刚使用后，排气尾管会排出少许白烟，此为正常现象 ③将挂钩夹固定在罐身上并挂在发动机舱盖下方，开始清洗，清洗时间约20min  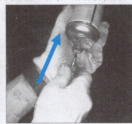  5）完成清洗 ①在清洁剂完全消耗后，移除空罐，恢复发动机原始怠速设定 ②熄火并还原清洁软管及所有拆下的组件 ③起动发动机并检查运转是否正常 ④起动发动机，在发动机转速为2500~4000r/min时，重踩几下加速踏板，等排气管残留烟雾消散后恢复发动机怠速（1000r/min左右）  
注意事项	1）在通风良好处操作，操作时远离火源，以免发生火灾 2）清洗时佩戴个人防护设备，如安全眼镜、手套等 3）清洗前，先检查车辆有无故障，若有故障，则先排除故障后再进行清洗作业 4）应注意区分自然吸气式发动机和缸内直喷涡轮增压式发动机进气系统清洗液，两者不能混合使用或互相代替使用，否则极易损坏发动机有关部件 5）清洗时，将发动机转速控制在2000~2500r/min，以避免发动机进气系统各部件受损
任务记录	将清洗过程及结果记录在维护项目单内（见相关工作页）
任务好处	消除因积炭、油泥、漆膜等沉积物所带来的发动机温度过高、磨损加快、进气量降低、功率下降等不利因素，以提高发动机的动力性、经济性和环保性，并延长发动机的使用寿命

知识拓展

1. 材料对比

由于自然吸气式发动机和缸内直喷涡轮增压式发动机的进气方式不同，进气量不同，气缸工作温度也不同，因此进气系统所采用的清洗液也不同。前者采用的是传统产品，而后者采用的是新产品。

传统产品有流量过大的问题，外接压力设计的清洁剂风险更高，主要是因为压力无法精确控制，一旦压力太大，清洁剂流入发动机过多，会有燃烧不完全的清洁剂沾附在排气涡轮与泄压阀上造成故障。

新产品针对涡轮增压发动机设计，使清洁剂定量输出，并且可以调整输出量，使其使用在涡轮增压发动机中时能大幅提高燃烧效率，避免涡轮与三元催化转化器受损。图8-1所示为缸内直喷涡轮增压式发动机进气系统清洗所采用的新产品，应避免用错。

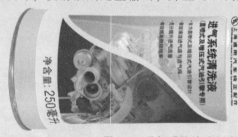

图8-1　进气系统清洗新产品

2. 工具对比

由于自然吸气式发动机和缸内直喷涡轮增压式发动机进气系统所用的清洗液不同，因此清洗用的工具也不同。图8-2所示为自然吸气式发动机进气系统清洗用的旧工具，图8-3所示为缸内直喷涡轮增压式发动机进气系统清洗用的新工具，两者不能混用，以免影响清洗效果。

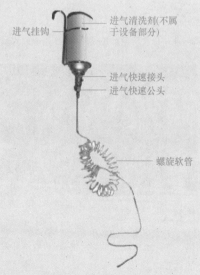
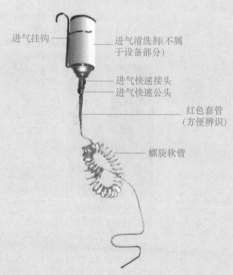

图8-2　自然吸气式发动机进气系统清洗用的旧工具

图8-3　缸内直喷涡轮增压式发动机进气系统清洗用的新工具

模块3　汽车专业性维护

提示

新工具内径更精细，目的是使流量更均匀。为了避免清洗时间过久，新产品内置压力更高。

若新产品使用了旧工具，清洁剂流量过大会导致燃烧不完全，容易使排气涡轮、泄压阀与三元催化转化器受损。

若是旧产品使用新工具，则不会有任何风险，但清洗时间会延长，因此尽量不要混用。

2. 燃油管路清洗（以缸内直喷涡轮增压式汽油机为例）

任务描述	使用特殊工具利用燃油管路清洗剂内含的特效清洁活性因子，有效清洁直喷式发动机的油路、喷油器、高压油泵等部位，并提供有效保护
清洗步骤及相关图表	1）前期准备 ①检查车辆有无故障，并了解车辆油路及电路 ②确保发动机已达正常工作温度（80～100℃） ③断开燃油泵电路（拔下继电器或熔丝，各车型继电器或熔丝位置有所不同，应按具体车型查找），松开燃油箱盖，释放油管压力 ④起动发动机使发动机运转数秒钟后自行熄火，以降低燃油管压力（泄压）  2）管路连接 ①找到发动机燃油进油管或压力检测阀（针对有压力检测阀的发动机） ②将清洗设备出口端连接到发动机燃油压力检测阀上 ③使用替代管接上发动机进油管（针对无压力检测阀的发动机） 

169

汽车维护

(续)

3）设备连接
①确认清洗设备，将油路手阀置于关闭位置（垂直方向）
②逆时针旋转压缩空气调压阀，将压力调到最低
③打开清洁剂，将清洁剂倒入清洗设备中，并将上方的加液/排气功能阀锁紧

4）管路连接
①将清洗设备挂在发动机舱盖下方并接上压缩空气
②调节管路压力到规范值（燃油系统压力规范值，依照原厂技术手册或维修指南来定）
③开启油路手阀，检查管路连接处有无泄漏情况

清洗步骤及相关图表

5）开始清洗
起动发动机，使发动机怠速运转，直至发动机自行熄火为止
注意：为避免喷油器及燃油系统部件受损，清洗时应保持发动机处于怠速运转状态

模块3 汽车专业性维护

(续)

清洗步骤及相关图表	6)完成清洗 ①拆卸设备 清洗工作结束后,依照下列顺序卸下设备: a. 中断空气管 b. 将调压阀逆时针拧转到底泄压 c. 按下加液/排气功能阀,泄放设备内部压力 注意:泄压时注意避免气体直接接触人体 d. 关闭油路手阀 ②安装复位 a. 安装复位所有的接头与连接管 b. 连接油泵电路及锁上燃油箱盖 c. 起动发动机并检查是否有泄漏现象,测试车辆清洗效果
注意事项	1)在通风良好处操作,操作时远离火源,以免发生火灾 2)清洗时佩戴个人防护设备,如安全眼镜、手套等 3)清洗前,先检查车辆有无故障,若有故障,则先排除故障后再进行清洗作业 4)使用前详细阅读清洗设备说明书,依据设备供应商所提供的操作说明掌握其正确的连接方式及操作流程 5)勿与其他产品同时使用该产品,以免损坏发动机机件 6)为避免喷油器及燃油系统部件受损,清洗时务必使发动机处于怠速运转状态
任务记录	将清洗过程及结果记录在维护项目单内(见相关工作页)
任务好处	定期清洗燃油管路可有效保护高压状态下的喷油组件,使喷油器和高压油泵等精密部件能够安全运行,同时可以维持最佳燃烧效果和最佳燃油效率,使燃料燃烧更加完全,排放更加干净彻底,从而提高发动机的动力性、经济性和环保性

子任务2 汽车润滑系统的深度维护

任务准备

汽车润滑系统的深度维护计划见表8-5。

表8-5 汽车润滑系统的深度维护计划

序号	维护项目	深度维护内容及方法	间隔里程或时间
1	润滑系统清洗	使用专用维护设备及产品,按特定工艺流程和操作步骤迅速清洗润滑系统各部件	每10000km或根据维修技师提示及车主需求而定
2	润滑系统增效、活化处理	将发动机机油增效、活化剂加入发动机曲轴箱内,起动发动机运转15min后关闭发动机,更换机油及机油滤清器,即完成发动机润滑系统增效、活化处理	每10000km或根据维修技师提示及车主需求而定

汽车润滑系统深度维护的相关设备与材料见表8-6。

汽车维护

表 8-6 汽车润滑系统深度维护的相关设备与材料

序号	相关仪器设备及材料	备注
1	场地:通风采光好,相互干扰少,车辆进、出方便,能够分组实训	可根据具体情况来定
2	车辆:上汽通用部分车型	可根据具体情况来定
3	仪器设备:废旧机油收集装置、举升机等	其他仪器设备的选配,可根据具体情况来定
4	工量具:通用工具、机油滤清器专用工具、护目镜、手套等	其他工量具的选配,可根据具体情况来定
5	材料:Part No.93736544 发动机机油清洗剂、增效活化剂、润滑油、抹布等	各运行材料品种及规格的选配,可根据具体情况来定

任务实施

1. 润滑系统清洗维护

任务描述	将发动机机油清洗剂加入发动机曲轴箱内,起动发动机运转 15min 后关闭发动机,更换机油及机油滤清器,即完成发动机润滑系统的清洗工作
施工工艺流程及相关图表	1)起动发动机预热至正常工作温度(80~100℃)后熄火 2)打开加油盖,将发动机机油清洗剂加入曲轴箱,再次起动发动机运转 10~15min 后熄火 3)拆下油底壳螺塞及机油滤清器放掉旧机油,直至放油口没有旧机油流出为止 4)将油底壳螺塞装回并拧紧,换上新机油滤清器,加注新的发动机润滑油 5)起动发动机运转 1min 后熄火,检查机油液面高度 6)起动发动机,举升车辆,查看机油滤清器及油底壳螺塞处是否漏油。若不漏,则完成润滑系统清洗保护操作
注意事项	1)完成清洗和换油后,应仔细检查机油液面高度,查看机油滤清器及油底壳螺塞处是否漏油。如果有漏油,需重新安装直至不漏油为止,以确保润滑系统工作正常 2)使用养护产品前须对车辆进行初步检查,如果存在机械故障,则应排除故障后再进行清洗 3)润滑系统的清洗应由专业技术人员来完成,应严格按照产品使用操作步骤进行施工 4)润滑系统清洗剂易燃,应存储于阴凉干燥处;如遇泄漏,需切断火源,用吸水性强的物质将泄漏物吸收处理;如果不慎入眼,应用清水冲洗 10min,并尽快医治
任务记录	将清洗过程及结果记录在维护项目单内(见相关工作页)
任务好处	1)能够迅速清除发动机内部及润滑油路中的胶质、油泥和积炭,实现彻底换油,保持良好润滑,减少摩擦,提高汽车的动力和经济性 2)清洗凸轮和摇臂,恢复活塞环弹性,减少故障的发生,同时能预防烧机油 3)中和酸性物质,防止机件腐蚀,延长发动机的使用寿命 4)降低废气排放,减少空气污染

2. 润滑系统增效、活化维护

润滑系统的增效、活化维护与润滑系统的清洗维护的施工工艺流程大同小异,注意事项及任务好处基本相同，只是两者所采用的材料不同（目前采用复合产品，可一次性完成润滑系统的增效、活化与清洗作业），这里不再赘述。

知识拓展

1. 清洗原因

机油在高温环境下被氧化、酸化后形成黏稠状物质，发动机部件磨损后产生金属杂屑，常规维护换油往往不彻底，空气中的灰尘进入油底壳等原因，在发动机润滑系统形成油泥和积炭，如图 8-4 所示。这些油泥和积炭会导致发动机功率降低、油耗增加、磨损加剧、减少发动机的使用寿命。活塞头部的油泥和积炭会造成缸壁拉伤，油底壳沉积过多油泥和积炭会导致工作温度过高，发动机磨损加剧。

图 8-4　活塞和油底壳处形成积炭和油泥

2. 清洗原理

发动机机油清洗剂（图 8-5）由 95%～99% 的特殊配方清洗油和 1%～5% 的清洁剂两种有机成分组成，可作为传导媒介的清洗油，配合清洁剂能达到最佳的清洗效果。

发动机机油清洗剂的主要成分是 4-Methyl-2-pentanol（4-甲基-2-戊醇），其中最主要的化学元素是氢。氧化变质后的机油油泥中主要元素是氧，在清洗过程中氢会去寻找氧，然后把它"吃掉"。发动机机油清洗剂逐步将油泥清除并悬浮在旧机油中，在放掉旧油时一同被排出油底壳，避免了油泥因大量脱落而造成油道堵塞等问题。图 8-6 和图 8-7 所示为发动机润滑系统主要部位清洗前后的效果。

图 8-5　发动机机油清洗剂

图 8-6　清洗前后的曲轴箱

图 8-7　清洗前后的气门室

3. 清洗时机

1）常规维护时清洗发动机缸体。

由于机油在使用过程中会出现沉积物和杂质，也就是油泥，油泥会加快发动机磨损并容易发生故障。油泥粘附在发动机内部，不能随旧机油一起排出，新机油就会受污染，很快氧化变质。因此，在车辆进行常规维护时应清洗发动机缸体。

2）新车维护时清洗发动机缸体。

新车在磨合过程中，发动机内部会产生大量金属颗粒，不能随旧机油排出。此时清洗发动机缸体能够安全有效地清除掉发动机内部的金属颗粒和杂质，使新车磨合更加完美。

3）大修或更换发动机总成后清洗发动机缸体。

大修或更换发动机总成后，发动机会经历与新车相同的磨合期，发动机内部在高温高速的运转中会产生大量金属颗粒，此时应清洗发动机缸体。

4）车辆长期放置未使用时清洗发动机缸体。

车辆由于长期放置，机油中的杂质、油泥等已经附着在发动机内壁上了，很难清除，此时应彻底清洗发动机缸体。

子任务3　汽车冷却系统的深度维护

任务准备

汽车冷却系统的深度维护计划见表8-7。

表8-7　汽车冷却系统的深度维护计划

序号	维护项目	深度维护内容及方法	间隔里程或时间
1	冷却系统清洗	利用冷却系统清洗剂和产品规定施工工艺流程清除水垢、杂质，保护金属部件不被腐蚀，冷却系统管路不被堵塞	每40000km或根据维修技师提示及车主需求而定
2	冷却系统止漏保护	将发动机冷却系统止漏保护剂加入发动机散热器内，清除水垢、杂质，解决渗水问题，保护金属部件不被腐蚀	每40000km或根据维修技师提示及车主需求而定

汽车冷却系统深度维护的相关设备与材料见表8-8。

模块3 汽车专业性维护

表8-8 汽车冷却系统深度维护的相关设备与材料

序号	相关仪器设备及材料	备注
1	场地：通风采光好，相互干扰少，车辆进、出方便，能够分组实训	可根据具体情况来定
2	车辆：上汽通用部分车型	可根据具体情况来定
3	仪器设备：废旧冷却液收集装置、举升机等	其他仪器设备的选配，可根据具体情况来定
4	工量具：通用工具、护目镜、手套等	其他工量具的选配，可根据具体情况来定
5	材料：WAA4701冷却系统通用型清洗剂、WA19201冷却系统止漏保护剂、冷却液、抹布等	各运行材料品种及规格的选配，可根据具体情况来定

任务实施

1. 冷却系统清洗维护

任务描述	将发动机冷却系统清洗剂加入发动机散热器内，起动发动机运转3~5min后关闭发动机，放出旧的冷却液，加注新的冷却液，即可完成发动机冷却系统的清洗工作
施工工艺流程及相关图表	1) 将清洗剂摇匀后，直接加入发动机膨胀水箱或散热器中 提示：一般小型客车需要加注1罐，大型汽车需要加注2罐 2) 起动发动机，运转3~5min 提示：最好每半年添加一次 3) 关闭发动机，放出旧的冷却液，加注新的冷却液，即可完成清洗
注意事项	1) 如果不慎触及眼睛，应立即用大量清水冲洗，严禁揉搓眼睛，必要时就医 2) 如果不小心入口，会立即引发呕吐，应尽快就医 3) 若为喷射式清洗剂，则喷灌应正立或与水平夹角不得小于45° 4) 清洗剂应存放于环境温度低于40℃的地方，并远离热源与明火，严禁暴晒、撞击、刺破或焚烧清洗剂罐子，否则容易发生火灾 5) 应防止儿童接触清洗剂
任务记录	将清洗过程及结果记录在维护项目单内（见相关工作页）
任务好处	1) 清除导致发动机过热的水垢以及长期高温产生的酸性物质，避免并制止密封件和散热器的渗漏，彻底更换旧的冷却液 2) 清除水垢和水锈，保证发动机良好散热能力，保证发动机的正常工作温度 3) 定期清洗可以有效地降低油耗，恢复发动机动力

2. 冷却系统止漏维护

冷却系统的止漏维护与冷却系统的清洗维护的施工工艺流程大同小异，注意事项及任务好处基本相同，只是两者所采用的材料不同。进行发动机冷却系统的止漏维护时，按冷却系统止漏保护剂的施工工艺流程操作即可，这里不再赘述。

知识拓展

1. 发动机冷却系统深度维护原因

汽车经过长期使用后，即使正常维护发动机，其内部依然会形成水垢、水锈和胶质等杂质，这些杂质难以清除且越积越厚，阻碍冷却液的循环流动，导致散热能力下降，发动机过热，损害发动机。

目前大部分冷却液采用水与乙二醇按一定比例混合成的水溶液，主要突出防冻效果。此类冷却液与金属部件发生电离反应，加上散热器中形成的水垢、水锈和胶质等杂质会严重腐蚀散热器，造成散热器漏水。

冷却系统清洗剂、止漏保护剂等维护产品能够保证冷却系统各部件不结垢、不腐蚀、不生锈，保持散热器清洁，消除水泵噪声。定期使用这些维护产品可保持发动机冷却系统的冷却效能，避免因积垢、锈蚀造成发动机过热，散热器开锅及渗漏等故障。图 8-8 所示为散热器清洗前后的效果。

图 8-8　散热器清洗前后的效果

2. 发动机冷却系统深度维护产品

1）冷却系统清洗剂及使用方法。图 8-9 所示为市场上常见的威力狮 WAA4701 冷却系统通用型清洗剂，其使用方法见"冷却系统清洗维护"的相关内容。

2）冷却系统止漏保护剂及使用方法。图 8-10 所示为市场上常见的威力狮 WA19201 冷却系统止漏保护剂，其使用方法如下：

① 起动发动机至正常温度后熄火。

② 按照产品说明书所要求的比例将清洗剂与冷却液混合均匀后加入散热器中。

③ 起动发动机，在正常温度下运转 20~30min，同时确保节温器主阀全开，必要时可将节温器拆下以确保冷却液大循环。

④ 清洗完毕后熄火，将放水开关卸下，以便让污物及杂质顺利放出。

⑤ 用自来水冲洗冷却系统，直到放出的水清洁、干净为止，最后加入冷却液。

图 8-9　威力狮 WAA4701 通用型清洗剂　　　图 8-10　威力狮 WA19201 止漏保护剂

模块 3　汽车专业性维护

子任务 4　汽车空调系统的深度维护

> **任务准备**

汽车空调系统的深度维护计划见表 8-9。

表 8-9　汽车空调系统的深度维护计划

序号	维护项目	深度维护内容及方法	间隔里程或时间
1	蒸发箱泡沫清洗	利用制冷系统专用维护产品，按产品施工工艺流程清除蒸发箱上的水垢、灰尘等污物	每 10000km 或根据维修技师提示及车主需求而定
2	车内、空调风管除菌、除味	利用制冷系统杀菌除臭剂等专用维护套装，按产品施工工艺流程去除车内及空调风管中的细菌及异味	每 10000km 或根据维修技师提示及车主需求而定

汽车空调系统深度维护的相关设备与材料见表 8-10。

表 8-10　汽车空调系统深度维护的相关设备与材料

序号	相关仪器设备及材料	备注
1	场地：通风采光好，相互干扰少，车辆进、出方便，能够分组实训	可根据具体情况来定
2	车辆：上汽通用部分车型	可根据具体情况来定
3	仪器设备：空气压缩机、废旧制冷剂回收装置、举升机等	其他仪器设备的选配，可根据具体情况来定
4	工量具：通用工具、专用管路接头、气枪、KT1000 空调增效及降噪维护工具、红外线温度计、护目镜、手套等	其他工量具的选配，可根据具体情况来定
5	材料：上汽通用汽车空调系统专用维护套装（PN 93736042）、空调系统内循环超声波杀菌除臭剂、空调系统外循环油基杀菌除臭剂等	各运行材料品种及规格的选配，可根据具体情况来定

> **任务实施**

1. 蒸发箱泡沫清洗

任务描述	利用制冷系统专用养护产品，按产品施工工艺流程清除蒸发箱上的水垢、灰尘、污物等杂质，防止蒸发箱箱体及叶片被腐蚀、堵塞和泄漏，以保证制冷系统良好的工作性能
施工工艺流程及相关图表	1）清洗准备 ①准备好清洗套装，即蒸发器清洗剂（大瓶产品）及所附专用管路接头（或清洗枪） ②清洗之前，先检查空调系统工作是否正常，仪表盘是否显示正常  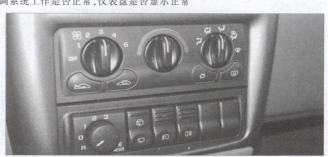

(续)

施工工艺流程 及相关图表	2) 泡沫清洗 ①将空调滤清器密封盖拉出,然后将空调滤清器取出(不同车型,位置有所不同) 提示:放置空调滤清器的地方有一个通风口通向蒸发箱,可将手伸进去找到该通风口 ②将蒸发器清洗剂所附专用管路接头(或清洗枪),从通风口处伸入蒸发箱直到能够清晰地看到蒸发箱 ③将清洗剂喷洒到蒸发箱上形成一层泡沫,用清洗剂对蒸发箱进行泡沫冲洗 ④用压缩空气吹干蒸发箱上清洗剂泡沫分解污垢后的杂质及水分,完成蒸发箱的清洗作业 提示:整个施工过程用时 20~30min,根据不同车型时间略有偏差,应注意产品及车型说明
注意事项	1) 清洗蒸发箱时,蒸发箱内的泡沫应完全液化,待液化的水完全从排水孔中流出后,才可进行下一步杀菌及除味操作,液化时间为 5~10min 2) 如果清洗剂在蒸发箱中未被完全液化,则在开启空调后,部分泡沫会通过空调出风口被吹到车厢内,致使泡沫液体气味弥漫于整个车内空间
任务记录	将清洗过程及结果记录在维护项目单内(见相关工作页)
任务好处	清洗蒸发箱去除各种灰尘、污物等,防止细菌和霉菌等的滋长,创造一个舒适的驾乘环境,保护驾乘人员的身体健康

2. 车内、空调风管除菌除味

任务描述	利用制冷系统除菌除味剂等专用维护套装,按产品施工工艺流程去除车内及空调风管中的细菌及异味,以保证车内空气的温度、湿度和鲜度处于良好舒适状态
施工工艺流程及 相关图表	1) 除菌除味准备 ①准备好清洗套装,即除菌除味剂(小瓶产品)及所附专用管路接头(或清洗枪) ②除菌除味之前先检查空调系统工作是否正常,仪表盘是否显示正常 2) 除菌除味 ①泡沫清洗蒸发箱,清除细菌和霉菌生长的"土壤" ②将除菌除味剂喷到蒸发箱上,抑制细菌的生长和繁殖,让前期清洗效果保持更久 ③开启暖风除雾(对别克英朗轿车,即开启外循环模式,其他车型内、外循环开关的设置及开启方式有所不同,应注意区别对待,且处于最大风量,先对空调通风循环处进行烘干(出风口无雾气吹出为止),以提高除菌除味的效果  注意:进行空调系统及管路除菌除味操作,操作顺序不可颠倒,即应先清洗后杀菌

模块 3　汽车专业性维护

(续)

注意事项	1)在进行除菌除味的操作过程中,一定要先拆卸出车内的空调滤清器。如果未拆下空调滤清器,除菌除味剂会吸附于空调滤清器中,不仅达不到杀菌除味的目的,还会导致用户开启汽车空调时有一股浓烈的薄荷香味(薄荷香味对人体无害)。由于驾乘人员的喜好程度不同,部分用户可能无法接受这种气味 2)部分上汽通用车型在进行除菌除味操作过程中,还需要将车辆空调滤清器盖板装回原位,以防止气流从汽车空调滤清器处涌出 3)除菌除味操作结束后,不要立刻装上空调滤清器,车辆应继续处于怠速状态、空调开至外循环最大风量,摇下车窗玻璃,等待5min左右,将浓烈的薄荷香味散去后再安装空调滤清器,使车厢内仅保持淡淡的薄荷清香 4)在进行除菌除味操作前,应用力摇匀产品,以免影响液体雾化效果	
任务记录	将除菌除味过程及结果记录在维护项目单内(见相关工作页)	
任务好处	抑制细菌和霉菌的生长和繁殖,杀死产生异味的各种霉菌和微生物等,保证驾乘人员的身体健康	

子任务 5　汽车制动系统的深度维护

任务准备

汽车制动系统的深度维护计划见表 8-11。

表 8-11　汽车制动系统的深度维护计划

序号	维护项目	深度维护内容及方法	间隔里程或时间
1	制动系统全面清洁	利用高效制动系统清洗剂等维护产品,按产品施工工艺流程清除制动系统制动摩擦片、制动盘等部位的锈迹和各种硬质残留物	每20000km或根据维修技师提示及车主需求而定
2	制动分泵、卡销及制动片润滑	将制动系统深度保护润滑油等专用维护产品,按产品施工工艺流程均匀涂抹在制动分泵、卡销、制动片、制动活塞及防尘套表面,形成保护膜,防止这些部位生锈	每20000km或根据维修技师提示及车主需求而定

汽车制动系统深度维护的相关设备与材料见表 8-12。

表 8-12　汽车制动系统深度维护的相关设备与材料

序号	相关仪器设备及材料	备注
1	场地:通风采光好,相互干扰少,车辆进、出方便,能够分组实训	可根据具体情况来定
2	车辆:上汽通用部分车型	可根据具体情况来定
3	仪器设备:空气压缩机、废旧制动液回收装置、举升机等	其他仪器设备的选配,可根据具体情况来定
4	工量具:扳手工具箱、轮胎拆卸扳手、千斤顶、尖嘴钳、内六角扳手(套)、菜瓜布(也可配备毛刷、锉刀)、抹布、手套等	其他工量具的选配,可根据具体情况来定
5	材料:PN08880 高效制动清洗剂、PN08945 制动系统深度保护润滑油、PN08946 硅系润滑剂等	各运行材料品种及规格的选配,可根据具体情况来定

任务实施

1. 制动系统全面清洁

任务描述	利用高效制动清洗剂等维护产品,按产品施工工艺流程清除制动系统制动摩擦片、制动盘等部位的锈迹和各种硬质残留物,以保证制动系统良好的工作性能
施工工艺流程及相关图表	1)拧松所有轮胎螺母,然后将车辆举升到合适高度,按一定顺序拆卸所有车轮 

汽车维护

（续）

施工工艺流程及相关图表

2）按一定顺序拆卸所有制动分泵

3）观察制动盘及轮毂周边有无锈迹
4）使用3M菜瓜布打磨制动系统各处可见的锈迹，包括轮毂表面及周边、制动盘周边、制动钳内侧、制动分泵内侧等处

5）使用PN08880清洗行车制动器的重要部位

6）使用3M菜瓜布打磨PN08880清洗不掉的硬质残留物（如制动卡钳内侧、制动分泵内侧等）

3M菜瓜布：
适用于打磨各种圆弧种表面。
此处利于全方位去除制动系统上的锈迹和各种硬质残留物

7）用PN08880清洗掉粉尘，以提高清洗效果

清洗前　　清洗后

注意事项	1）切勿直接喷在高温处，如发动机、排气管等处，以免发生火灾 2）在通风良好处使用该类产品，避免接触到眼睛，使用后应及时洗手，避免长时间接触皮肤
任务记录	将清洗过程及结果记录在维护项目单内（见相关工作页）
任务好处	1）定期清洁可解决因粉尘造成的制动效能下降和制动噪声增大等问题 2）可维持制动系统处于最佳工作状态

模块 3　汽车专业性维护

2. 制动分泵、卡销及制动片润滑

任务描述	将制动系统深度保护润滑油、硅系润滑剂等专用维护产品，按产品施工工艺流程均匀涂抹在制动分泵、卡销、制动片、制动活塞及其防尘套表面，形成保护膜，防止这些部位生锈，以保证制动系统良好的工作性能
施工工艺流程及相关图表	1）全面清洁制动系统 提示：在完成全面清洁制动系统的基础上，进行制动分泵、卡销、制动片、制动活塞及其防尘套表面的润滑油或润滑剂涂抹作业 2）将 PN08945 均匀涂布在制动片背面和制动分泵定位螺栓上  3）将 PN08945 均匀涂布在制动卡钳内侧和轮毂正面及周边上  注意：严禁把 PN08945 涂抹在制动片与制动盘接触的表面（箭头所示），否则会引起制动打滑，影响行车安全 4）踩下制动踏板，露出制动分泵活塞 5）翻开活塞防尘套，清洁污垢，将 PN08946 硅系润滑剂均匀涂抹在活塞及防尘套表面 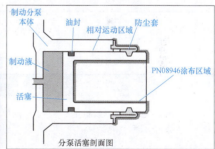 分泵活塞剖面图 6）将各个制动部件安装复位 

汽车维护

(续)

注意事项	1)安装时,避免使润滑剂接触到制动盘及制动片的接触面,同时不能破坏润滑剂的涂布,避免涂布在橡胶表面 2)最后一定要测试制动系统是否工作正常
任务记录	将涂抹过程及结果记录在维护项目单内(见相关工作页)
任务好处	1)定期涂抹可防锈润滑,降噪,保证制动效能 2)可以长久保护制动系统,使制动系统处于最佳工作状态

子任务6　汽车液压助力转向系统的深度维护

任务准备

汽车液压助力转向系统的深度维护计划见表8-13。

表8-13　汽车液压助力转向系统的深度维护计划

序号	维护项目	深度维护内容及方法	间隔里程或时间
1	液压转向系统清洗	利用高效动力转向系统清洗剂等维护产品,按产品施工工艺快速安全地清除系统中有害的油泥、漆膜等沉积物,保持系统清洁,减少油泥等污垢的形成	每40000~60000km或根据维修技师提示及车主需求而定
2	液压转向系统增效、活化	利用高级动力转向系统保护剂等专用维护产品的特性,保持转向助力油合适的高温黏度,有效保护系统部件,延长动力转向系统更换部件的周期,从而延长系统使用寿命	每40000~60000km或根据维修技师提示及车主需求而定

汽车液压助力转向系统深度维护的相关设备与材料见表8-14。

表8-14　汽车液压助力转向系统深度维护的相关设备与材料

序号	相关仪器设备及材料	备注
1	场地:通风采光好,相互干扰少,车辆进、出方便,能够分组实训	可根据具体情况来定
2	车辆:上汽通用部分车型	可根据具体情况来定
3	仪器设备:专用动力转向系统清洗设备、空气压缩机、废旧转向助力液回收装置(或油盆)、举升机等	其他仪器设备的选配,可根据具体情况来定
4	工量具:扳手工具箱、透明的塑料管、抹布、手套等	其他工量具的选配,可根据具体情况来定
5	材料:WA62409a型高效动力转向系统清洗剂、WA64805型高级动力转向系统保护剂、转向助力油等	各运行材料品种及规格的选配,可根据具体情况来定

模块3　汽车专业性维护

任务实施

1. 液压助力转向系统清洗维护（换油时一并进行）

任务描述	借助清洗剂，不解体清洗掉液压助力转向系统内的油泥、清漆、积炭等沉淀物，减少系统内的磨损，延长系统使用寿命
施工工艺流程及相关图表	1）清洗系统 ①打开转向储液罐的盖子，用透明塑料管子抽出一部分转向助力油，留出加注清洗剂的空间 ②将高效动力转向系统清洗剂加注到储液罐内，盖好盖子 ③起动发动机，左右转动转向盘，让清洗剂流到各部位，将转向盘停留在左侧或右侧接近极限位置并迅速松手，让转向机自动回正，重复10次左右，清洗时间为15~30min   2）放掉旧油 ①关闭发动机，准备好透明的塑料管和油盆 ②拆开转向储液罐的回流管（方框中所示），将其与透明的塑料管接在一起，塑料管的开放端放入油盆内，放掉旧油  提示：塑料管内径应略大于转向储液罐的回流管外径，长约2m 3）加注新油 ①起动发动机，并不断地向转向储液罐内倒入新的转向助力油，同时观察透明的塑料管流出的转向助力油的色泽，直至转向助力油的颜色与新的转向助力油颜色相同时，立即关闭发动机 注意：不能等到储液罐内无转向助力油时再倒入新的转向助力油，以防混入空气 ②迅速接好转向储液罐的回流管，再将转向助力油加注到规定范围 

（续）

施工工艺流程及相关图表	4）系统检查 起动发动机，察看液压助力转向系统是否有渗漏现象 
注意事项	1）禁止清洗剂与眼睛和皮肤接触，禁止吞咽，远离儿童保存 2）远离火源、热源，密封保存，以免发生火灾 3）在清洗和排气过程中，禁止将转向盘向左侧或向右侧打到极限位置，否则极易导致转向系统密封失效而引起转向助力液泄漏 4）若条件允许，最好利用专用设备进行清洗和换油作业
任务记录	将清洗过程及结果记录在维护项目单内（见相关工作页）
任务好处	1）有助于解决低温下的转向困难问题 2）有助于预防部件的过早磨损 3）减少系统的污垢，为更换新转向油做好准备

2. 液压助力转向系统增效、活化维护（在完成清洗维护的基础上）

任务描述	将高级动力转向系统保护剂等专用维护产品加注到清洗完的转向系统内，保持转向助力液合适的高温黏度，有效保护系统部件，延长动力转向系统更换部件的周期
施工工艺流程及相关图表	1）完成液力助力转向系统的清洗与换油作业 2）清洗换油结束后，先将转向储液罐中的转向助力油吸出一部分，然后加入高级动力转向系统保护剂，并用转向助力油将液位补充到标准位置 
注意事项	1）禁止与眼睛和皮肤接触，禁止吞咽，远离儿童保存 2）远离火源、热源，密封保存，以免发生火灾 3）在完成液力助力转向系统清洗维护的基础上，再进行液压助力转向系统的增效、活化维护，否则会影响增效、活化效果，甚至会堵塞管路，加速转向系统阀体的磨损
任务记录	将增效、活化过程及结果记录在维护项目单内（见相关工作页）
任务好处	1）制止并预防密封渗漏 2）延长动力转向油的使用寿命 3）活化密封和O形圈，提升其性能 4）减少转向油泵工作时的噪声

知识拓展

液压助力转向系统深度养护的原因

由于转向助力油经常处于持续的极压和高温工作环境,因此一段时间后不可避免地出现污染劣化,并失去润滑性能,产生油泥、积炭、漆膜等沉积物,使汽车出现转向沉重、转向异响、行驶跑偏、转向盘抖动等故障。转向系统一旦出现故障,车辆就难以操纵,从而影响行车安全,容易发生交通事故。

液压助力转向系统的故障有一大部分是由于液压系统内存在胶质、油泥以及零部件磨损而造成的。因此,通过定期清洗液压助力转向系统,更换新的转向助力油来清除液压系统中的有害杂质和其他沉积物,消除液压助力转向系统内的噪声,并防止系统出现渗漏和液压油泵的损坏。

另外,传统的换油方法只能更换其中70%左右的旧转向助力油。液压助力转向系统通过清洗以及增效、活化维护,可使干、硬、老化的密封圈、油封恢复弹性及密封性能,迅速止漏,消除泄漏隐患、减磨抗磨、降温平噪,稳定油泵输出压力,使油泵运转更顺畅,从而达到延长动力转向系统使用寿命的目的。图8-11所示为转向油进行深度维护前后的效果对比。

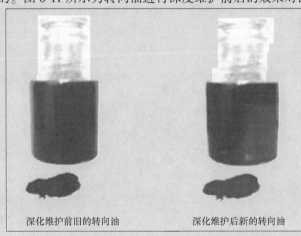

深化维护前旧的转向油　　　深化维护后新的转向油

图8-11　转向油进行深度维护前后的效果对比

子任务7　汽车自动变速器的深度维护

任务准备

汽车自动变速器的深度维护计划见表8-15。

表8-15　汽车自动变速器的深度维护计划

序号	维护项目	深度维护内容及方法	间隔里程或时间
1	自动变速器的清洗	利用高效自动变速器清洗剂等维护产品,按产品施工工艺安全有效地清除自动变速器内的油泥、清漆等杂质,以改善ATF的性能	每40000~80000km或根据维修技师提示及车主需求而定
2	自动变速器的增效(防滑)、活化	利用高效自动变速器保护剂等专用维护产品,安全有效地清除自动变速器内的油泥、清漆等杂质,防止变速器内部打滑	每40000~80000km或根据维修技师提示及车主需求而定

汽车维护

汽车自动变速器深度维护的相关设备与材料见表 8-16。

表 8-16 汽车自动变速器深度维护的相关设备与材料

序号	相关仪器设备及材料	备注
1	场地：通风采光好，相互干扰少，车辆进、出方便，能够分组实训	可根据具体情况来定
2	车辆：上汽通用部分车型	可根据具体情况来定
3	仪器设备：专用自动变速器清洗更换设备、空气压缩机、废旧自动变速器油回收装置（或油盆）、举升机等	其他仪器设备的选配，可根据具体情况来定
4	工量具：通专用工量具、抹布、手套等	其他工量具的选配，可根据具体情况来定
5	材料：WA64401a 型高效自动变速器清洗剂、WA64506a 型高效自动变速器保护剂、自动变速器油（ATF）等	各运行材料品种及规格的选配，可根据具体情况来定

任务实施

1. 自动变速器清洗维护（换油时一并进行）

任务描述	利用高效自动变速器清洗剂等维护产品，按产品施工工艺安全有效地清除自动变速器内的油泥、清漆等杂质，达到减摩抗磨、彻底换油（换油率达到 98% 以上）的目的，从而改善 ATF 的性能，延长变速器的使用寿命
施工工艺流程及相关图表	1）起动发动机，暖机后变换档位热身（即将变速杆分别挂入 D 位和 R 位，短距离前进、倒车几次），使自动变速器油达到正常工作温度，并在变速器的各个油道和阀体内循环流动起来 2）关闭发动机（为了安全起见），通过自动变速器油面刻度尺孔将高效自动变速器清洗剂直接注入自动变速器中 3）再次起动发动机并使其处于怠速运转状态，将车辆举升到合适高度，保持车辆处于驻车制动状态（如不举升，还应踩住制动踏板），变换所有档位运行，使高效自动变速器清洗剂与旧自动变速器油一同流动起来，持续操作 8~10min  提示：有条件时，最好在道路上按低、中、高车速行驶 15min 左右，这样有利于 D 位的各个档位都循环一遍，使自动变速器清洗更加彻底 4）将混有清洗剂的旧自动变速器油全部放掉  注意： ①各类型自动变速器放油孔的位置有所不同，应注意查找；不要被热的自动变速器油烫伤 ②放变速器油的时候，要把加油口打开，否则会产生真空吸力，油放不出来。在快放完油的时候，可以不停地用手转动驱动轮，这样利于把油排空。总的来说，重力换油没有设备循环换油彻底

模块3 汽车专业性维护

（续）

施工工艺流程及相关图表	5）在加注新油前，首先找到加油口（图为别克英朗轿车自动变速器油加油口），然后将高效自动变速器保护剂按变速器油5%~6%的比例添加到变速器中 提示：具体操作步骤及注意事项详见自动变速器的增效（防滑）、活化维护 6）按车辆规定数量加注新的自动变速器油，降下并起动车辆，变换档位，检查油面高度；再举升车辆检查密封情况，如果无自动变速器油泄漏，则完成清洗和换油作业  重要提示：配合专用设备循环完成清洗和换油可有效清除变速器齿轮及零部件表面附着的胶质等沉积物，减少废ATF的附着，提高废油的排除率，确保新油质量。具体操作步骤按设备使用说明进行
注意事项	1）严格按照使用要求进行操作，非专业人员请勿自行操作 2）勿靠近明火并在通风良好处使用 3）注意避热，应在50℃以下环境存放 4）禁止吞咽，远离儿童存放
任务记录	将清洗过程及结果记录在维护项目单内（见相关工作页）
任务好处	1）安全分散悬浮在自动变速器内的油泥、清漆及积炭 2）避免新ATF被污染 3）能够彻底清洗自动变速器内的所有部件，换油更加彻底 4）能够保护所有的金属部件和橡胶密封材料

2. 自动变速器的增效（防滑）、活化维护（在完成清洗维护的基础上）

任务描述	利用高效自动变速器保护剂等专用维护产品，按产品施工工艺安全、有效地清除自动变速器内的油泥、清漆等杂质，达到增效、活化的目的，从而防止变速器内部出现打滑现象
施工工艺流程及相关图表	1）完成自动变速器油的清洗和更换作业（接续自动变速器清洗维护）。 2）在完成自动变速器的清洗后、加注新油前，将高效自动变速器保护剂按变速器油5%~6%的比例加入变速器中，借助高效自动变速器保护剂的增效、活化作用完成自动变速器的保护 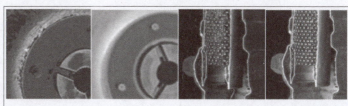 清洗前脏的液力变矩器　清洗后干净的液力变矩器　清洗前脏的冷却管　清洗后干净的冷却管

汽车维护

（续）

注意事项	1）严格按照使用要求进行操作，非专业人员请勿自行操作 2）勿靠近明火并在通风良好处使用 3）注意避热，应在 50℃ 以下环境存放 4）禁止吞咽，远离儿童存放 5）在完成自动变速器清洗保养的基础上，进行自动变速器的增效、活化维护，否则会影响增效、活化效果，甚至会堵塞管路，加速自动变速器阀体的磨损
任务记录	将增效、活化过程及结果记录在维护项目单内（见相关工作页）
任务好处	1）软化油封和 O 形圈，提高密封性能 2）有助于制止和预防密封件的渗漏 3）延长自动变速器和自动变速器油的使用寿命 4）提高自动变速器油的全面保护功能，防止变速器内部打滑

作 业

完成学习工作页中项目 8 的各项作业。

附录

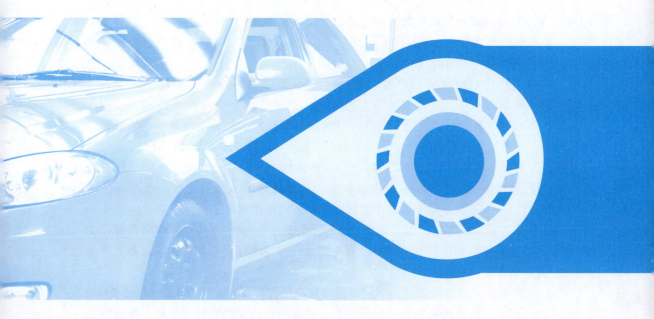

附录 A 道路运输车辆技术管理规定

第一章 总 则

第一条 为加强道路运输车辆技术管理，保持车辆技术状况良好，保障运输安全，发挥车辆效能，促进节能减排，根据《中华人民共和国安全生产法》《中华人民共和国节约能源法》和《中华人民共和国道路运输条例》等法律、行政法规，制定本规定。

第二条 道路运输车辆技术管理适用本规定。

本规定所称道路运输车辆包括道路旅客运输车辆（以下简称客车）、道路普通货物运输车辆（以下简称货车）、道路危险货物运输车辆（以下简称危货运输车）。

本规定所称道路运输车辆技术管理，是指对道路运输车辆在保证符合规定的技术条件和按要求进行维护、修理、综合性能检测方面所做的技术性管理。

第三条 道路运输车辆技术管理应当坚持分类管理、预防为主、安全高效、节能环保的原则。

第四条 道路运输经营者是道路运输车辆技术管理的责任主体，负责对道路运输车辆实行择优选配、正确使用、周期维护、视情修理、定期检测和适时更新，保证投入道路运输经

营的车辆符合技术要求。

第五条 鼓励道路运输经营者使用安全、节能、环保型车辆，促进标准化车型推广运用，加强科技应用，不断提高车辆的管理水平和技术水平。

第六条 交通运输部主管全国道路运输车辆技术管理监督。

县级以上地方人民政府交通运输主管部门负责本行政区域内道路运输车辆技术管理监督。

县级以上道路运输管理机构具体实施道路运输车辆技术管理监督工作。

第二章 车辆基本技术条件

第七条 从事道路运输经营的车辆应当符合下列技术要求：

（一）车辆的外廓尺寸、轴荷和最大允许总质量应当符合《道路车辆外廓尺寸、轴荷及质量限值》（GB 1589—2016）的要求。

（二）车辆的技术性能应当符合《道路运输车辆综合性能要求和检验方法》（GB 18565）的要求。

（三）车型的燃料消耗量限值应当符合《营运客车燃料消耗量限值及测量方法》（JT/T 711—2016）、《营运货车燃料消耗量限值及测量方法》（JT/T 719—2016）的要求。

（四）车辆技术等级应当达到二级以上。危货运输车、国际道路运输车辆、从事高速公路客运以及营运线路长度在800km以上的客车，技术等级应当达到一级。技术等级评定方法应当符合国家有关道路运输车辆技术等级划分和评定的要求。

（五）从事高速公路客运、包车客运、国际道路旅客运输，以及营运线路长度在800km以上客车的类型等级应当达到中级以上。其类型划分和等级评定应当符合国家有关营运客车类型划分及等级评定的要求。

（六）危货运输车应当符合《汽车运输危险货物规则》（JT/T 617—2018）的要求。

第八条 道路运输管理机构应当加强从事道路运输经营车辆的管理，对不符合本规定的车辆不得配发道路运输证。

在对挂车配发道路运输证和年度审验时，应当查验挂车是否具有有效行驶证件。

第九条 禁止使用报废、擅自改装、拼装、检测不合格以及其他不符合国家规定的车辆从事道路运输经营活动。

第三章 技术管理的一般要求

第十条 道路运输经营者应当遵守有关法律法规、标准和规范，认真履行车辆技术管理的主体责任，建立健全管理制度，加强车辆技术管理。

第十一条 鼓励道路运输经营者设置相应的部门负责车辆技术管理工作，并根据车辆数量和经营类别配备车辆技术管理人员，对车辆实施有效的技术管理。

第十二条 道路运输经营者应当加强车辆维护、使用、安全和节能等方面的业务培训，提升从业人员的业务素质和技能，确保车辆处于良好的技术状况。

第十三条 道路运输经营者应当根据有关道路运输企业车辆技术管理标准，结合车辆技术状况和运行条件，正确使用车辆。

鼓励道路运输经营者依据相关标准要求，制定车辆使用技术管理规范，科学设置车辆经济、技术定额指标并定期考核，提升车辆技术管理水平。

附录

第十四条 道路运输经营者应当建立车辆技术档案制度,实行一车一档。档案内容应当主要包括:车辆基本信息、车辆技术等级评定、客车类型等级评定或者年度类型等级评定复核、车辆维护和修理(含"机动车维修竣工出厂合格证")、车辆主要零部件更换、车辆变更、行驶里程、对车辆造成损伤的交通事故等记录。档案内容应当准确、翔实。

车辆所有权转移、转籍时,车辆技术档案应当随车移交。

道路运输经营者应当运用信息化技术做好道路运输车辆技术档案管理工作。

第四章 车辆维护与修理

第十五条 道路运输经营者应当建立车辆维护制度。

车辆维护分为日常维护、一级维护和二级维护。日常维护由驾驶员实施,一级维护和二级维护由道路运输经营者组织实施,并做好记录。

第十六条 道路运输经营者应当依据国家有关标准和车辆维修手册、使用说明书等,结合车辆类别、车辆运行状况、行驶里程、道路条件、使用年限等因素,自行确定车辆维护周期,确保车辆正常维护。

车辆维护作业项目应当按照国家关于汽车维护的技术规范要求确定。

道路运输经营者可以对自有车辆进行二级维护作业,保证投入运营的车辆符合技术管理要求,无须进行二级维护竣工质量检验。

道路运输经营者不具备二级维护作业能力的,可以委托二类以上机动车维修经营者进行二级维护作业。机动车维修经营者完成二级维护作业后,应当向委托方出具二级维护出厂合格证。

第十七条 道路运输经营者应当遵循视情修理的原则,根据实际情况对车辆进行及时修理。

第十八条 道路运输经营者用于运输剧毒化学品、爆炸品的专用车辆及罐式专用车辆(含罐式挂车),应当到具备道路危险货物运输车辆维修资质的企业进行维修。

前款规定专用车辆的牵引车和其他运输危险货物的车辆由道路运输经营者消除危险货物的危害后,可以到具备一般车辆维修资质的企业进行维修。

第五章 车辆检测管理

第十九条 道路运输经营者应当定期到机动车综合性能检测机构,对道路运输车辆进行综合性能检测。

第二十条 道路运输经营者应当自道路运输车辆首次取得"道路运输证"当月起,按照下列周期和频次,委托汽车综合性能检测机构进行综合性能检测和技术等级评定:

(一)客车、危货运输车自首次经国家机动车辆注册登记主管部门登记注册不满60个月的,每12个月进行1次检测和评定;超过60个月的,每6个月进行1次检测和评定。

(二)其他运输车辆自首次经国家机动车辆注册登记主管部门登记注册的,每12个月进行1次检测和评定。

第二十一条 客车、危货运输车的综合性能检测应当委托车籍所在地汽车综合性能检测机构进行。

货车的综合性能检测可以委托运输驻在地汽车综合性能检测机构进行。

第二十二条 道路运输经营者应当选择通过质量技术监督部门的计量认证、取得计量认证证书并符合《汽车综合性能检测站能力的通用要求》（GB/T 17993—2017）等国家相关标准的检测机构进行车辆的综合性能检测。

第二十三条 汽车综合性能检测机构对新进入道路运输市场车辆应当按照"道路运输车辆燃料消耗量达标车型表"进行比对。对达标的新车和在用车辆，应当按照《道路运输车辆综合性能要求和检验方法》（GB 18565—2016）、《道路运输车辆技术等级划分和评定要求》（JT/T 198—2016）实施检测和评定，出具全国统一式样的道路运输车辆综合性能检测报告，评定车辆技术等级，并在报告单上标注。车籍所在地县级以上道路运输管理机构应当将车辆技术等级在"道路运输证"上标明。

汽车综合性能检测机构应当确保检测和评定结果客观、公正、准确，对检测和评定结果承担法律责任。

第二十四条 道路运输管理机构和受其委托承担客车类型等级评定工作的汽车综合性能检测机构，应当按照《营运客车类型划分及等级评定》（JT/T 325—2018）进行营运客车类型等级评定或者年度类型等级评定复核，出具统一式样的客车类型等级评定报告。

第二十五条 汽车综合性能检测机构应当建立车辆检测档案，档案内容主要包括：车辆综合性能检测报告（含车辆基本信息、车辆技术等级）、客车类型等级评定记录。

车辆检测档案保存期不少于两年。

第六章 监督检查

第二十六条 道路运输管理机构应当按照职责权限对道路运输车辆的技术管理进行监督检查。

道路运输经营者应当对道路运输管理机构的监督检查予以配合，如实反映情况，提供有关资料。

第二十七条 道路运输管理机构应当将车辆技术状况纳入道路运输车辆年度审验内容，查验以下相应证明材料：

（一）车辆技术等级评定结论。

（二）客车类型等级评定证明。

第二十八条 道路运输管理机构应当建立车辆管理档案制度。档案内容主要包括：车辆基本情况，车辆技术等级评定、客车类型等级评定或年度类型等级评定复核、车辆变更等记录。

第二十九条 道路运输管理机构应当将运输车辆的技术管理情况纳入道路运输企业质量信誉考核和诚信管理体系。

第三十条 道路运输管理机构应当积极推广使用现代信息技术，逐步实现道路运输车辆技术管理信息资源共享。

第七章 法律责任

第三十一条 违反本规定，道路运输经营者有下列行为之一的，县级以上道路运输管理机构应当责令改正，给予警告；情节严重的，处以1000元以上5000元以下罚款：

（一）道路运输车辆技术状况未达到《道路运输车辆综合性能要求和检验方法》（GB

18565）的。

（二）使用报废、擅自改装、拼装、检测不合格以及其他不符合国家规定的车辆从事道路运输经营活动的。

（三）未按照规定的周期和频次进行车辆综合性能检测和技术等级评定的。

（四）未建立道路运输车辆技术档案或者档案不符合规定的。

（五）未做好车辆维护记录的。

第三十二条　违反本规定，道路运输车辆综合性能检测机构有下列行为之一的，县级以上道路运输管理机构不予采信其检测报告，并抄报同级质量技术监督主管部门处理。

（一）不按技术规范对道路运输车辆进行检测的。

（二）未经检测出具道路运输车辆检测结果的。

（三）不如实出具检测结果的。

第三十三条　道路运输管理机构工作人员在监督管理工作中滥用职权、玩忽职守、徇私舞弊的，依法给予行政处分；构成犯罪的，由司法机关依法处理。

第八章　附　则

第三十四条　本规定自 2016 年 3 月 1 日起施行。原交通部发布的《汽车运输业车辆技术管理规定》（交通部令 1990 年第 13 号）、《道路运输车辆维护管理规定》（交通部令 2001 年第 4 号）同时废止。

附录 B　汽车维护、检测、诊断技术规范

1 范围

本标准规定了汽车维护的分级和周期、维护作业要求以及质量保证。

本标准适用于以汽油或柴油为燃料的在用汽车，挂车可参照执行。

2 规范性引用文件

下列文件对于本文件的应用是必不可少的。凡是注日期的引用文件，仅注日期的版本适用于本文件。凡是不注日期的引用文件，其最新版本（包括所有的修改单）适用于本文件。

GB 3847—2018　车用压燃式发动机和压燃式发动机汽车排气烟度排放限值及测量方法

GB/T 5624—2005　汽车维修术语

GB 7258—2017　机动车运行安全技术条件

GB 18285—2018　点燃式发动机汽车排气污染物排放限值及测量方法（双怠速及简易工况法）

GB 18565—2016　道路运输车辆综合性能要求和检验方法

3 术语和定义

GB 7258—2017 和 GB/T 5624 界定的术语和定义适用于本文件。为了便于使用，以下重复列出了 GB 7258—2017 和 GB/T 5624—2005 中的某些术语和定义。

3.1　汽车　motor vehicle

由动力驱动，具有四个或四个以上车轮的非轨道承载的车辆，主要用于：

——载运人员或货物（物品）；

——牵引载运货物（物品）的车辆或特殊用途的车辆；

汽车维护

——专项作业。

3.2 挂车 traller

设计和制造上需由汽车或拖拉机牵引，才能在道路上正常使用的无动力道路车辆，包括牵引杆挂车、中置轴挂车和半挂车，用于：

——载运货物；

——专项作业。

3.3 日常维护 routine maintenance

以清洁、补给和安全性能检视为中心内容的维护作业。

3.4 一级维护 elementary maintenance

除日常维护作业外，以润滑、紧固为作业中心内容，并检查有关制动、操纵等系统中的安全部件的维护作业。

3.5 二级维护 complete maintenance

除一级维护作业外，以检查、调整制动系统、转向操纵系统、悬架等安全部件，并拆检轮胎，进行轮胎换位，检查调整发动机工作状况和汽车排放相关系统等为主的维护作业。

4 汽车维护分级和周期

4.1 维护分级

汽车维护分为日常维护、一级维护和二级维护。

4.2 维护周期

4.2.1 日常维护周期

日常维护周期为出车前，行车中，收车后。

4.2.2 一级维护周期和二级维护周期

4.2.2.1 汽车一级维护、二级维护周期的确定应以行驶里程间隔为基本依据，行驶里程间隔执行车辆维修资料等有关技术文件的规定。

4.2.2.2 对于不便用行驶里程间隔统计、考核的汽车，可用行驶时间间隔确定一级维护、二级维护周期。

4.2.2.3 道路运输车辆一级维护、二级维护推荐周期参见本表 B.1。

表 B.1 道路运输车辆一级维护、二级维护推荐周期

适用车型		维护周期	
		一级维护行驶里程间隔上限值或行驶时间间隔上限值	二级维护行驶里程间隔上限值或行驶时间间隔上限值
客车	小型客车（含乘用车）（车长≤6 m）	10000km 或 30 日	40000km 或 120 日
	中型及以上客车（车长>6m）	15000km 或 30 日	50000km 或 120 日
货车	轻型货车（最大设计总质量≤3500kg）	10000km 或 30 日	40000km 或 120 日
	轻型以上货车（最大设计总质量>3500kg）	15000km 或 30 日	50000km 或 120 日
挂车		15000km 或 30 日	50000km 或 120 日

注：对于山区、沙漠、炎热、寒冷等特殊运行环境为主的道路运输车辆，可适当缩短维护周期

5 汽车维护作业要求

5.1 日常维护

日常维护作业项目及技术要求见表 B.2。

表 B.2 日常维护作业项目及技术要求

序号	作业项目	作业内容	技术要求	维护周期
1	车辆外观及附属设施	检查、清洁车身	车身外观及客车车厢内部整洁,车窗玻璃齐全、完好	出车前或收车后
		检查后视镜,调整后视镜角度	后视镜完好、无损毁,视野良好	出车前
		检查灭火器、客车安全锤	灭火器配备数量及放置位置符合规定,并在有效期内。客车安全锤配备数量及放置位置符合规定	出车前或收车后
		检查安全带	安全带固定可靠、功能有效	出车前或收车后
		检查风窗玻璃刮水器	刮水器各档位工作正常	出车前
2	发动机	检查发动机润滑油、冷却液液面高度,视情补给	油(液)面高度符合规定	出车前
3	制动系统	制动系统自检	自检正常,无制动警告灯闪亮	出车前
		检查制动液液面高度,视情补给	液面高度符合规定	出车前
		检查行车制动、驻车制动	行车制动、驻车制动功能正常	出车前
4	车轮及轮胎	检查轮胎外观、气压	轮胎表面无破裂、凸起、异物刺入及异常磨损,轮胎气压符合规定	出车前、行车中
		检查车轮螺栓、螺母	齐全完好,无松动	
5	照明、信号指示装置及仪表	检查前照灯	前照灯完好、有效,表面清洁,远近光变换正常	出车前
		检查信号指示装置	转向灯、制动灯、示廓灯、危险警告灯、雾灯、喇叭、标志灯及反射器等信号指示装置完好有效,表面清洁	出车前
		检查仪表	工作正常	出车前、行车中

注:"符合规定"指符合车辆维修资料等有关技术文件的规定,以下同。

5.2 一级维护

一级维护基本作业项目及技术要求见表 B.2 及表 B.3。

表 B.3 一级维护作业项目及技术要求

序号	作业项目	作业内容	技术要求
1	发动机	空气滤清器、机油滤清器和燃油滤清器	清洁或更换	按规定的里程或时间清洁或更换滤清器。滤清器应清洁,衬垫无残缺,滤芯无破损。滤清器安装牢固,密封良好
2		发动机润滑油及冷却液	检查油(液)面高度,视情更换	按规定的里程或时间更换润滑油、冷却液,油(液)面高度符合规定
3	转向系统	部件连接	检查、校紧万向节、横直拉杆、球头销和转向节等部位联接螺栓、螺母	各部件连接可靠
4		转向器润滑油及转向助力油	检查油面高度,视情更换	按规定的里程或时间更换转向器润滑油及转向助力油,油面高度符合规定

(续)

序号	作业项目		作业内容	技术要求
5	制动系统	制动管路、制动阀及接头	检查制动管路、制动阀及接头，校紧接头	制动管路、制动阀固定可靠，接头紧固，无漏气（油）现象
6		缓速器	检查、校紧缓冲器联接螺栓、螺母，检查定子与转子间隙，清洁缓速器	缓速器连接紧固，定子与转子间隙符合规定，缓速器外表、定子与转子间清洁，各插接件与接头连接可靠
7		储气筒	检查储气筒	无积水及油污
8		制动液	检查液面高度，视情更换	按规定的里程或时间更换制动液，液面高度符合规定
9	传动系统	各连接部位	检查、校紧变速器、传动轴、驱动桥壳、传动轴支撑等部位联接螺栓、螺母	各部位连接可靠，密封良好
10		变速器、主减速器和差速器	清洁通气孔	通气孔畅通
11	车轮	车轮及半轴的螺栓、螺母	校紧车轮及半轴的螺栓、螺母	拧紧力矩符合规定
12		轮辋及压条挡圈	检查轮辋及压条挡圈	轮辋及压条挡圈无裂损及变形
13	其他	蓄电池	检查蓄电池	液面高度符合规定，通气孔畅通，电桩、夹头清洁、牢固，免维护蓄电池电量状况指示正常
14		防护装置	检查侧防护装置及后防护装置，校紧螺栓、螺母	完好有效，安装牢固
15		全车润滑	检查、润滑各润滑点	润滑嘴齐全有效，润滑良好。各润滑点防尘罩齐全完好。集中润滑装置工作正常，密封良好
16		整车密封	检查泄漏情况	全车不漏油、不漏液、不漏气

5.3 二级维护

5.3.1 二级维护基本要求

5.3.1.1 二级维护作业流程参见图B.1。

5.3.1.2 二级维护作业项目包括基本作业项目和附加作业项目，二级维护作业时一并进行。

5.3.1.3 二级维护前应进行进厂检测，依据进厂检测结果进行故障诊断并确定附加作业项目。二级维护作业过程中发现的维修项目也作为附加作业项目。

5.3.1.4 二级维护过程中应进行过程检验。

5.3.1.5 二级维护作业完成后应进行竣工检验，竣工检验合格的车辆，由维修企业签发维护竣工出厂合格证。

5.3.1.6 二级维护检测使用的仪器设备应符合相关国家标准和行业标准的规定，计量器具及设备应计量检定或校准合格并在有效期内。

5.3.2 二级维护进厂检测

5.3.2.1 进厂检测包括规定的检测项目以

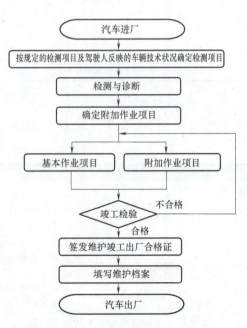

图 B.1 二级维护作业流程图

及根据驾驶人反映的车辆技术状况确定的检测项目,二级维护规定的进厂检测项目见表 B.4。

表 B.4 二级维护规定的进厂检测项目

序号	检测项目	检测内容	技术要求
1	故障诊断	车载诊断系统(OBD)的故障信息	装有车载诊断系统(OBD)的车辆,不应有故障信息
2	行车制动性能	检查行车制动性能	采用台架检验或路试检验,应符合 GB 7258—2017 相关规定
3	排放	排气污染物	汽油车采用双怠速法,应符合 GB 18285—2018 相关规定。柴油车采用自由加速法,应符合 GB 3847—2018 相关规定

5.3.2.2 检查项目的技术要求应符合国家有关的技术标准和车辆维修资料等相关规定。

5.3.2.3 进厂检测时应记录检测数据或结果,并据此进行车辆故障诊断。

5.3.3 二级维护基本作业项目

5.3.3.1 二级维护基本作业项目及技术要求见表 B.2、表 B.3 及表 B.5。

表 B.5 二级维护基本作业项目及技术要求

序号	作业项目		作业内容	技术要求
1		发动机工作状况	检查发动机起动性能和柴油发动机停机装置	起动性能良好,停机装置功能有效
			检查发动机运转状况	低、中、高速运转稳定,无异响
2		发动机排放机外净化装置	检查发动机排放机外净化装置	外观无损坏、安装牢固
3		燃油蒸发控制装置	检查外观,检查装置是否畅通,视情更换	炭罐及管路外观无损坏、密封良好、连接可靠,装置畅通无堵塞
4		曲轴箱通风装置	检查外观,检查装置是否畅通,视情更换	管路及阀体外观无损坏、密封良好、连接可靠,装置畅通无堵塞
5		增压器、中冷器	检查、清洁中冷器和增压器	中冷器散热片清洁,管路无老化,连接可靠,密封良好。增压器运转正常,无异响,无渗漏
6	发动机	发电机、起动机	检查、清洁发电机和起动机	发电机和起动机外表清洁,导线插头无松动,运转无异响,工作正常
7		发动机传动带(链)	检查空压机、水泵、发电机、空调机组和正时带(链)磨损及老化程度,视情调整传动带(链)松紧度	按规定里程或时间更换传动带(链)。传动带(链)无裂痕和过量磨损,表面无油污,松紧度符合规定
8		冷却装置	检查散热器、膨胀水箱及管路密封	散热器、膨胀水箱及管路固定可靠,无变形、堵塞、破损及渗漏。箱盖接合表面良好,胶垫不老化
			检查水泵和节温器工作状况	水泵不漏水、无异响,节温器工作正常
9		火花塞	检查火花塞间隙、积炭和烧蚀情况,按规定里程或时间更换火花塞	无积炭,无严重烧蚀现象,电极间隙符合规定
		高压线	检查高压线外观及连接情况,按规定里程或时间更换高压线	高压线外观无破损、连接可靠
10		进气歧管、排气歧管、消声器、排气管	检查进气歧管、排气歧管、消声器、排气管	外观无破损、无裂痕,消声器功能良好
11		发动机总成	清洁发动机外部,检查隔热层	无油污、无灰尘,隔热层密封好
			检查、校紧联接螺栓、螺母	油底壳、发动机支撑、水泵、空压机、涡轮增压器、进气歧管、排气歧管、消声器、排气管、输油泵和喷油泵等部位连接可靠

(续)

序号	作业项目		作业内容	技术要求
12	制动系统	储气筒、干燥器	检查、紧固储气筒,检查干燥器功能,按规定里程或时间更换干燥剂	储气筒安装牢固,密封良好。干燥器功能正常,排水阀畅通
13		制动踏板	检查、调整制动踏板自由行程	制动踏板自由行程符合规定
14		驻车制动	检查驻车制动性能,调整操纵机构	功能正常,操纵机构齐全完好、灵活有效
15		防抱死制动装置	检查连接线路,清洁轮速传感器	各连接线及插接件无松动,轮速传感器清洁
16	制动系统	鼓式制动器	检查制动间隙调整装置	功能正常
			拆卸制动鼓、轮毂、制动蹄,清洁轴承孔、轴承、支承销和制动底板等零件	清洁,无油污,轮毂通气孔畅通
			检查制动底板、制动凸轮轴	制动底板安装牢固、无变形、无裂损。凸轮轴转动灵活,无卡滞和松旷现象
			检查轮毂内外轴承	滚柱保持架无断裂、滚柱无缺损、脱落,轴承内外圈无裂损和烧蚀
			检查制动摩擦片、制动蹄及支承销	摩擦片表面无油污、裂损,厚度符合规定。制动蹄无裂纹及明显变形,铆接可靠,铆钉沉入深度符合规定。支承销无过量磨损,与制动蹄轴承孔衬套配合无明显松旷
			检查制动蹄复位弹簧	复位弹簧不得有扭曲、钩环损坏、弹性损失和自由长度改变等现象
			检查轮毂、制动鼓	轮毂无裂损,制动鼓无裂痕、沟槽、油污及明显变形
			装复制动鼓、轮毂、制动蹄,调整轴承松紧度、调整制动间隙	润滑轴承,轴承孔涂抹润滑脂后再装轴承。装复制动蹄时,轴承孔均应涂抹润滑脂,开口销或卡簧固定可靠。制动摩擦片与制动鼓摩擦面应清洁,无油污。制动摩擦片与制动鼓配合间隙符合规定。轮毂转动灵活且无轴向间隙。锁紧螺母、半轴螺母及车轮螺母齐全,拧紧力矩符合规定
17		盘式制动器	检查制动摩擦片和制动盘磨损量	制动摩擦片和制动盘磨损量应在标记规定或制造商要求的范围内,其摩擦工作面不得有油污、裂纹、失圆和沟槽等损伤
			检查制动摩擦片与制动盘间的间隙	制动摩擦片与制动盘之间的转动间隙符合规定
			检查密封件	密封件无裂纹或损坏
			检查制动钳	制动钳安装牢固、无油液泄漏。制动钳导向销无裂纹或损坏
18	转向系统	转向器和转向传动机构	检查转向器和转向传动机构	转向轻便、灵活,转向无卡滞现象,锁止、限位功能正常
			检查部件技术状况	转向节臂、转向器摇臂及横直拉杆无变形、裂纹和拼焊现象。球头销无裂纹、不松旷,转向器无裂损、无漏油现象
19		转向盘最大自由转动量	检查、调整转向盘最大自由转动量	最高设计车速不小于 100 km/h 的车辆,其转向盘的最大自由转动量不大于15°,其他车辆不大于25°

附录

(续)

序号	作业项目		作业内容	技术要求
20	行驶系统	车轮及轮胎	检查轮胎规格型号	轮胎规格型号符合规定,同轴轮胎的规格和花纹应相同,公路客车(客运班车)、旅游客车、校车和危险货物运输车的所有车轮及其他车辆的转向轮不得装用翻新的轮胎
			检查轮胎外观	轮胎的胎冠、胎壁不得有长度超过25mm或深度足以暴露出帘布层的破裂和割伤以及凸起、异物刺入等影响使用的缺陷。具有磨损标志的轮胎,胎冠的磨损不得触及磨损标志;无磨损标志或标志不清的轮胎,乘用车和挂车胎冠花纹深度应不小于1.6mm;其他车辆的转向轮的胎冠花纹深度应不小于3.2mm,其余轮胎胎冠花纹深度应不小于1.6mm
			轮胎换位	根据轮胎磨损情况或相关规定,视情进行轮胎换位
			检查、调整车轮前束	车轮前束值符合规定
21		悬架	检查悬架弹性元件,检紧联接螺栓、螺母	空气弹簧无泄漏、外观无损伤。钢板弹簧无断片、缺片、移位和变形,各部件连接可靠,U形螺栓螺母拧紧力矩符合规定
			减振器	减振器稳固有效,无漏油现象,橡胶垫无松动、变形及分层
22		车桥	检查车桥、车桥与悬架之间的拉杆和导杆	车桥无变形、表面无裂痕、油脂无泄漏,车桥与悬架之间的拉杆和导杆无松旷、移位和变形
23	传动系统	离合器	检查离合器工作状况	离合器接合平稳,分离彻底,操作轻便,无异响、打滑、抖动及沉重等现象
			检查、调整离合器踏板自由行程	离合器踏板自由行程符合规定
24		变速器、主减速器、差速器	检查、调整变速器	变速器操纵轻便、档位准确,无异响、打滑及乱档等异常现象,主减速器、差速器工作无异响
			检查变速器、主减速器、差速器润滑油液面高度,视情更换	按规定的里程或时间更换润滑油,液面高度符合规定
25		传动轴	检查防尘罩	防尘罩无裂痕、损坏,卡箍连接可靠,支架无松动
			检查传动轴及万向节	传动轴无弯曲,运转无异响。传动轴及万向节无裂损、不松旷
			检查传动轴承及支架	轴承无松旷,支架无缺损和变形

（续）

序号	作业项目		作业内容	技术要求
26	灯光导线	前照灯	检查远光灯发光强度,检查、调整前照灯光束照射位置	符合 GB 7258—2017 规定
27		线束及导线	检查发动机舱及其他可视的线束及导线	插接件无松动、接触良好。导线布置整齐、固定牢靠,绝缘层无老化、破损,导线无外露。导线与蓄电池桩头连接牢固,并有绝缘套
28	车架车身	车架和车身	检查车架和车身	车架和车身无变形、断裂及开焊现象,连接可靠,车身周正。发动机罩锁扣锁紧有效。车厢铰链完好,锁扣锁紧可靠,固定集装箱箱体、货物的锁止机构工作正常
			检查车门、车窗启闭和锁止	车门和车窗应启闭正常,锁止可靠。客车动力启闭车门的车内应急开关及安全顶窗机件齐全、完好有效
29		支撑装置	检查、润滑支撑装置,校紧联接螺栓、螺母	完好有效,润滑良好,安装牢固
30		牵引车与挂车连接	检查牵引销及其连接装置	牵引销安装牢固,无损伤、裂纹等缺陷,牵引销颈部磨损量符合规定
			检查、润滑牵引座及牵引销锁止、释放机构,校紧联接螺栓、螺母	牵引座表面油脂均匀,安装牢固,牵引销锁止、释放机构工作可靠
			检查转盘与转盘架	转盘与转盘架贴合面无松旷、偏歪。转盘与牵引连接部件连接牢靠,转盘联接螺栓应紧固,定位销无松旷、无磨损,转盘润滑良好
			检查牵引钩	牵引钩无裂纹及损伤,锁止、释放机构工作可靠

5.3.3.2 车辆维修资料中与本标准规定的二级维护基本作业项目相同的部分,依据本标准中相应的条款执行;车辆维修资料中与本标准规定的二级维护基本作业项目不同的部分,依据车辆维修资料的有关条款执行。车辆维修资料中有特殊要求的系统、总成和装置（如免维护蓄电池、免维护轮毂等）,其维护作业项目执行车辆维修资料规定。

5.3.4 二级维护过程检验

二级维护过程中应始终贯穿过程检验,并记录二级维护作业过程或检验结果,维护项目的技术要求应符合技术标准和车辆维修资料等相关技术文件规定。

5.3.5 二级维护竣工检验

二级维护竣工检验项目及技术要求见表 B.6,二级维护竣工检验应填写二级维护竣工检验记录单（参见表 B.7）。

表 B.6　二级维护竣工检验项目及技术要求

序号	检验部位	检验项目	技术要求	检验方法
1	整车	清洁	全车外部、车厢内部及各总成外部清洁	检视
2		紧固	各总成外部螺栓、螺母紧固,锁销齐全有效	检查
3		润滑	全车各个润滑部位的润滑装置齐全,润滑良好	检视
4		密封	全车密封良好,无漏油、漏液和漏气现象	检视
5		故障诊断	装有车载诊断系统(OBD)的车辆,无故障信息	检测
6		附属设施	后视镜、灭火器、客车安全锤、安全带、刮水器等齐全完好,功能正常	检视
7	发动机及其附件	发动机工作状况	在正常工作温度状态下,发动机起动3次,成功起动次数不少于两次,柴油机3次停机均应有效,发动机低、中、高速运转稳定、无异响	路试或检视
8		发动机装备	齐全有效	检视
9	制动系统	行车制动性能	符合 GB 7258—2017 规定,道路运输车辆符合 GB 18565—2016 规定	路试或检测
10		驻车制动性能	符合 GB 7258—2017 规定	路试或检测
11	转向系统	转向机构	转向机构各部件连接可靠,锁止、限位功能正常,转向时无运动干涉,转向轻便、灵活,转向无卡滞现象	检视
12			转向节臂、转向器摇臂及横直拉杆无变形、裂纹和拼焊现象,球头销无裂纹、不松旷,转向器无裂损、无漏油现象	
		转向盘最大自由转动量	最高设计车速不小于100km/h的车辆,其转向盘的最大自由转动量不大于15°,其他车辆不大于25°	检测
13	行驶系统	轮胎	同轴轮胎应为相同的规格和花纹,公路客车(客运班车)、旅游客车、校车和危险品运输车的所有车轮及其他机动车的转向轮不得装用翻新的轮胎,轮胎花纹深度及气压符合规定,轮胎的胎冠、胎壁不得有度超过25mm或深度足以暴露出帘布的破裂和割伤以及凸起、异物刺入等影响使用的缺陷	检测
14		转向轮横向侧滑量	符合 GB 7258—2017 规定,道路运输车辆符合 GB 18565—2016 规定	检测
15		悬架	空气弹簧无泄漏、外观无损伤。钢板弹簧无断片、缺片、移位和变形,各部件连接可靠,U形螺栓螺母拧紧力矩符合规定	检查
16		减振器	减振器稳固有效,无漏油现象,橡胶垫无松动、变形及分层	检查
17		车桥	无变形、表面无裂痕,密封良好	检视
18	传动系统	离合器	离合器接合平稳,分离彻底,操作轻便,无异响、打滑、抖动和沉重等现象	路试
19		变速器、传动轴、主减速器	变速器操纵轻便,档位准确,无异响、打滑及乱档等异常现象,传动轴、主减速器工作无异响	路试
20	牵引连接装置	牵引连接装置和锁止机构	汽车与挂车牵引连接装置连接可靠,锁止、释放机构工作可靠	检查
21	照明、信号指示装置和仪表	前照灯	完好有效,工作正常,性能符合 GB 7258—2017 规定	检视、检测
22		信号指示装置	转向灯、制动灯、示廓灯、危险警告灯、雾灯、喇叭、标志灯及反射器等信号指示装置完好有效	检视
23		仪表	各类仪表工作正常	检视
24	排放	排气污染物	汽油车采用双急速法,应符合 GB 18285—2018 规定。柴油车采用自由加速法,应符合 GB 3847—2018 规定	检测

汽车维护

表 B.7　二级维护竣工检验记录单　合同编号

托修方				车牌号			车型		
	项目		评价	项目		评价	项目		评价
外观状况	清洁			发动机装备			离合器		
	紧固			转向机构			变速器、传动轴、主减速器		
	润滑			轮胎			牵引连接装置和锁止机构		
	密封			悬架			前照灯		
	附属设施			减振器			信号指示装置		
	发动机工作状况			车桥			仪表		
故障诊断	车载诊断系统(OBD)故障信息			□无　□有　故障信息描述：_____					评价：
性能检测	转向盘最大自由转动量/(°)				评价：	转向轮横向侧滑量/(m/km)	第一转向轴：		评价：
							第二转向轴：		评价：
		车轴		一轴	二轴	三轴	四轴	五轴	六轴
	台架	轴制动率/%	结果						
			评价						
		制动不平衡率/%	结果						
			评价						
		整车参数	结果	整车制动率/%			驻车制动率/%		
			结果						
			评价						
	路试	初速度/(km/h)____	参数	制动距离/m		MFDD/(m/s^2)		制动稳定性	
			结果						
			评价						
	前照灯性能	参数	灯高/mm	远光光强/cd		远光偏移/(mm/10m)		近光偏移/(mm/10m)	
				结果/cd	评价	垂直	评价　水平　评价	垂直	评价　水平　评价
		左外							
		左内							
		右外							
		右内							
	排气污染物	汽油车	怠速	CO/%：		HC/×10^{-5}：			评价
			高怠速	CO/%：		HC/×10^{-5}：			评价
		柴油车	自由加速	光吸收系数/m^{-1}：① ② ③			平均/m^{-1}：		评价
				烟度值/BSU：① ② ③			平均/BSU：		评价

检验结论：

检验员签字：　　　　　年　月　日

注：1．检验数据在"结果"栏填写。合格在"评价"栏划"○"，不合格在"评价"栏划"×"，无此项目填"——"。
　　2．制动性能检验选择"台架"或"路试"。路试制动性能采用"制动距离"或"充分发出的平均减速度MFDD"评价

6　质量保证

6.1　汽车维护企业对竣工检验合格的汽车签发维护竣工出厂合格证。

6.2　汽车维护质量保证期，自维护竣工出厂之日起计算，一级维护质量保证期为车辆行驶不少于2000km或者10日，二级维护质量保证期为车辆行驶不少于5000km或者30日，以先到达者为准。

参 考 文 献

[1] 夏长明. 现代汽车维护与保养 [M]. 3版. 北京：机械工业出版社，2018.
[2] 康建青，孟革，刘恒辉. 汽车维护与保养 [M]. 北京：清华大学出版社，2018.
[3] 朱军，汪胜国，王瑞君. 汽车维护实训教材 [M]. 2版. 北京：人民交通出版社，2017.
[4] 吉武俊，胡勇. 汽车维护与保养 [M]. 2版. 北京：机械工业出版社，2016.
[5] 周志红，郭晓辉，庞敬礼. 汽车维护与保养 [M]. 长春：吉林大学出版社，2016.
[6] 范爱民，张晓雷. 汽车维护与保养 [M]. 2版. 北京：清华大学出版社，2015.
[7] 孙庆奎，焦建刚. 汽车检测与维修常用工具及设备 [M]. 北京：水利水电出版社，2015.
[8] 刘东亚. 汽车维护 [M]. 北京：机械工业出版社，2013.
[9] 姜龙青，崔庆瑞，孙华成. 汽车维护与保养一体化教程 [M]. 2版. 北京：机械工业出版社，2012.
[10] 林志柏. 汽车保养灯归零、遥控防盗、设定编程及初始化速查手册 [M]. 北京：机械工业出版社，2012.

目　　录

项目1　认识汽车维护 …………………………………………………………………… 1
项目2　汽车室内与室外维护 …………………………………………………………… 4
项目3　汽车车身底部维护 ……………………………………………………………… 10
项目4　汽车车轮及周围维护 …………………………………………………………… 14
项目5　汽车日常维护 …………………………………………………………………… 17
项目6　汽车季节维护 …………………………………………………………………… 19
项目7　汽车首次维护 …………………………………………………………………… 24
项目8　汽车定期维护 …………………………………………………………………… 35

学习工作页

项目1　认识汽车维护

1　关键知识

1.1　完成如下填空（将相应正确的答案填写在横线上）

1）在汽车的技术状况完好或基本完好的情况下，为了延长汽车的使用寿命，并使之经常处于良好技术状态，而对汽车所采取的一系列技术措施，称为_____。

2）汽车维护的目的就是保持_____、确保_____、充分发挥汽车的使用效能和降低运行消耗，以取得良好的经济、环境和社会效益。

3）根据《道路运输车辆技术管理规定》（中华人民共和国交通运输部令2016年第1号），汽车维护应贯彻"_____"的原则。

4）根据《汽车维护、检测、诊断技术规范》（GB/T 18344—2016）规定，汽车维护分为_____、_____和_____ 3类。

5）汽车维护作业主要包括：_____、_____、_____、_____、_____和_____ 6大内容。

1.2　完成如下判断（判断认为正确的打√号，错误的打×号）

1）根据新的《道路运输车辆技术管理规定》，道路运输经营者和私家车主应当依据国家有关标准和车辆维修手册、使用说明书等，结合车辆类别、车辆运行状况、行驶里程、道路条件、使用年限等因素，自行确定车辆维护周期。（　　）

2）当前数量庞大的进口、合资及自主品牌私家车各车型的维护规定与我国道路运输车辆的强制维护规定的内容有所不同，为保证这些汽车的合理使用和行车安全，在汽车实际维护工作中应以厂家规定内容为准。（　　）

3）新规规定，道路运输经营者可以对自有车辆进行二级维护作业，保证投入运营的车辆符合技术管理要求，且需要进行二级维护竣工质量检测。（　　）

4）汽车的使用过程中，由于汽车的新旧程度、使用地区条件的不同，在各个时期对汽车维护的作业项目也不同。（　　）

5）为塑造良好的工作环境和企业形象，提高生产力、工作效率、生产安全性、服务水平和维修质量以及人员素质，减少不必要的浪费，目前所有汽车4S店都推行7S工作制。（　　）

2　核心技能

填补7S工作制中部分作业技术的空白部分。

1）整顿作业（节选）。

7S工作制中整顿作业的原则及具体要求

序号	整顿原则	具体要求
1	规定放置的方法	研究符合功能要求的放置方法：

汽车维护

（续）

序号	整顿原则	具体要求
1	规定放置的方法	品种名称和放置场所的标示： 拿放方便的改进：
2	遵守保管的规则	取出、收存的训练和改进的效果：

2）清扫作业（节选）。

7S 工作制中清扫作业的要点及具体措施

序号	清扫要点与注意事项	具体措施
1	划分区域并规定责任范围	
2	按区域、设备进行清扫	
3	注意清扫和检查的方法	
4	注意清扫和检查的教育	
5	注意清扫、检查的实施以及出现的问题	

3）安全作业。

7S 工作制中安全作业的要点及具体措施

安全要点	具体措施
维护工作环境的安全，培养全员防灾、防公害的相关技能	

3 职业素养

1）根据"7S"发展趋势，制订汽车维修企业 7S（整理 Seiri、整顿 Seiton、清扫 Seiso、清洁 Seiketsu、素养 Shitsuke、安全 Safety、节约 Saving）工作制度训练计划，建立学生重视安全生产、自我保护和节能减排的职业素养。

"7S"发展趋势及"7S"训练计划

源于日本	发展于美国	希望完善于中国	训练计划
整理 (Seiri)	清理 (Sort)	整理 (Seiri)	
整顿 (Seiton)	整理 (Straighten)	整顿 (Seiton)	
清扫 (Seiso)	清洁 (Sweep)	清扫 (Seiso)	
清洁 (Seiketsu)	保持 (Standardize)	清洁 (Seiketsu)	
素养 (Shitsuke)	不断改进 (Sustain)	素养 (Shitsuke)	
安全 (Safety)	安全 (Safety)	安全 (Safety)	
节约 (Saving)	节约 (Save)	节约 (Save)	

2）根据图示形象礼仪中对企业员工仪容仪表的相关要求，进行仪容仪表练习，以培养学生阳光向上，积极乐观的人生态度，提升企业文化内涵，提高企业的社会形象。

仪容仪表合格标准	练习情况	现场测评
 发型：发型大方、头发清洁、无头屑、不抹过多的发胶 眼镜：选择适合自己脸型的镜片，随时擦试干净 胡须：鬓角与下巴要剃干净 指甲：不留长指甲，指甲长度与手指长度匹配	发型是否符合形象礼仪标准？ 改进措施：_____	
	眼镜是否符合形象礼仪标准？ 改进措施：_____	
	胡须是否符合形象礼仪标准？ 改进措施：_____	
	指甲是否符合形象礼仪标准？ 改进措施：_____	

汽车维护

项目2　汽车室内与室外维护

1. 关键知识

完成如下填空

1）汽车室内维护主要包括：_____ 和 _____ 两大部分。

2）发动机舱维护的主要项目包括：发动机舱一般检查、_____、_____、_____、_____、_____、_____、_____ 和正时带张紧轮检查12个项目。

3）汽车驾乘舱维护的主要项目包括：功能检查、_____、_____、_____、_____、_____、_____ 7个项目。

4）汽车室外维护的主要项目包括：车辆外部灯光及警告灯以及其他灯光检查、前风窗及前照灯清洗装置检查、_____、_____ 4个项目。

2　核心技能

2.1　完成汽车室内维护作业任务实施中的各项任务记录

（1）发动机舱维护作业任务实施中的各项任务记录

子任务1　维护项目单

序号	维护项目	任务记录	解决措施	学生处理结果及教师评分情况
1	润滑系统密封性及完好性检查	是否存在泄漏或损坏等问题 是（　） 否（　）		
2	燃油系统密封性及完好性检查	是否存在泄漏或损坏等问题 是（　） 否（　）		
3	冷却系统密封性及完好性检查	是否存在泄漏或损坏等问题 是（　） 否（　）		
4	制动系统密封性及完好性检查	是否存在泄漏或损坏等问题 是（　） 否（　）		
5	空调制冷系统密封性及完好性检查	是否存在泄漏或损坏等问题 是（　） 否（　）		
6	转向助力系统密封性及完好性检查	是否存在泄漏或损坏等问题 是（　） 否（　）		
7	风窗清洗装置密封性及完好性检查	是否存在泄漏或损坏等问题 是（　） 否（　）		
8	发动机舱内管路、电路等部件检查	是否存在损坏或干涉等问题 是（　） 否（　）		

子任务2　维护项目单

序号	维护项目	任务记录	解决措施	学生处理结果及教师评分情况
1	蓄电池固定螺栓的检查	是否存在松动或损坏等问题 是（　） 否（　）		
2	蓄电池端子接线柱固定检查	是否存在松动或损坏等问题 是（　） 否（　）		
3	蓄电池静态电压的检测	电压值：____V,是否在规定范围内 是（　） 否（　）		

学习工作页

（续）

序号	维护项目	任务记录			解决措施	学生处理结果及教师评分情况
4	蓄电池电眼颜色检查	蓄电池电眼为何种颜色，是否正常				
		绿色（ ）	黑色（ ）	黄色（ ）		

子任务3 维护项目单

序号	维护项目	任务记录		解决措施	学生处理结果及教师评分情况
1	检查制动液液面	是否在合适高度			
		是（ ）	否（ ）		
2	从上部检查制动系统是否泄漏	是否存在泄漏问题			
		是（ ）	否（ ）		

子任务4 维护项目单

序号	维护项目	任务记录		解决措施	学生处理结果及教师评分情况
1	检查风窗清洗液液面高度	是否在合适高度			
		是（ ）	否（ ）		
2	检查风窗清洗器工作情况	工作是否正常			
		是（ ）	否（ ）		

子任务5 维护项目单

序号	维护项目	任务记录		解决措施	学生处理结果及教师评分情况
1	冷却液液面高度的检查	是否在合适高度			
		是（ ）	否（ ）		
2	冷却液防冻能力的检查	凝固点检测仪读数：＿＿＿；是否在规定范围内			
		是（ ）	否（ ）		

子任务6 维护项目单

序号	维护项目	任务记录		解决措施	学生处理结果及教师评分情况
1	更换机油（以大众车系旧款发动机为例）	机油油面高度是否合适			
		是（ ）	否（ ）		
2	更换机油滤清器（以滤清器在上部为例）	机油滤清器拧紧力矩：2N·m；机油滤清器接合处是否存在漏油问题			
		是（ ）	否（ ）		
3	更换机油滤清器（以滤清器在下部为例）	机油滤清器拧紧力矩：＿＿N·m；机油滤清器接合处是否存在漏油问题			
		是（ ）	否（ ）		

子任务7 维护项目单

序号	维护项目	任务记录		解决措施	学生处理结果及教师评分情况
1	检查滤芯清洁程度	滤芯是否堵塞			
		是（ ）	否（ ）		
2	检查滤芯破损程度	滤芯是否破损			
		是（ ）	否（ ）		

汽车维护

(续)

序号	维护项目	任务记录	解决措施	学生处理结果及教师评分情况
3	检查滤清器壳体安装位置	安装是否到位及是否牢固 是( )　　否( )		

子任务 8　维护项目单

序号	维护项目	任务记录	解决措施	学生处理结果及教师评分情况
1	检查火花塞燃烧状态	火花塞电极是否烧蚀 是( )　　否( )		
2	检查火花塞间隙	间隙值：____mm 是否在规定范围内 是( )　　否( )		

子任务 9　维护项目单

序号	维护项目	任务记录	解决措施	学生处理结果及教师评分情况
1	检查发动机燃烧室、气门和进气道等部位是否存在积炭、漆膜、油泥、灰尘等沉积物	是否存在沉积物 是( )　　否( )		
2	去除发动机进气道、燃烧室等部位积炭	是否已去除积炭 是( )　　否( )		

子任务 10　维护项目单

序号	维护项目	任务记录	解决措施	学生处理结果及教师评分情况
1	观察多楔传动带表面是否有层离	是否存在表层、加强筋等现象 是( )　　否( )		
2	检查多楔传动带表面是否有基层裂纹	是否存在裂纹、中心断裂、截面断裂等现象 是( )　　否( )		
3	检查多楔传动带齿面是否磨损	是否存在材料磨蚀、齿面散开、齿面硬化、玻璃状齿面、表面裂纹等现象		
4	检查多楔传动带是否有机油和油脂痕迹	是否存在油迹 是( )　　否( )		
5	检查多楔传动带多楔槽、多楔带轮槽内部是否有异物	是否存在异物 是( )　　否( )		

子任务 11　维护项目单

序号	维护项目	任务记录	解决措施	学生处理结果及教师评分情况
1	检查正时带及其张紧轮和惰轮的技术状况	是否完好 是( )　　否( )		

(续)

序号	维护项目	任务记录		解决措施	学生处理结果及教师评分情况
2	检查、调整正时带张紧力	拧紧力矩：_____N·m；是否在规定范围内			
		是（ ）	否（ ）		
3	紧固张紧轮固定螺栓	拧紧力矩：_____N·m；是否在规定范围内			
		是（ ）	否（ ）		

（2）驾乘舱维护作业任务实施中的各项任务记录

子任务 12　维护项目单

序号	维护项目	任务记录		解决措施	学生处理结果及教师评分情况
1	检查左前门所有开关工作情况	工作是否正常			
		是（ ）	否（ ）		
2	检查转向柱上所有开关及仪表板上部开关工作情况	工作是否正常			
		是（ ）	否（ ）		
3	检查中控台上所有开关、所有警告灯及仪表板上部开关工作情况	工作是否正常			
		是（ ）	否（ ）		
4	检查顶棚上所有开关工作情况	工作是否正常			
		是（ ）	否（ ）		
5	检查右前门所有开关工作情况	工作是否正常			
		是（ ）	否（ ）		
6	检查后排所有开关工作情况	工作是否正常			
		是（ ）	否（ ）		

子任务 13　维护项目单

序号	维护项目	任务记录	解决措施	学生处理结果及教师评分情况
1	查询自诊断系统故障存储器	按照维护数据表要求，读取并记录相关数据流（节气门开度、空气流量/进气压力等） 发动机参数 | 数据 | 单位 | 故障码 急速转速 | | r/min | 发动机（　）个消除 发动机冷却液温度 | | ℃ | 变速器（　）个消除 喷油脉宽 | | ms | ABS（　）个消除 空气流量 | | g/s | 空调（　）个消除 进气压力 | | MPa | 网关（　）个消除 节气门开度 | | % | 安全气囊（　）个消除 总失火率 | | 次 | 仪表板（　）个消除 前氧传感器电压 | | V | 防盗系统（　）个消除 后氧传感器电压 | | V | 舒适系统（　）个消除 032 组 1 区 | | % | （　）个消除 032 组 2 区 | | % | （　）个消除		
2	清除整个系统故障码	是否能够全部清除　　是（ ）　　否（ ）		

汽车维护

子任务 14 维护项目单

序号	维护项目	任务记录	解决措施	学生处理结果及教师评分情况
1	利用手动模式进行维护周期复位	是否能够复位 是（ ） 否（ ）		
2	使用诊断仪进行维护周期复位	是否能够复位 是（ ） 否（ ）		

子任务 15 维护项目单

序号	维护项目	任务记录	解决措施	学生处理结果及教师评分情况
1	检查安全带（高度调节、收紧、按键式锁扣）功能	功能是否正常 是（ ） 否（ ）		
2	检查安全带表面	是否存在老化、损坏的地方 是（ ） 否（ ）		
3	检查驾驶人及乘员侧安全气囊表面	是否存在划伤或裂纹 是（ ） 否（ ）		
4	检查侧气囊及气帘表面	是否损坏 是（ ） 否（ ）		
5	检查乘员侧气囊	是否关闭 是（ ） 否（ ）		
6	检查气囊警告灯状态	是否正常 是（ ） 否（ ）		

子任务 16 维护项目单

序号	维护项目	任务记录	解决措施	学生处理结果及教师评分情况
1	检查天窗前后开启功能	运动是否顺畅、是否有异响 是（ ） 否（ ）		
2	检查天窗翘起功能	运动是否顺畅、是否有异响 是（ ） 否（ ）		
3	检查开关强制关闭功能	是否正常 是（ ） 否（ ）		
4	检查用遥控器关闭天窗功能	是否正常 是（ ） 否（ ）		
5	检查天窗排水管	是否堵塞 是（ ） 否（ ）		
6	清洁天窗轨道	天窗轨道是否存在异物 是（ ） 否（ ）		

子任务 17 维护项目单

序号	维护项目	任务记录	解决措施	学生处理结果及教师评分情况
1	检查车门开启和关闭功能	运动是否卡滞、是否有异响 是（ ） 否（ ）		
2	润滑车门止动器	车门止动器是否存在锈蚀、螺母松动等问题 是（ ） 否（ ）		

子任务 18 维护项目单

序号	维护项目	任务记录	解决措施	学生处理结果及教师评分情况
1	检查粉尘滤清器状态	是否存在脏污或潮湿发霉等问题 是（ ） 否（ ）		

学习工作页

(续)

序号	维护项目	任务记录	解决措施	学生处理结果及教师评分情况
2	清洁粉尘滤清器	滤芯是否存在堵塞和破损等问题 是( )　否( )		

2.2　完成汽车室外维护作业任务实施中的各项任务记录

子任务 1　维护项目单

序号	维护项目	任务记录	解决措施	学生处理结果及教师评分情况
1	检查前部灯光	是否正常 是( )　否( )		
2	检查后部灯光	是否正常 是( )　否( )		
3	检查车内灯光	是否正常 是( )　否( )		

子任务 2　维护项目单

序号	维护项目	任务记录	解决措施	学生处理结果及教师评分情况
1	检查风窗刮水器的刮片状态	是否存在损坏或老化等问题 是( )　否( )		
2	检查风窗刮水器工作情况	是否正常 是( )　否( )		
3	检查后部风窗刮水器工作状况	是否正常 是( )　否( )		

子任务 3、4　维护项目单

序号	维护项目	任务记录	解决措施	学生处理结果及教师评分情况
1	检查前照灯照射角度	左侧前照灯(双灯制)照射角度：_____°； 右侧前照灯(双灯制)照射角度：_____°； 是否在规定范围内 是( )　否( )		
2	检查前照灯照射强度	左侧前照灯(双灯制)发光强度：_____cd， 右侧前照灯(双灯制)发光强度：_____cd； 是否在规定范围内 是( )　否( )		

3　职业素养

结合汽车室内与室外维护作业的分组实训，进行团队意识和相互协作精神的培养，培养学生与人融洽相处的能力。

9

项目3 汽车车身底部维护

1 关键知识

完成如下填空（将相应正确的答案填写在横线上）。

1）汽车车身底部维护主要包括：＿＿＿＿＿＿＿＿和＿＿＿＿＿＿＿＿2大部分。

2）汽车车身底部各总成维护的主要项目包括：DSG变速器齿轮油油位检查、＿＿＿＿＿＿＿＿＿＿＿＿＿＿和＿＿＿＿＿＿＿＿＿＿＿＿3个项目。

3）汽车车身底部各部件维护的主要项目包括：车身底部防护层和底饰板检查、制动系统相关部件检查、＿＿＿＿＿＿、＿＿＿＿＿＿、＿＿＿＿＿＿、＿＿＿＿＿＿、＿＿＿＿＿＿和＿＿＿＿＿＿＿＿＿＿8个项目。

2 核心技能

2.1 完成汽车车身底部各总成维护作业任务实施中的各项任务记录

子任务1 维护项目单

序号	维护项目	任务记录	解决措施	学生处理结果及教师评分情况
1	检查DSG变速器油位	油面高度是否合适 是（ ）　否（ ）		
2	检查DSG变速器油温	变速器油温：＿＿℃； 是否在规定范围内 是（ ）　否（ ）		

子任务2 维护项目单

序号	维护项目	任务记录	解决措施	学生处理结果及教师评分情况
1	排放变速器油	变速器油颜色：＿＿色； 变速器油是否排放彻底 是（ ）　否（ ）		
2	更换滤清器	滤清器拧紧力矩：＿＿N·m； 是否存在变速器油泄漏等问题 是（ ）　否（ ）		
3	加注变速器油	放油螺栓拧紧力矩：＿＿N·m； 是否存在变速器油油位过高等问题 是（ ）　否（ ）		

子任务3 维护项目单

序号	维护项目	任务记录	解决措施	学生处理结果及教师评分情况
1	检查手动变速器内的齿轮油油位	油面高度是否合适 是（ ）　否（ ）		
2	检查是否有变速器油从加油口下沿流出	加油螺塞拧紧力矩：＿＿N·m； 变速器油颜色：＿＿色； 是否存在变速器油变质等问题 是（ ）　否（ ）		

2.2 完成汽车车身底部各部件维护作业任务实施中的各项任务记录

子任务 1 　维护项目单

序号	维护项目	任务记录		解决措施	学生处理结果及教师评分情况
1	检查车身底部防护层	是否存在破损且露出车身金属底板等问题			
		是（　）	否（　）		
2	检查车身底部饰板	是否存在破损情况			
		是（　）	否（　）		

子任务 2 　维护项目单

序号	维护项目	任务记录		解决措施	学生处理结果及教师评分情况
1	检查制动软管安装位置	是否正常			
		是（　）	否（　）		
2	检查 ABS 传感器电路及制动摩擦片磨损警告电路	是否破损			
		是（　）	否（　）		
3	检查制动管路卡扣位置	是否正常			
		是（　）	否（　）		
4	检查制动管路	是否存在撞击变形等问题			
		是（　）	否（　）		

子任务 3 　维护项目单

序号	维护项目	任务记录		解决措施	学生处理结果及教师评分情况
1	检查制动液液面高度	液面高度是否合适			
		是（　）	否（　）		
2	检查制动液颜色	制动液颜色：＿＿＿色；是否存在制动液变质等问题			
		是（　）	否（　）		
3	更换制动液	制动液中是否渗入空气			
		是（　）	否（　）		
4	制动液含水量的检测	制动液含水量：＿＿＿%；制动液含水量是否大于3%			
		是（　）	否（　）		

子任务 4 　维护项目单

序号	维护项目	任务记录		解决措施	学生处理结果及教师评分情况
1	检查前、后制动摩擦片厚度（盘式，不含背板厚度）	摩擦片厚度 a： 左右前轮各＿＿＿、＿＿＿mm； 左右后轮各＿＿＿、＿＿＿mm； 是否在规定范围内			
		是（　）	否（　）		
2	检查前、后制动摩擦片厚度（鼓式，不含背板厚度）	摩擦片厚度 a： 左右前轮各＿＿＿、＿＿＿mm； 左右后轮各＿＿＿、＿＿＿mm； 是否在规定范围内			
		是（　）	否（　）		

汽车维护

子任务 5　维护项目单

序号	维护项目	任务记录	解决措施	学生处理结果及教师评分情况
1	检查变速器、主减速器壳体接合处、传动轴油封	是否存在泄漏问题 是(　)　　否(　)		
2	检查等速万向节防尘套	是否存在泄漏或损坏等问题 是(　)　　否(　)		

子任务 6　维护项目单

序号	维护项目	任务记录	解决措施	学生处理结果及教师评分情况
1	检查转向横拉杆球头	是否存在间隙 是(　)　　否(　)		
2	检查转向横拉杆球头紧固螺母	拧紧力矩：＿＿＿N·m；是否符合厂家技术标准 是(　)　　否(　)		
3	检查转向横拉杆防尘套	是否存在泄漏或损伤等问题 是(　)　　否(　)		
4	检查转向横拉杆	是否存在磕碰变形等问题 是(　)　　否(　)		

子任务 7　维护项目单

序号	维护项目	任务记录	解决措施	学生处理结果及教师评分情况
1	检查前后排气管及消声器	是否存在泄漏或损坏等问题 是(　)　　否(　)		
2	检查排气管吊环	是否存在开裂或变形损坏等问题 是(　)　　否(　)		
3	检查前后排气管连接处及前排气管与排气歧管连接处	是否存在泄漏问题 是(　)　　否(　)		
4	检查排气管双卡箍固定螺栓	拧紧力矩：＿＿＿N·m；是否符合厂家技术标准，是否存在松动问题 是(　)　　否(　)		

子任务 8　维护项目单

序号	维护项目	任务记录	解决措施	学生处理结果及教师评分情况
1	检查燃油表	燃油表读数：＿＿＿L；燃油警告灯是否亮起 是(　)　　否(　)		
2	更换燃油滤清器	汽油箱密封法兰(锁止环)拧紧力矩：＿＿＿N·m；油管接口是否渗漏汽油		
3	检查燃油管路	是否存在泄漏或损坏等问题 是(　)　　否(　)		

3　职业素养

结合汽车车身底部维护作业的分组实训，引导学生建立职业兴趣，遵守职业道德，

树立强烈的安全责任意识,做有理想、有抱负、有激情、有冲劲、有担当的新时代"汽车医生"。

团队协作训练情景	小组成员	评价要素	评价情况
		场地、车辆、工量具及仪器设备准备情况	优( ),良( ),中( ),及( ),差( )
		车辆举升操作流程及安全检查情况	优( ),良( ),中( ),及( ),差( )
		汽车底盘安全隐患排查情况	优( ),良( ),中( ),及( ),差( )
		任务实施过程中的劳动、安全保护情况	优( ),良( ),中( ),及( ),差( )
		小组分工,相互协作,完成任务情况	优( ),良( ),中( ),及( ),差( )

项目4 汽车车轮及周围维护

1 关键知识

完成如下填空（将相应正确的答案填写在横线上）。

1）汽车车轮及周围维护主要包括：_____和_____2大部分。
2）汽车车轮及周围各总成维护的主要项目包括：轮胎、_____和_____3个项目。
3）汽车车轮周围各部件维护的主要项目包括：行驶系统、_____和_____3个项目。
4）汽车车轮定位的主要任务包括：_____和_____2个。

2 核心技能

2.1 完成汽车车轮及周围维护作业任务实施中的各项任务记录

子任务1 维护项目单

序号	维护项目	任务记录	解决措施	学生处理结果及教师评分情况
1	检查轮胎气压	轮胎气压： 左右前轮胎分别为_____、_____kPa； 左右后轮胎分别为_____、_____kPa； 轮胎气压是否一致，是否在规定范围内 是（ ） 否（ ）		
2	检查轮胎花纹深度（以乘用车为例，雪地轮胎除外）	花纹深度： 乘用车左右前轮胎分别为____、____mm； 乘用车左右后轮胎分别为____、____mm； 是否在规定范围内 是（ ） 否（ ）		
3	检查轮胎磨损形态	是否存在异常磨损 是（ ） 否（ ）		

子任务2 维护项目单

序号	维护项目	任务记录	解决措施	学生处理结果及教师评分情况
1	检查轮胎类型、规格及花纹	轮胎类型、规格及花纹是否一致，是否有旋转方向要求 是（ ） 否（ ）		
2	检查轮胎气压	轮胎气压： 左右前轮胎分别为_____、_____kPa； 左右后轮胎分别为_____、_____kPa； 轮胎气压是否一致，是否在规定范围内 是（ ） 否（ ）		
3	安装轮胎螺栓	轮胎螺栓拧紧力矩：_____N·m； 轮胎螺栓拧紧顺序：____ 是否存在螺纹滑牙、脱落等问题 是（ ） 否（ ）		
4	检查轮胎的密封性	是否存在漏气问题 是（ ） 否（ ）		

2.2 完成汽车车轮周围各部件维护作业任务实施中的各项任务记录

子任务 1　维护项目单

序号	维护项目	任务记录	解决措施	学生处理结果及教师评分情况
1	检查前后悬架	是否存在变形、移位、碰撞、干涉、异响等现象 是（　）　　否（　）		
2	查看减振器密封垫	是否存在液压油渗漏问题 是（　）　　否（　）		
3	检查各连接部位紧固情况	前悬架下摆臂与车架连接自锁螺母拧紧力矩：_____ N·m； 后悬架下摆臂与车架连接自锁螺母拧紧力矩：_____ N·m； 是否存在自锁螺母锈蚀等问题 是（　）　　否（　）		

子任务 2　维护项目单

序号	维护项目	任务记录	解决措施	学生处理结果及教师评分情况
1	检查轮胎螺母的连接紧固情况	轮胎螺母拧紧力矩：_____ N·m； 是否存在螺母变形、锈蚀、螺纹滑牙等问题 是（　）　　否（　）		
2	检查半轴螺栓的连接紧固情况	半轴螺栓拧紧力矩：_____ N·m； 是否存在螺栓变形、锈蚀、螺纹滑牙等问题 是（　）　　否（　）		

子任务 3、4　维护项目单

序号	维护项目	任务记录	解决措施	学生处理结果及教师评分情况
1	检查轮毂轴承松紧度	是否存在松动现象 是（　）　　否（　）		
2	检查防尘罩	是否存在裂纹、损坏等问题，卡箍是否可靠 是（　）　　否（　）		
3	检查万向节	是否存在松动、卡滞、异响等情况 是（　）　　否（　）		

2.3 完成汽车车轮定位作业任务实施中的各项任务记录

子任务 1　维护项目单

序号	维护项目	任务记录	解决措施	学生处理结果及教师评分情况
1	检测主销后倾角、主销内倾角、前轮外倾角以及前轮前束值	主销后倾角：_____°； 主销内倾角：_____°； 前轮外倾角：_____°； 前轮前束值：_____ mm； 各定位参数是否在规定范围内 是（　）　　否（　）		

15

汽车维护

（续）

序号	维护项目	任务记录		解决措施	学生处理结果及教师评分情况
2	调整前轮外倾角	前轮外倾角：____°；是否调整至正常数值范围			
		是（　）	否（　）		
3	调整前轮前束	前轮前束值：____mm；是否调整至正常数值范围			
		是（　）	否（　）		

子任务 2　维护项目单

序号	维护项目	任务记录		解决措施	学生处理结果及教师评分情况
1	检测主销后倾角、主销内倾角、前轮外倾角（或负外倾角）以及前轮前束值（或负前束）	主销后倾角：____°； 主销内倾角：____°； 前轮外倾角：____°； 前轮前束值：____mm； 各定位参数是否在规定范围内			
2	调整后轮外倾角（或负外倾角）	后轮外倾角：____°；是否调整至正常数值范围			
		是（　）	否（　）		
3	调整后轮前束（或负前束）	后轮前束值：____mm；是否调整至正常数值范围			
		是（　）	否（　）		

通过现场实训，填写相应车辆四轮定位的参数。

实训车辆四轮定位参数

	前束值（双轮、可调）	
前轮	车轮外倾角（可调）	
	左右轮外倾角最大允许差	
	主销后倾角	
	主销内倾角	
后轮	前束值（双轮、可调）	
	车轮外倾角（可调）	
	左右轮外倾角最大允许差	

3　社会能力培养

结合汽车车轮及周围维护作业的分组实训，增强学生的责任心和进取心，养成踏实肯干的工作作风，以保证汽车维护作业的工作质量，提高客户满意度。

项目5 汽车日常维护

1 关键知识

完成如下填空（将相应正确的答案填写在横线上）。

1）汽车日常维护也称例行保养，是各级维护的基础，是指驾驶人在每日_____、_____、_____，针对车辆使用情况所做的一系列预防性质的维护作业。中心内容是：_____、_____和安全性能检视。

2）为了_____、_____，驾驶人应随时了解和掌握汽车的技术状况。

3）汽车日常维护的目的就是保持汽车的_____，确保行车安全。

4）日常维护是以_____的维护作业，是_____的一项重要工作职责，也是汽车运输企业的一项经常性的技术工作。

5）汽车日常维护的"四清"即保持_____、_____、_____和蓄电池的清洁，"四防"即防止_____、_____、_____、_____。

6）根据GB/T 18344—2016规定，汽车日常维护的主要项目包括：车辆外观及附属设施、_____、_____、_____照明、信号指示装置及仪表的检查。

2 核心技能

完成汽车日常维护作业任务实施中的各项任务记录

子任务1 维护项目单

序号	维护项目	任务记录	解决措施	学生处理结果及教师评分情况
1	目视检查车辆外观	车身是否清洁，车身钣金有无锈蚀和刮花情况，轮胎气压是否一致 是（ ） 否（ ）		
2	目视检查车辆附属设施	灭火器、客车安全锤的放置位置是否正确，安全带的功能是否完好 是（ ） 否（ ）		
3	目视检查风窗玻璃刮水器	功能是否正常 是（ ） 否（ ）		

子任务2 维护项目单

序号	维护项目	任务记录	解决措施	学生处理结果及教师评分情况
1	目视检查发动机润滑油油面高度	油面高度是否处于上、下刻线之间 是（ ） 否（ ）		
2	目视检查发动机冷却液液面高度	液面高度是否处于"min"和"max"之间 是（ ） 否（ ）		

子任务3 维护项目单

序号	维护项目	任务记录	解决措施	学生处理结果及教师评分情况
1	制动系统的仪表自检	经过若干秒或起动后，指示灯是否熄灭 是（ ） 否（ ）		

17

汽车维护

(续)

序号	维护项目	任务记录	解决措施	学生处理结果及教师评分情况
2	目视检查制动液液面高度	液面高度是否处于规定范围内 是( )　否( )		
3	路试检查行车制动	实施行车制动后,反应是否灵敏 是( )　否( )		
4	坡道检查驻车制动	实施驻车制动后,车辆是否溜动 是( )　否( )		

子任务 4　维护项目单

序号	维护项目	任务记录	解决措施	学生处理结果及教师评分情况
1	目视检查轮胎外观、气压	轮胎外观是否存在破损、变形、刮破等问题; 轮胎气压值: 左右前轮胎分别为_____、_____kPa; 左右后轮胎分别为_____、_____kPa; 轮胎气压是否一致,是否在规定范围内 是( )　否( )		
2	目视检查车轮螺栓、螺母紧固情况	车轮螺栓、螺母是否存在松动情况, 车轮螺栓是否存在滑牙情况; 车轮螺母拧紧力矩:_____N·m 是( )　否( )		

子任务 5　维护项目单

序号	维护项目	任务记录	解决措施	学生处理结果及教师评分情况
1	目视检查前照灯	前照灯照射角度及光照强度是否在规定范围内 是( )　否( )		
2	各电控系统自检	打开点火开关进行系统自检,经过若干秒或起动后,故障自检指示灯是否熄灭 是( )　否( )		
3	目视检查仪表工作状态	各仪表显示是否正常 是( )　否( )		

3　职业素养

　　2016年发布的《道路运输车辆技术管理规定》明确规定:"汽车日常维护"由驾驶人自己来完成。通过汽车日常维护作业的实训,可以学习汽车日常维护的知识和技能,培养改革创新能力和服从管理的品格。

日常维护个性化定制	改革创新点	小组评价	教师评价	综合评价
1				
2				
3				
4				
5				

项目6 汽车季节维护

1 关键知识

完成如下填空（将相应正确的答案填写在横线上）。

1）汽车的夏季使用特点主要包括：_____；润滑油变稀、变质，润滑性能下降，运动零部件磨损加剧；_____；雨水增多使车辆打滑，可能造成车辆受损，甚至发生交通事故。

2）做好夏季车辆的维护及高温下的安全驾驶是一项十分重要的工作，作为驾驶人员尤其是广大私家车主必须掌握_____并及时采取_____，以确保人身及财产的安全。

3）汽车的冬季使用特点主要包括：冬季行车易引发许多故障或事故；在天寒地冻的冬季，尤其是经过一个晚上露天的风吹霜寒后，_____，_____。

4）做好_____是一项十分重要的工作，作为驾驶人员尤其是广大私家车主必须掌握冬季车况特点并及时采取正确的维护（防寒、防冻、防滑）措施，以确保人身及财产的安全。

2 核心技能

2.1 根据汽车夏季车况特点，完成原因分析

序号	车况特点	原 因 分 析	学生完成及教师评分情况
1	润滑油容易变稀、变质、挥发和烧损，导致润滑性能下降，机油消耗过快	1）_____ 2）_____ 3）润滑油在高温下与积炭聚合成漆膜而黏附在气缸壁上，会增大发动机的运行阻力，加剧发动机的磨损 4）干燥空气中的灰尘和潮湿空气中的水分通过进气系统和曲轴箱通风口进入发动机油底壳而污染润滑油，引起润滑油变质	
2	加剧零部件的磨损	1）_____ 2）高温运转的发动机在活塞顶、燃烧室壁、气门头等零件上黏附许多积炭和胶质物，使金属零件的导热性变差，加速机件损坏 3）_____	
3	发动机充气性能变差，动力下降	1）_____ 2）试验证明，当气温由15℃上升到40℃时，发动机的功率下降6%~8%	
4	制动性能变差，行车安全系数降低	1）_____ 2）汽车在山区坡陡、弯急、道窄等情况复杂的条件下行驶，使用制动次数增多，制动摩擦片温度会急剧升高，制动性能变差，行车安全系数降低	
5	高温下，易产生各种气阻，影响有关系统和机构的正常工作	1）供油系统受热后，部分燃油以气态形式存于供油管路和油泵当中，不仅增大了燃油流动阻力，同时由于气体的可压缩性，使油泵无法输送燃油，导致供油中断，并使喷油器等部件无法喷油 2）_____	

汽车维护

(续)

序号	车况特点	原因分析	学生完成及教师评分情况
6	发动机易发生自燃或爆燃等不正常燃烧现象,使发动机使用寿命下降	1)随着大气温度的升高,进入气缸的混合气温度也会升高,发动机的温度将更高,使窜入气缸中的润滑油在高温缺氧的情况下生成胶质物和积炭 2)＿＿＿＿＿＿	

2.2 完成汽车夏季维护作业任务实施中的各项任务记录

子任务1 维护项目单

序号	维护项目	任务记录	解决措施	学生处理结果及教师评分情况
1	检视百叶窗	百叶窗是否能够全部打开(南方可拆除) 是( ) 否( )		
2	清除发动机水套和散热器内的水垢	是否存在泄漏或其他堵塞等问题 是( ) 否( )		
3	测试节温器性能	节温器主阀门全关,副阀门全开(小循环)温度＿℃;节温器主、副阀门部分开启(大小循环)温度＿℃;节温器主阀门全开,副阀门全关(大循环)温度＿℃;节温器功能是否正常 是( ) 否( )		

子任务2 维护项目单

序号	维护项目	任务记录	解决措施	学生处理结果及教师评分情况
1	更换机油	是否存在泄漏、烧机油等问题 是( ) 否( )		
2	更换手动变速器齿轮油	是否存在泄漏情况 是( ) 否( )		
3	更换自动变速器油	是否存在泄漏情况 是( ) 否( )		
4	更换转向器液压油	是否存在泄漏情况 是( ) 否( )		

子任务3 维护项目单

序号	维护项目	任务记录	解决措施	学生处理结果及教师评分情况
1	清洗汽油机燃油供给系统的燃油箱、滤清器(最好更换)、喷油器和燃油分配管等部件	是否存在泄漏或其他堵塞等问题 是( ) 否( )		
2	手动泵油循环清洗柴油机燃油供给系统的燃油箱、滤清器、输油泵、喷油泵、喷油器和所有管路	是否存在泄漏或其他堵塞等问题 是( ) 否( )		
3	调整汽油机的喷油器或燃油分配管及柴油机的喷油泵、喷油器等部件	是否存在泄漏或其他堵塞等问题 是( ) 否( )		

学习工作页

(续)

序号	维护项目	任务记录	解决措施	学生处理结果及教师评分情况
4	进排气歧管上有预热装置的应调整至"夏"字位置	是否存在泄漏或其他堵塞等问题 是( )　否( )		

子任务 4　维护项目单

序号	维护项目	任务记录	解决措施	学生处理结果及教师评分情况
1	调整火花塞间隙	火花塞螺栓拧紧力矩：_____N·m； 火花塞间隙：_____mm； 火花塞电极处是否存在积炭等沉积物，火花塞间隙是否在规定范围内 是( )　否( )		
2	调整点火正时	怠速工况点火提前角：_____°； 是否存在爆燃和早燃现象 是( )　否( )		

子任务 5　维护项目单

序号	维护项目	任务记录	解决措施	学生处理结果及教师评分情况
1	调整蓄电池电解液密度(免维护蓄电池除外)	蓄电池开路电压：_____V；蓄电池电解液密度(维护型)：_____g/cm³； 电眼颜色(免维护型)：_____色； 蓄电池开路电压是否在规定范围内 是( )　否( )		
2	校正发电机电压调节器(电子无触点电压调节器除外)	蓄电池充电电压：_____V； 蓄电池充电电流：_____A； 是否存在充电电流过大现象 是( )　否( )		

2.3　根据汽车冬季车况特点，完成原因分析

序号	车况特点	原因分析	学生完成及教师评分情况
1	汽车难以起动或无法起动	1)由于冬季天冷低温，使燃油蒸发雾化困难，不易形成可燃混合气，另外还有机油黏度过大使起动阻力增大，蓄电池容量下降使起动转速下降等原因，从而导致起动困难 2)_____ 3)_____	
2	怠速不稳，容易熄火	1)_____ 2)汽车的蓄电池怕低温，低温下蓄电池的容量比常温时的容量低得多。在常温下正常使用的蓄电池一遇寒冷容量会突然下降，甚至"一下子没电了"，另外冬季冷车起动时，耗电量特别大 3)_____	
3	磨损严重，易产生噪声	1)_____ 2)_____ 3)进入冬季如果还在使用夏季黏稠的机油，就会加快发动机的磨损。这是因为冬季气温下降后，机油的黏度会增大，流动性变差，导致供油不及时，运动机件的摩擦阻力增大，从而加快了发动机的磨损	

21

汽车维护

(续)

序号	车况特点	原因分析	学生完成及教师评分情况
4	空调的取暖效果变差	1)空调在秋天停用了一段时间后,某些运动部件会出现"咬死"现象,造成起动阻力加大,使空调电磁离合器打滑,过度磨损 2)_____	
5	制动效果变差,制动距离变长,安全性能下降	1)气压制动系统的储气筒上的进排气阀、制动管路等处易结冰而堵塞气道,使压缩空气压力下降甚至中断空气供给,从而导致制动效能下降或制动失效 2)_____	
6	转向阻力增大,转向困难,操纵性能下降		

2.4 完成汽车冬季维护作业任务实施中的各项任务记录

子任务 1 维护项目单

序号	维护项目	任务记录	解决措施	学生处理结果及教师评分情况
1	安装发动机附加保温罩及检修起动预热装置	电热塞(部分采用分隔式燃烧室的柴油机装配此装置)电阻:____Ω;电热塞电阻值是否一致,起动预热装置是否正常工作 是( )　否( )		
2	冷却液的凝固点和pH的测量	冷却液的凝固点:____℃; 冷却液的pH:____; 是否存在泄漏或其他结冰等问题 是( )　否( )		
3	测试节温器效能	节温器主阀门全关,副阀门全开(小循环)温度____℃;节温器主、副阀门部分开启(大小循环)温度____℃;节温器主阀门全开,副阀门全关(大循环)温度____℃;节温器功能是否正常 是( )　否( )		

子任务 2 维护项目单

序号	维护项目	任务记录	解决措施	学生处理结果及教师评分情况
1	更换机油	是否存在泄漏、烧机油等问题 是( )　否( )		
2	更换手动变速器齿轮油	是否存在泄漏和堵塞等问题 是( )　否( )		
3	更换自动变速器油	是否存在泄漏和堵塞等问题 是( )　否( )		
4	更换转向器液压油	是否存在泄漏和堵塞等问题 是( )　否( )		

学习工作页

子任务 3　维护项目单

序号	维护项目	任务记录		解决措施	学生处理结果及教师评分情况
1	清洗汽油机燃油供给系统的燃油箱、滤清器、喷油器和燃油分配管等部件(以目前市场上使用越来越多的TSI汽油发动机为例)	是否存在泄漏或其他堵塞等问题			
		是( )	否( )		
2	手动泵油循环清洗柴油机燃油供给系统的输油泵、喷油泵、喷油器和所有管路(以目前市场上使用越来越多的高压共轨柴油发动机为例)	柴油牌号：____；是否存在泄漏或其他堵塞等问题			
		是( )	否( )		
3	调整汽油机的喷油器和燃油分配管及柴油机的喷油泵和喷油器等部件	是否存在泄漏或其他堵塞等问题			
		是( )	否( )		
4	有进气预热阀装置的调整到"冬"字位置	是否存在泄漏或其他堵塞等问题			
		是( )	否( )		

子任务 4　维护项目单

序号	维护项目	任务记录		解决措施	学生处理结果及教师评分情况
1	调整蓄电池电解液密度(免维护蓄电池除外)	蓄电池开路电压：____V；蓄电池电解液密度(维护型)：____g/cm³；电眼颜色(免维护型)：____色；蓄电池开路电压是否在规定范围内			
		是( )	否( )		
2	校正发电机电压调节器(电子无触点电压调节器除外)	蓄电池充电电压：____V；蓄电池充电电流：____A；是否存在充电电流过小现象			
		是( )	否( )		

3　职业素养

　　结合汽车冬夏两季使用维护的特点，通过汽车季节维护作业的分组实训，培养学生实事求是的工作作风，使其具备较强的分析问题、解决问题的能力和自我学习的能力。

冬季维护的关键项目	夏季维护的关键项目	冬夏两季维护拟解决的关键问题	教师点评

汽车维护

项目7 汽车首次维护

1. 关键知识

完成如下填空（将相应正确的答案填写在横线上）。

1）汽车的首次维护包含了_____的首次维护和_____的首次维护。新车的首次维护是指当新购车辆行驶到一定里程后，根据车辆使用说明书的规定对_____进行更换，并对_____进行全面检查、紧固的作业过程。

2）PDI 是 Pre Delivery Inspection 的缩写，其含义是"_____"。

3）_____是车辆交付客户前的最后一道检查，是确保交付给客户的每一辆车都符合质量要求的必要条件，也是提高客户满意度、减少售后纠纷的切实举措。

4）PDI 检查的基本流程分为_____和_____两个部分。

5）PDI 检查项目可分为_____、_____、_____和_____4 个项目。

6）车身表面是否清洁如新是圆满完成新车（尤其是乘用车）交车前检查任务的重要前提，因此_____是实施 PDI 检查前的首要任务。

2 核心技能

2.1 完成 PDI 静态检查的顺序标注

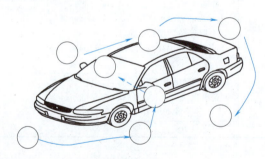

2.2 完成 PDI 动态检查流程中的相关内容

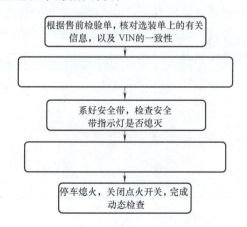

学习工作页

2.3 将PDI检查项目中的内容标号标注在对应图示的圆圈内

PDI 检查项目	对 应 图 示
驾驶人座位置检查1： ①巡航驾驶控制开关 ②喇叭开关 ③挂电话/语音导航关闭(低配车型静音功能) ④打电话/语音导航开关(高配车型) ⑤音源选择开关 ⑥音量调节按钮 ⑦前照灯/前后雾灯开关 ⑧仪表盘亮度开关 ⑨信息中心设置/控制按钮 ⑩前、后选择开关 ⑪信息中心菜单按钮 ⑫发动机转速表 ⑬发动机冷却液温度表 ⑭信息显示中心 ⑮燃油量表 ⑯车速表	  
驾驶人座位置检查2： ①刮水器开关 ②后视镜方向调节按钮/左右后视镜折叠按钮 ③四门车窗升降按钮 ④后排门窗锁止按钮	 

25

汽车维护

（续）

PDI检查项目	对 应 图 示
驾驶人座位置检查3： ①车辆点火起动按钮 ②牵引力控制 ③门锁控制 ④电源及音量调节 ⑤双闪灯 ⑥前排乘员座椅安全带提醒 ⑦倒车辅助（倒档时灯亮） ⑧信息 ⑨删除 ⑩数字按钮 ⑪录音 ⑫自动记忆水平 ⑬收藏 ⑭CD 弹出 ⑮音调 ⑯多功能旋钮 ⑰导航目的地 ⑱设置（与 16 配合使用） ⑲回退（返回） ⑳导航语音重复 ㉑导航 ㉒蓝牙电话 ㉓硬盘/DVD/外接辅助输入 ㉔收音机（AM/FM 切换） ㉕向前/向后搜索	
驾驶人座位置及前排乘员座位置检查1： ①空调开关 ②内循环 ③驾驶人侧座椅加热 ④驾驶人侧温度控制 ⑤驾驶人侧座椅通风 ⑥吹风模式选择 ⑦风速调整（风速到最低时空调关闭） ⑧空调自动控制模式 ⑨乘员侧座椅通风 ⑩乘员侧座椅加热 ⑪乘员侧温度控制 ⑫后风窗玻璃加热 ⑬前风窗玻璃除雾和除霜	

学习工作页

(续)

PDI 检查项目	对应图示
驾驶人座位置及前排乘员座位置检查 2： ①牵引力控制 ②门锁控制 ③电源及音量调节 ④双闪灯 ⑤前排乘员座椅安全带提醒 ⑥倒车辅助(R 档时指示灯亮) ⑦信息 ⑧日期时间设置 ⑨自动记忆水平 ⑩收藏 ⑪数字按钮 ⑫CD 弹出 ⑬CD 装入 ⑭前风窗玻璃除雾和除霜 ⑮后风窗玻璃加热(车辆起动后可用) ⑯乘员侧温度控制 ⑰乘员侧座椅加热 ⑱空调自动控制模式 ⑲风速调高 ⑳风速调低 ㉑驾驶人侧座椅加热 ㉒驾驶人侧温度控制 ㉓内循环 ㉔空调开关 ㉕多功能旋钮 ㉖回退 ㉗音调 ㉘静音(无蓝牙电话功能) ㉙设置(与 25 配合使用) ㉚CD/外接辅助输入 ㉛收音机(AM/FM 切换) ㉜向前/向后搜索	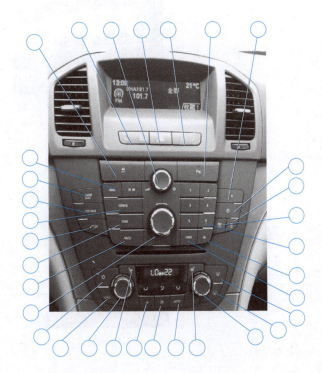
检查中央扶手上娱乐控制键： ①导航 ②音频 ③多功能按钮 ④打电话/静音 ⑤目的地 ⑥电子驻车制动开关 ⑦退回 ⑧驻车制动拉杆	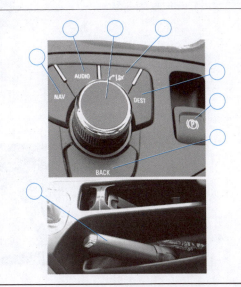

27

汽车维护

2.4 将相关图示中各标号对应的内容填写在 PDI 检查项目栏中

PDI 检查项目	相 关 图 示
座椅检查： ①： ②： ③： ④： ⑤：	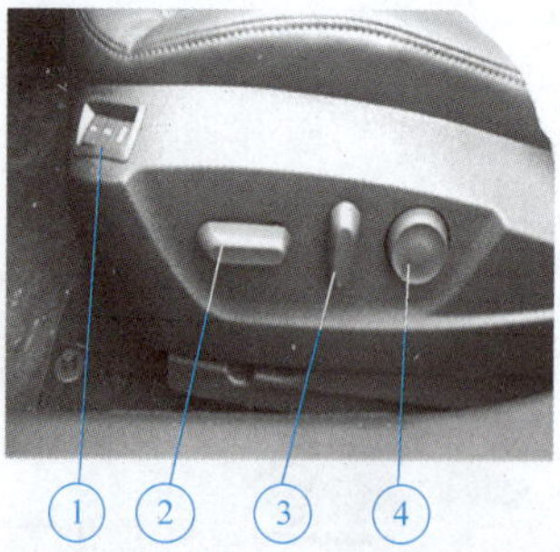 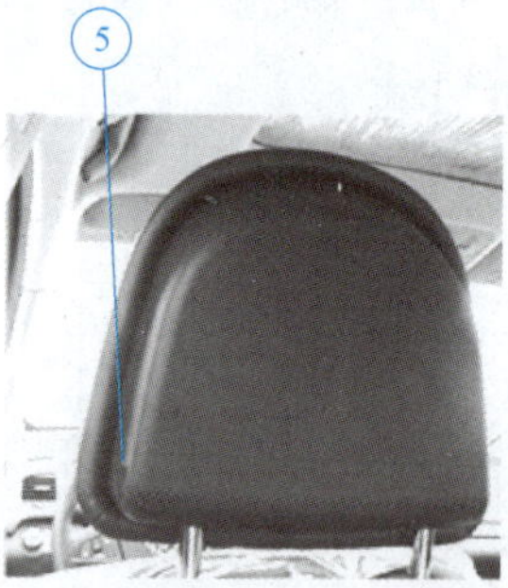
前排操纵部件检查： ①： ②： ③： ④： ⑤： ⑥： ⑦： ⑧：	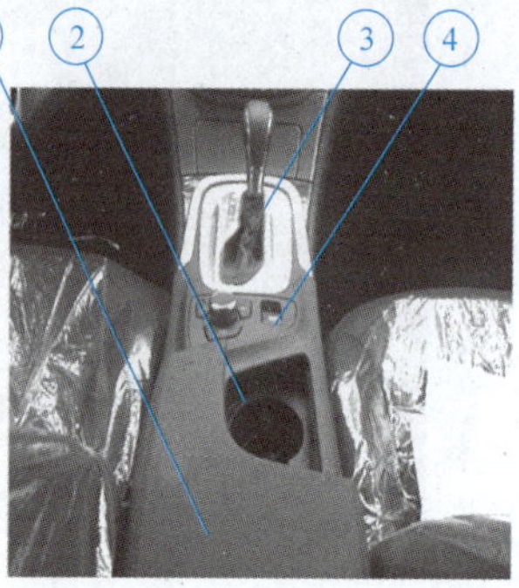 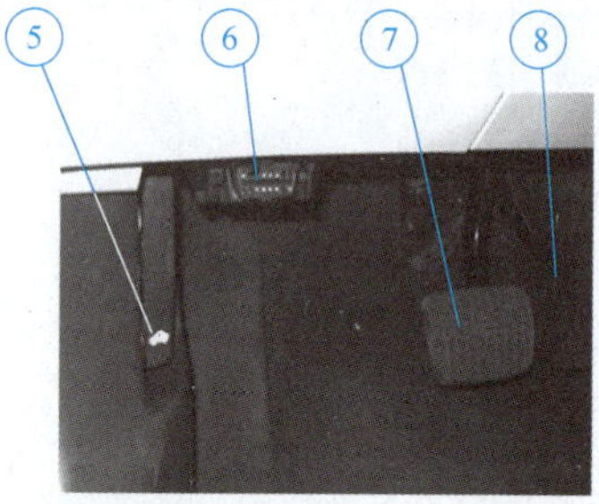
检查左后车门内侧： ①： ②： ③：	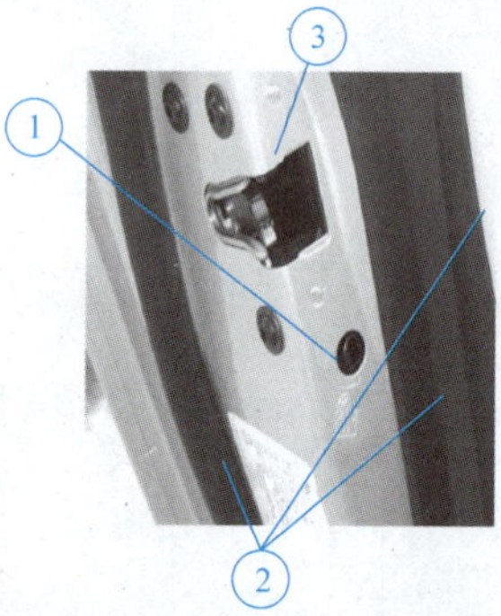
①： ②： ③：	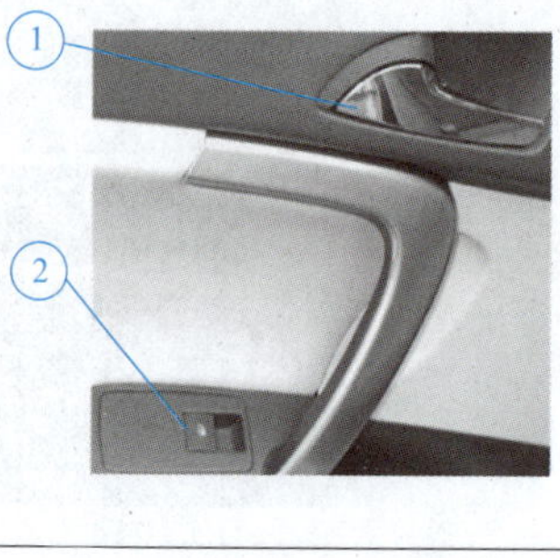 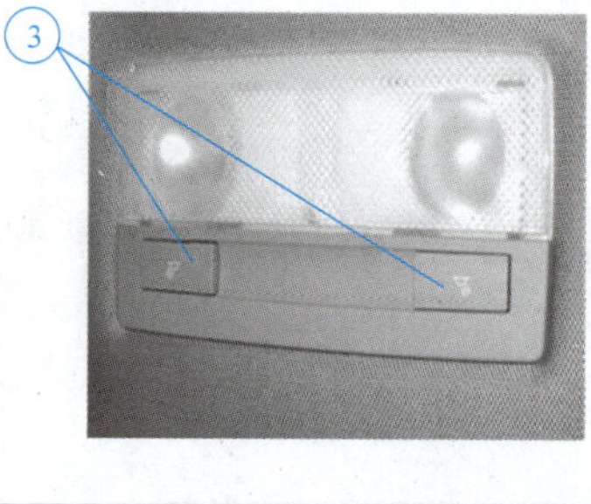

（续）

PDI 检查项目	相 关 图 示
检查后排座椅位置： ①： ②： ③： ④： ⑤：	
检查后排座椅位置： ①： ②： ③： ④： ⑤：	
检查车辆后部表面： 离车 1m 检查金属表面、油漆质量、划痕、凹坑、密封、缝隙 检查行李舱盖开关力度： ①： ②： ③：	
检查行李舱内部： ①： ②： ③： ④： ⑤：	

汽车维护

（续）

PDI检查项目	相 关 图 示
检查右后车门内侧、右后座椅位置： ①： ②：	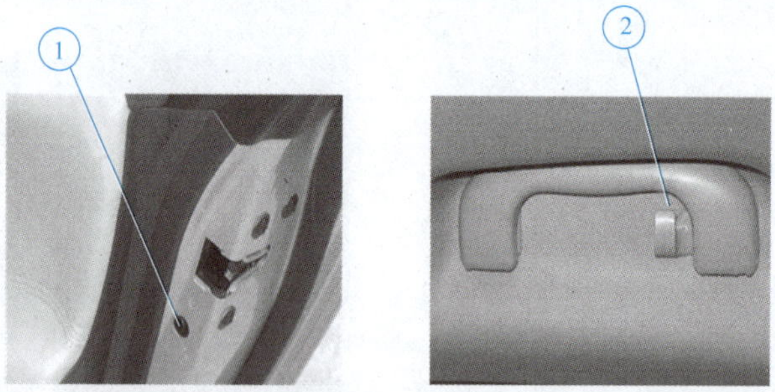
检查右前车门内侧： ①： ②： ③： ④：	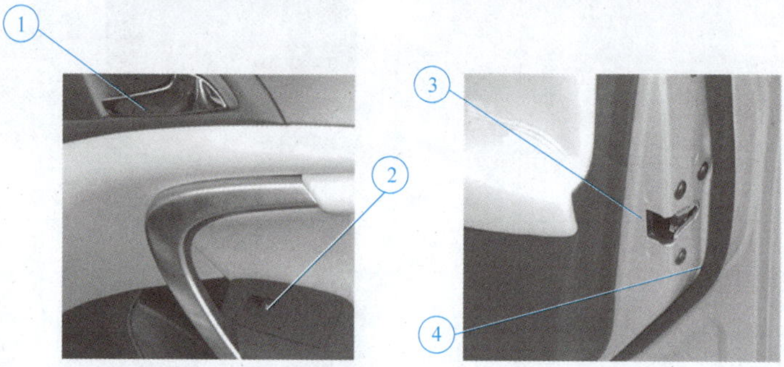
检查遥控器及中央门锁： ①： ②： ③： ④： ⑤：	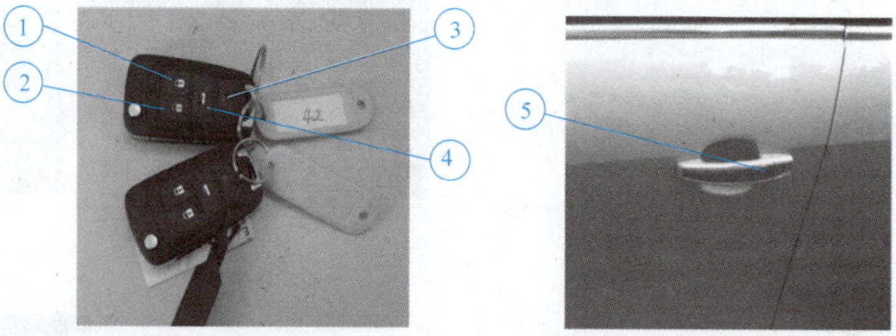

2.5 完成汽车首保任务中的重点说明（维修技师与车主互动环节）

技师任务	相 应 话 术	学生完成及教师评分情况
介绍车辆以后的维护间隔（如5000km换机油）	1）发动机机油：第一次3000km，以后每隔5000km或3个月更换一次 向客户重点说明：	
	2）自动变速器油：建议60000km更换一次 向客户重点说明：	
	3）制动液：建议30000km或18个月更换一次 向客户重点说明：	

30

（续）

技师任务	相应话术	学生完成及教师评分情况
介绍车辆以后的维护间隔(如5000km换机油)	4)动力转向机油:建议60000km更换一次 向客户重点说明: 5)发动机冷却液:理想状况是5年或240000km更换一次(仅限于别克专用) 向客户重点说明:	
介绍用车的注意事项,如发动机冷却液温度、轮胎气压、机油压力和油量等	1)发动机冷却液的正常温度一般为80~90℃ 向客户重点说明: 2)轮胎气压应符合车辆使用手册的规定。轮胎气压值一般在燃油箱盖板内侧面或行李舱等处有标注 向客户重点说明: 3)发动机机油压力和油量应符合规定。机油压力一般为300~400kPa,机油油量应处于机油尺上、下刻线之间 向客户重点说明:	
讲述车辆质量担保期限及其必要条件等	1)整车保修期:2年或60000km,以先到达者为准(蓄电池1年或30000km) 2)更换配件的保修期:1年或20000km,以先到达者为准 3)客户享受保修必要条件:按照车辆定期维护要求在上海通用授权的特约维修中心接受定期维护和维修 4)确认是否享有保修服务的权利 向客户重点说明:	
告知车辆非保修的项目	1)正常的噪声、振动、磨损和老化 向客户重点说明: 2)环境与外部环境原因造成的损坏 向客户重点说明: 3)使用不当造成的 向客户重点说明: 4)客户提出保修前,未保护好损坏件原始状态或发生故障后在未经同意情况下擅自处置导致损坏扩大的 5)因车辆停用造成的经济损失和附加费用	

31

汽车维护

2.6 完成新车首次维护作业任务实施中的各项任务记录

子任务1　维护项目单

序号	维护项目	任务记录		解决措施	学生处理结果及教师评分情况
1	更换机油	所选用机油黏度级（SAF）：_____ 所选用机油使用级（API）：_____ 放油螺塞拧紧力矩：____N·m 系统是否存在泄漏问题			
		是（　）	否（　）		
2	更换机油滤清器	机油滤清器的拧紧力矩：____N·m 机油油位是否处于合适位置			
		是（　）	否（　）		
3	发动机机油寿命监视系统归零（若有）	发动机机油寿命监视系统是否能够归零			
		是（　）	否（　）		

子任务2　维护项目单

序号	维护项目	任务记录		解决措施	学生处理结果及教师评分情况
1	检查全车灯光	全车灯光是否齐全有效			
		是（　）	否（　）		
2	检查全车油液	发动机润滑油液面高度是否在合适范围内，是否存在泄漏问题			
		是（　）;否（　）	是（　）;否（　）		
		发动机冷却液液面高度是否在合适范围内，是否存在泄漏问题			
		是（　）;否（　）	是（　）;否（　）		
		风窗玻璃清洗液液面高度是否在合适范围内，是否存在泄漏问题			
		是（　）;否（　）	是（　）;否（　）		
		动力转向油液面高度是否在合适范围内，是否存在泄漏问题			
		是（　）;否（　）	是（　）;否（　）		
		制动液液面高度是否在合适范围内，是否存在泄漏问题			
		是（　）;否（　）	是（　）;否（　）		
		自动变速器油液面高度是否在合适范围内，是否存在泄漏问题			
		是（　）;否（　）	是（　）;否（　）		

子任务3　维护项目单

序号	维护项目	任务记录		解决措施	学生处理结果及教师评分情况
1	检查轮胎	轮胎气压值:左、右前轮胎分别为_____、_____kPa，左、右后轮胎分别为_____、_____kPa 轮胎气压是否一致，是否在规定范围内			
		是（　）	否（　）		
		轮胎是否存在异常磨损			
		是（　）	否（　）		

学习工作页

(续)

序号	维护项目	任务记录	解决措施	学生处理结果及教师评分情况
2	检查转向及悬架系统的零部件	是否存在渗漏、扭曲、变形等问题 是( )　否( )		
3	检查排气管	是否存在漏气、联接螺栓松动和老化等问题 是( )　否( )		

2.7　完成大修发动机汽车首次维护作业任务实施中的各项任务记录

子任务1　维护项目单

序号	维护项目	任务记录	解决措施	学生处理结果及教师评分情况
1	更换机油	所选用机油黏度级(SAF)：_____ 所选用机油使用级(API)：_____ 放油螺塞拧紧力矩：____N·m 系统是否存在泄漏问题 是( )　否( )		
2	更换机油滤清器	机油滤清器的拧紧力矩：____N·m 机油油位是否处于合适位置		

子任务2　维护项目单

序号	维护项目	任务记录	解决措施	学生处理结果及教师评分情况
1	检查气门罩盖密封情况	是否存在泄漏问题 是( )　否( )		
2	检查气缸盖螺栓与气缸垫的紧固及密封情况	气缸盖螺栓拧紧力矩为：____N·m 拧紧顺序为：_____　是否存在漏油、漏水、漏气等问题 是( )　否( )		
3	检查进、排气歧管及总管的连接紧固情况	进、排气歧管联接螺栓的拧紧力矩为：____N·m 拧紧顺序为：_____　是否存在漏气问题 是( )　否( )		
4	检查油底壳的密封情况	查看油底壳密封垫和放油螺塞处是否存在泄漏问题		
5	检查发电机及空调压缩机等的旋转部件传动带的松紧情况	传动带挠度为：_____mm 传动带松紧度是否在规定范围内，是否存在松旷、干涉、卡滞、异响等情况 是( )　否( )		
6	检查各管路的连接及密封情况	连接是否可靠，是否存在变形、破损等问题 是( )　否( )		
7	检查各导线的连接及紧固情况	连接是否可靠，是否存在变形、破损、松动、脱落等问题 是( )　否( )		

33

汽车维护

(续)

序号	维护项目	任务记录		解决措施	学生处理结果及教师评分情况
8	检查发动机各附属装置的工作情况	工作情况是否正常，是否存在移位、缠绕、干涉等现象			
		是（ ）	否（ ）		
9	检查发动机有无异响	查看发电机、空调压缩机等旋转部位有无干涉、卡滞等情况			
		是（ ）	否（ ）		

3　职业素养

结合目前绝大多数汽车售后服务企业在进行汽车首保时安排技师与车主进行互动，即由汽车维修技师向车主重点说明汽车首保后的使用维护注意事项这一环节，来提高学生的话语话术能力，使其具备较强的沟通能力、人际交往能力和自我学习能力，并增强他们的责任心和进取心，从而提高客户的满意度和忠诚度。

见面问候：您好！早上好！中午好！下午好！晚上好！……

介绍自己：我是谁，我是做什么的，我可以帮到您什么……

话术准备：我要跟车主说什么，向车主做哪些重点说明，怎样说才能更清楚明白……

重点说明：如何让车主认真听我讲，如何证明我的讲解是真实的，如何引起车主对我重点说明的重视……

演练要求：两人一组，组员观摩，礼仪到位，语言流畅，讲解准确，表情自然，时间恰当
演练点评：组员互评，教师点评，综合评价

项目 8　汽车定期维护

1　关键知识

完成如下填空（将相应正确的答案填写在横线上）。

1）_____是强制性的，汽车使用到规定的里程或时间后，必须进行维护，不得拖延更不能取消，否则会带来严重的安全隐患。

2）汽车的 A 级维护适用于行驶里程为_____km、_____km 和_____km 的车辆，每间隔 5000km 或 10000km 进行一次 A 级维护。

3）汽车的 A 级维护作业任务主要包括_____的更换，发动机舱、车身和底盘的检查，_____的自诊断，保养灯归零（复位检查）以及_____等内容。

4）汽车的 B 级维护适用于行驶里程为_____km、_____km 和_____km 的车辆，每间隔 15000km 进行一次 B 级维护。

5）汽车的 B 级维护作业任务主要包括_____的更换，发动机基本部件、车身和底盘各总成及主要部件、燃油和_____的检查，发动机系统、变速器系统、ABS、_____的自诊断，保养灯归零（复位检查）以及特色维护等内容。

6）汽车的系统维护是指利用专业的产品、设备、技术，在传统维护项目的基础上对车辆进行免拆、快速、全面、彻底的维护，也称_____或_____。

7）汽车的深度维护主要适用于_____、_____、_____、_____、_____、_____和汽车自动变速器 7 个有油液循环的系统或总成的维护。

2　核心技能

2.1　完成汽车 A 级维护作业任务实施中的各项任务记录

子任务 1　维护项目单

序号	维护项目	任务记录	解决措施	学生处理结果及教师评分情况
1	机油滤清器的更换	机油滤清器拧紧力矩为：_____N·m 滤清器与机体接合处是否存在漏油问题 是（　）　　　否（　）		
2	放油螺塞垫片的更换	放油螺塞拧紧力矩为：_____N·m 垫片与壳体接合处是否存在漏油问题 是（　）　　　否（　）		
3	机油的更换	所排放旧机油颜色：_____色 所选用新机油黏度级（SAE）：_____ 所选用新机油使用级（API）：_____ 所选用新机油是否符合发动机技术要求 是（　）　　　否（　）		

（续）

序号	维护项目	任务记录	解决措施	学生处理结果及教师评分情况
4	机油液面高度的检查	机油液面高度：接近上刻线（ ），接近下刻线（ ），上下刻线之间（ ） 机油液面高度是否在规定范围内 是（ ）　　　否（ ）		

子任务 2　维护项目单

序号	维护项目	任务记录	解决措施	学生处理结果及教师评分情况
1	传动带的检查和调整	传动带松紧度是否合适 是（ ）　　　否（ ） 传动带是否存在开裂、边缘磨损或者表面磨光等问题 是（ ）　　　否（ ）		
2	蓄电池的检查	蓄电池的正、负两个接线柱是否被腐蚀，连接是否松动 是（ ）；否（ ）　　是（ ）；否（ ）		
3	空气滤清器的检查	空气滤清器外壳是否破损，固定卡箍或螺母是否脱落、损坏或缺失 是（ ）；否（ ）　　是（ ）；否（ ） 空气滤清器滤芯是否被堵塞 是（ ）　　　否（ ）		
4	发动机室冷却装置的检查	冷却液液面高度：超过 MAX（ ），低于 MIN（ ），处于 MAX 和 MIN 之间（ ） 液面高度是否在规定范围内 是（ ）　　　否（ ） 冷却系统是否存在渗漏情况 是（ ）　　　否（ ）		

子任务 3　维护项目单

序号	维护项目	任务记录	解决措施	学生处理结果及教师评分情况
1	灯光系统和喇叭的检查	前照灯的光束照射距离（照度）和光束照射位置（角度）是否符合技术要求 是（ ）　　　否（ ） 所有灯光系统是否齐全有效 是（ ）　　　否（ ） 喇叭声级为：＿＿＿＿dB 是否符合技术要求 是（ ）　　　否（ ）		
2	刮水器和喷水系统的检查	刮扫是否均匀、清洁，有无死角 刮水片是否出现松动或破损等问题 是（ ）；否（ ）　　是（ ）；否（ ） 喷淋角度及距离是否符合技术要求，喷嘴是否存在堵塞等问题 是（ ）；否（ ）　　是（ ）；否（ ）		

学习工作页

子任务4 维护项目单

序号	维护项目	任务记录	解决措施	学生处理结果及教师评分情况
1	驻车制动器的检查	驻车制动器的结构类型:手拉式( ),脚踩式( ),电子式( ) 停车坡度:_____ 。 是否存在溜动现象 是( ) 否( )		
2	行车制动器的检查	制动液液面高度是否在规定范围内 是( ) 否( ) 制动管路和制动软管是否存在渗漏现象 是( ) 否( )		
3	转向盘、连杆及其转向机的检查	动力转向油液面高度是否在规定范围内,液压管路是否存在渗漏现象 是( );否( ) 是( );否( ) 转向横拉杆球头销等各连接销的润滑、密封及紧固是否良好 是( ) 否( ) 转向机转动是否自如,有无卡滞现象		
4	离合器液、差速器油、手动或自动变速器油、混合动力传动桥油的检查	变速器等各总成内的油或液面高度是否在规定范围内 是( ) 否( ) 各总成、各管路、各个接合处是否存在泄漏、脏污等问题 是( ) 否( )		
5	轮胎损伤情况的检查	轮胎气压是否符合技术要求 是( ) 否( ) 轮胎是否存在异常磨损 是( ) 否( ) 轮胎胎冠或胎侧是否存在较深裂纹、凹坑、扎痕或尖锐划痕等损伤 是( ) 否( )		

子任务5 维护项目单

序号	维护项目	任务记录	解决措施	学生处理结果及教师评分情况
1	电控燃油喷射发动机系统的故障诊断仪诊断	蓄电池开路电压值:____V;是否在规定范围内 是( ) 否( ) 发电机输出电压值:____V;是否在规定范围内 是( ) 否( ) 消除故障码后,发动机起动后故障自检灯是否熄灭 是( ) 否( )		

37

汽车维护

（续）

序号	维护项目	任务记录		解决措施	学生处理结果及教师评分情况
2	电控自动变速器系统以及其他电控系统的故障诊断仪诊断	OBD-Ⅱ标准接口位置：发动机舱（　），驾驶室（　） 接口是否存在松动、脱落等问题			
		是（　）	否（　）		
		解码器品牌、型号：_____ 是否能够与OBD-Ⅱ标准接口匹配			
		是（　）	否（　）		

子任务6　维护项目单

序号	维护项目	任务记录		解决措施	学生处理结果及教师评分情况
1	机油复位操作（机油保养灯归零）	剩余机油寿命里程数（显示发动机剩余机油寿命的车型）：_____km 是否接近维护间隔里程			
		是（　）	否（　）		
		显示屏显示机油寿命值（提示发动机机油寿命复位的车型）：_____％ 是否接近维护间隔里程			
		是（　）	否（　）		
2	胎压复位操作（轮胎气压指示灯归零）	轮胎气压值： 左、右前轮胎分别为_____、_____kPa 左、右后轮胎分别为_____、_____kPa 轮胎气压是否一致，是否在规定范围内			
		是（　）;否（　）	是（　）;否（　）		
		里程表读数：_____km 是否能够完成复位			
		是（　）	否（　）		

2.2　完成汽车B级维护作业任务实施中的各项任务记录

子任务1　维护项目单

序号	维护项目	任务记录		解决措施	学生处理结果及教师评分情况
1	燃油滤清器的更换	车辆行驶里程数：_____km 是否接近或超过维护间隔里程			
		是（　）	否（　）		
		燃油系统残余压力：_____kPa 在拆卸燃油滤清器以前是否进行过泄压处理			
		是（　）	否（　）		
		燃油滤清器固定夹拧紧力矩：_____N·m 新的燃油滤清器安装方向与燃油流动方向是否一致			
		是（　）	否（　）		
		燃油系统是否存在渗漏情况			
		是（　）	否（　）		

学习工作页

(续)

序号	维护项目	任务记录		解决措施	学生处理结果及教师评分情况
2	空调滤清器的更换	车辆行驶里程数：_____km 是否接近或超过维护间隔里程			
		是（ ）	否（ ）		
		空调滤清器的安装位置：_____ 安装是否牢固，进、出风口有无堵塞情况			
		是（ ）；否（ ）	是（ ）；否（ ）		

子任务2　维护项目单

序号	维护项目	任务记录		解决措施	学生处理结果及教师评分情况
1	传动带的维护（检查和调整作业与A级维护作业基本相同，这里重点介绍传动带的更换作业）	车辆行驶里程数：_____km 是否接近或超过更换间隔里程			
		是（ ）	否（ ）		
		是否有传动带走向图			
		是（ ）	否（ ）		
		新旧传动带的开槽数目、宽度和长度是否一致，有无安装方向要求			
		是（ ）；否（ ）	是（ ）；否（ ）		
		新传动带的张紧力是否符合技术要求			
		是（ ）	否（ ）		
2	发动机冷却及加热系统的维护（冷却液液面高度的检查、补充、调整和更换等维护作业与A级维护大同小异，这里重点介绍发动机冷却系统的清洁和冷却液冰点检查作业）	发动机冷却系统的清洁	冷却液液面高度：超过MAX（ ），低于MIN（ ），处于MAX和MIN之间（ ） 液面高度是否在规定范围内		
			是（ ）	否（ ）	
			冷却系统的压力：_____kPa 系统是否存在堵塞、渗漏等问题		
			是（ ）	否（ ）	
			膨胀水箱中有无气泡		
			是（ ）	否（ ）	
			冲洗设备各管路接头有无泄漏现象		
			是（ ）	否（ ）	
		冷却液的冰点检查	冷却液的冰点值：_____℃ 是否在规定范围内		
			是（ ）	否（ ）	
			冷却液的浓度或酸性程度（pH）：_____ 是否在规定范围内		
			是（ ）	否（ ）	
3	排气管的维护（排气管的清洁、检查及紧固等维护作业前已述及，这里重点介绍更换排气系统管道部件的维护作业）	相关紧固件或法兰盘有无受损			
		是（ ）	否（ ）		
		是否配备新的密封垫圈			
		是（ ）	否（ ）		
		否存在干涉现象			
		是（ ）	否（ ）		
		所有连接处是否存在泄漏现象			
		是（ ）	否（ ）		

汽车维护

子任务 3　维护项目单

序号	维护项目	任务记录	解决措施	学生处理结果及教师评分情况
1	蓄电池维护	起动电压＿＿＿V 是否符合技术要求 是（　）　　否（　）		
2	火花塞维护	火花塞电极间隙：＿＿＿mm 是否存在积炭、烧蚀、弯曲变形等问题 是（　）　　否（　） 火花塞的热值：＿＿；属于：冷型（　），热型（　），中型（　） 火花塞拧紧力矩为：＿＿N·m 是否符合技术要求 是（　）　　否（　）		
3	点火线圈和高压导线维护	点火线圈和高压火帽是否完好 点火线圈初级绕组电阻值：＿＿＿Ω 点火线圈次级绕组电阻值：＿＿＿Ω 是否符合技术要求 是（　）　　否（　）		

子任务 4　维护项目单

序号	维护项目	任务记录	解决措施	学生处理结果及教师评分情况
1	进、排气歧管的维护	进气歧管拧紧力矩为：＿＿＿N·m 排气歧管拧紧力矩为：＿＿＿N·m 有无漏气现象 是（　）　　否（　）		
2	燃油泵的维护	打开点火开关但不起动发动机，能否听到电动汽油泵的运转声 是（　）　　否（　） 燃油泵最大供油压力：＿＿＿kPa 燃油泵保持压力：＿＿＿kPa 是否符合技术要求 是（　）　　否（　）		
3	喷油器的维护	在急速运转时，能否用听诊器或长螺钉旋具测听到其工作声音 是（　）　　否（　） 喷油器两脚之间的电阻值：＿＿＿Ω，属于低阻型（　），高阻型（　） 是否符合技术要求 是（　）　　否（　） 喷油器1#插口与地之间电压：＿＿＿V 打开点火开关时，是否为蓄电池电压 是（　）　　否（　） 仪器所检测出的喷油器油量是否一致或误差是否在规定范围内 是（　）　　否（　） 喷油器是否存在雾化不良（喷雾角度、喷射距离和油束均匀性不一致），密封不好（油嘴滴漏）等问题 是（　）　　否（　）		

子任务 5　维护项目单

序号	维护项目	任务记录	解决措施	学生处理结果及教师评分情况
1	喷水系统的维护	储液罐中清洗液液面高度：接近底部（　），接近上盖（　），在中上部（　）		
		液面高度是否合适，清洗液是否被污染 是（　）　　　　否（　）		
		清洗液储液罐是否有渗漏或其他损坏等问题 是（　）　　　　否（　）		
		清洗液泵是否运转自如 是（　）　　　　否（　）		
		喷嘴是否堵塞 是（　）　　　　否（　）		
		清洗液管道是否泄漏 是（　）　　　　否（　）		

子任务 6　维护项目单

序号	维护项目		任务记录	解决措施	学生处理结果及教师评分情况
1	行车制动器的维护（行车制动器的其他维护项目与 A 级维护基本相同，这里重点介绍鼓式和盘式制动器的清洁、检查及更换等维护作业）	更换鼓式制动器的制动蹄,并检查相关零部件	车轮制动分泵是否存在泄漏 是（　）　　　　否（　）		
			制动器底板上的零部件是否存在磨损、损坏和渗漏等情况 是（　）　　　　否（　）		
			制动蹄等组件是否安装到位,有无干涉现象 是（　）　　　　否（　）		
		检查和清洁鼓式制动器的制动鼓,并检查相关零部件	制动鼓的内表面是否有擦痕或磨光区域 是（　）　　　　否（　）		
			制动鼓的内径：左前轮为_____mm,右前轮为_____mm,右后轮为_____mm,左后轮为_____mm		
			是否有足够的厚度来进行表面再修整 是（　）　　　　否（　）		
		检查和清洁盘式制动器的制动盘,并检查相关零部件	制动盘表面是否出现较深沟槽 是（　）　　　　否（　）		
			制动盘表面是否出现裂纹 是（　）　　　　否（　）		
			制动片是否存在异常磨损,有无有较深沟槽或摩擦衬片厚度不足 是（　）　　　　否（　）		
			制动盘的厚度：左前轮为_____mm,右前轮为_____mm,右后轮为_____mm,左后轮为_____mm		
			是否有足够的厚度满足再修整的要求 是（　）　　　　否（　）		
			制动盘的表面跳动量是否在允许范围内 是（　）　　　　否（　）		

汽车维护

(续)

序号	维护项目		任务记录	解决措施	学生处理结果及教师评分情况
2	转向盘、连杆和转向机等总成及零部件的维护(转向盘、连杆和转向机等总成及零部件的维护内容与A级维护基本相同,这里重点介绍动力转向油的维护及转向系统各连接件的检查及润滑作业)	动力转向油的维护作业(系统管道清洗及油液更换)	动力转向油油面高度:超过MIN( ),低于MAX( ),处于MAX和MIN之间( )		
			液面高度是否在规定范围内 是( ) 否( )		
			冲洗设备各管路接头是否存在泄漏问题 是( ) 否( )		
			动力转向系统是否存在泄漏问题 是( ) 否( )		
			液压动力转向系统中是否进入空气 是( ) 否( )		
		转向系统各连接件的检查及润滑作业	各润滑脂加注孔是否被堵塞 是( ) 否( )		
			下控制臂、前轴衬套、后轴衬套、下球头、内横拉杆、外横拉杆及球头是否有损伤 是( ) 否( )		
			中间连杆、随动转向臂、转向摇臂和万向节是否有损伤 是( ) 否( )		
			上控制臂、前后轴衬套和上球头是否有损伤 是( ) 否( )		
			转向横拉杆球头销是否有损伤或松旷等情况 是( ) 否( )		
			转向横拉杆球头销防尘罩是否有油污或裂纹 是( ) 否( )		
			稳定杆球头销是否有损伤或松旷等情况 是( ) 否( )		
			稳定杆球头销防尘罩是否有油污或裂纹 是( ) 否( )		
3	离合器液、差速器油、变速器油、混合动力传动桥油、动力转向油的检查、补给及更换作业(其他项目在A级维护已述及,这里重点介绍自动变速器的清洗作业)		设备各管路适配接头处是否存在泄漏问题 是( ) 否( )		
			自动变速器液压系统是否存在渗漏情况 是( ) 否( )		
			自动变速器油油面高度: COOL(冷车)时,接近或超过上刻线( ),接近或低于下刻线( ),上、下刻线之间或偏上( ) HOT(热车)时,接近或超过上刻线( ),接近或低于下刻线( ),上、下刻线之间或偏上( )		
			排放的旧自动变速器油中是否含有金属屑和其他杂质 是( ) 否( )		

（续）

序号	维护项目	任务记录		解决措施	学生处理结果及教师评分情况
4	四轮换位、车轮动平衡、四轮定位等作业（四轮定位作业的操作步骤较为繁琐，这里不做详述）	四轮换位作业（单向的轮胎换位）	轮胎气压：左前轮为_____kPa，右前轮为_____kPa，右后轮为_____kPa，左后轮为_____kPa 轮胎气压是否一致		
			是（ ） 否（ ）		
			轮胎花纹沟槽深度：左前轮为_____mm，右前轮为_____mm，右后轮为_____mm，左后轮为_____mm 花纹沟槽深度是否低于1.6mm		
			是（ ） 否（ ）		
			轮胎花纹是否一致，有无损伤		
			是（ ） 否（ ）		
			轮胎螺母拧紧力矩为：_____N·m 螺母是否存在滑牙等问题		
			是（ ） 否（ ）		
		轮胎螺栓的紧固作业	螺栓（螺柱上）是否存在锈蚀、滑牙等问题		
			是（ ） 否（ ）		
			轮胎螺母拧紧顺序为：_____ 轮胎螺母上是否有油渍		
			是（ ） 否（ ）		
			轮胎螺母拧紧力矩为：_____N·m 螺母是否存在滑牙等问题		
			是（ ） 否（ ）		
		车轮动平衡作业	轮胎气压：左前轮为_____kPa，右前轮为_____kPa，右后轮为_____kPa，左后轮为_____kPa 轮胎气压是否一致，是否符合技术要求		
			是（ ）；否（ ） 是（ ）；否（ ）		
			动平衡机离车轮轮辋的距离 a 为_____mm 测量及输入数据是否正确		
			是（ ） 否（ ）		
			轮辋宽度 b 为_____mm 测量及输入数据是否正确		
			是（ ） 否（ ）		
			轮辋直径 d 为_____mm 测量及输入数据是否正确		
			是（ ） 否（ ）		
			动平衡误差值是否在5g以内		
			是（ ） 否（ ）		

说明：上汽别克系列轿车B级维护作业中，发动机系统、变速器系统、ABS、安全气囊系统以及其他系统的故障诊断仪故障诊断方法和步骤与A级维护作业的相同，这

汽车维护

里不再赘述。

B级维护作业中的机油复位、胎压复位、时钟音响复位及空调复位等保养灯归零等作业任务的操作方法和要领与A级维护作业的大同小异，这里不再赘述。

2.3 完成汽车深度维护作业任务实施中的各项任务记录

子任务1 维护项目单

序号	维护项目	任务记录	解决措施	学生处理结果及教师评分情况
1	进气系统清洗（以缸内直喷涡轮增压式汽油机为例）	车辆是否存在故障 是（ ）　　否（ ） 发动机工作温度：＿＿℃ 发动机工作温度是否达到正常 是（ ）　　否（ ） 连接工具各接头是否匹配，有无缝隙，是否连接牢固 是（ ）　　否（ ） 清洗时的发动机转速：＿＿r/min 清洗完毕后的发动机怠速转速：＿＿r/min 发动机运转是否正常 是（ ）　　否（ ） 清洗时间：＿＿min 进气管道是否存在漏气现象 是（ ）　　否（ ）		
2	燃油管路清洗（以缸内直喷涡轮增压式汽油机为例）	车辆是否存在故障，发动机是否达到正常工作温度 是（ ）；否（ ）　是（ ）；否（ ） 车辆油路及电路是否正常，有无漏电、漏油现象 是（ ）；否（ ）　是（ ）；否（ ） 是否释放油管压力，燃油管路中的残余压力为＿＿kPa 是（ ）　　否（ ） 管路及设备连接是否牢靠，各管路连接处有无泄漏情况 是（ ）；否（ ）　是（ ）；否（ ） 发动机怠速转速：＿＿r/min 清洗时间：＿＿min 整个燃油管路是否有泄漏现象 是（ ）　　否（ ） 燃油管路所有的接头与连接管是否安装复位 是（ ）　　否（ ）		

子任务2 维护项目单

序号	维护项目	任务记录	解决措施	学生处理结果及教师评分情况
1	润滑系统清洗维护	发动机工作温度：＿＿℃ 发动机工作温度是否达到正常 是（ ）　　否（ ）		

学习工作页

(续)

序号	维护项目	任务记录	解决措施	学生处理结果及教师评分情况
1	润滑系统清洗维护	机油清洗剂加入量：____mL 发动机运转清洗时间：____min 发动机运转速度：____r/min 发动机运转是否稳定 是( )　　否( ) 油底壳螺塞拧紧力矩：____N·m 新机油滤清器拧紧力矩：____N·m 机油液面高度是否合适，机油滤清器及油底壳螺塞处是否存在漏油现象 是( )　　否( )		
2	润滑系统增效、活化维护	润滑系统的增效、活化维护与润滑系统的清洗维护的施工工艺流程大同小异，注意事项及任务好处基本相同，只是两者所采用的材料不同。目前采用复合产品，可一次性完成润滑系统的增效、活化与清洗作业，这里不再赘述		

子任务3　维护项目单

序号	维护项目	任务记录	解决措施	学生处理结果及教师评分情况
1	冷却系统清洗维护	发动机工作温度：____℃ 发动机工作温度是否达到正常 是( )　　否( ) 清洗剂加入量：____mL(或罐) 发动机运转清洗时间：____min 发动机运转速度：____r/min 发动机运转是否稳定 是( )　　否( ) 冷却系统各管路和连接处是否存在泄漏现象 是( )　　否( )		
2	冷却系统止漏维护	冷却系统的止漏维护与冷却系统的清洗维护的施工工艺流程大同小异，注意事项及任务好处基本相同，只是两者所采用的材料不同而已。进行发动机冷却系统的止漏维护时，按冷却系统止漏保护剂的施工工艺流程操作即可，这里不再赘述		

子任务4　维护项目单

序号	维护项目	任务记录	解决措施	学生处理结果及教师评分情况
1	蒸发箱泡沫清洗	发动机工作温度：____℃ 发动机工作温度是否达到正常 是( )　　否( ) 空调系统工作是否正常 是( )　　否( ) 仪表盘是否显示正常 是( )　　否( ) 蒸发器清洗剂加入量：__mL(或__罐) 清洗时间：____min 清洗剂泡沫液化时间：____min 蒸发箱中的清洗剂泡沫是否完全液化 是( )　　否( )		

45

（续）

序号	维护项目	任务记录		解决措施	学生处理结果及教师评分情况
1	蒸发箱泡沫清洗	空调系统各管路和连接处是否存在泄漏现象			
		是（ ）	否（ ）		
2	车内、空调风管除菌、除味	发动机工作温度：＿＿℃ 发动机工作温度是否达到正常			
		是（ ）	否（ ）		
		空调系统工作是否正常			
		是（ ）	否（ ）		
		仪表盘是否显示正常			
		是（ ）	否（ ）		
		是否已经拆卸出车内的空调滤清器			
		是（ ）	否（ ）		
		除菌除味剂加入量：＿mL（或＿罐） 空调外循环工作时间：＿min 除菌除味剂是否完全雾化			
		是（ ）	否（ ）		
		空调系统各管路和连接处是否存在泄漏现象			
		是（ ）	否（ ）		

子任务5　维护项目单

序号	维护项目	任务记录		解决措施	学生处理结果及教师评分情况
1	制动系统全面清洁	所有制动分泵（轮缸）及管路连接处是否存在泄漏问题			
		是（ ）	否（ ）		
		所有制动软管是否存在鼓胀、凹陷、破损和裂纹等问题			
		是（ ）	否（ ）		
		轮毂表面及周边、制动盘周边、制动钳内侧以及制动分泵内侧等处是否存在锈迹			
		是（ ）	否（ ）		
		制动卡钳内侧、制动分泵内侧等重要部位是否存在难以清洗的硬质残留物			
		是（ ）	否（ ）		
		行车制动器的各重要部位是否存在粉尘			
		是（ ）	否（ ）		
2	制动分泵、卡销及制动片的润滑	制动片背面是否平滑、光洁			
		制动分泵定位螺栓是否存在锈蚀和滑牙等问题			
		轮毂螺母（中心固定大螺母）是否存在松动现象，锁止片或锁止销是否完好			
		是（ ）	否（ ）		

学习工作页

（续）

序号	维护项目	任务记录	解决措施	学生处理结果及教师评分情况
2	制动分泵、卡销及制动片的润滑	轮胎螺栓是否存在锈蚀和滑牙等问题 是（　）　　否（　） 分泵活塞防尘套是否存在变形、破损和裂纹等问题 是（　）　　否（　）		

子任务 6　维护项目单

序号	维护项目	任务记录	解决措施	学生处理结果及教师评分情况
1	液压助力转向系统清洗维护	转向助力液液面高度：接近或超过 max（　），接近或低于 min（　），在 max 和 min 之间（　） 转向储液罐的盖子是否完好 是（　）　　否（　） 转向助力油抽出量：＿＿mL 清洗剂加注量：＿＿mL 储液罐是否存在泄漏 是（　）　　否（　） 清洗时间：＿＿min 转向机是否能够自动回正 是（　）　　否（　） 是否能够放掉全部旧油 是（　）　　否（　） 新的转向助力油中是否混入空气 是（　）　　否（　） 液压助力转向系统是否有渗漏现象 是（　）　　否（　）		
2	液压助力转向系统增效、活化维护	转向助力油抽出量：＿＿mL 保护剂加注量：＿＿mL 储液罐是否存在泄漏 是（　）　　否（　） 转向助力液液面高度是否在 max 和 min 之间 转向储液罐的盖子是否完好		

子任务 7　维护项目单

序号	维护项目	任务记录	解决措施	学生处理结果及教师评分情况
1	自动变速器清洗维护	发动机工作温度：＿＿＿℃ 自动变速器油是否达到正常工作温度 在变换档位前是否可靠驻车，驱动轮是否用三角垫木固定牢靠 是（　）；否（　）　　是（　）；否（　） 高效自动变速器清洗剂加注量：＿mL 自动变速器油面刻度尺孔周围是否存在油污和灰尘 是（　）　　否（　）		

47

汽车维护

(续)

序号	维护项目	任务记录		解决措施	学生处理结果及教师评分情况
1	自动变速器清洗维护	变换档位清洗时间：___min 是否变换所有档位进行清洗			
		是（ ）	否（ ）		
		是否能够放掉全部旧油			
		是（ ）	否（ ）		
		新的自动变速器油加注量：___mL 油面高度是否合适 自动变速器及各管路是否存在泄漏现象			
		是（ ）	否（ ）		
2	自动变速器的增效（防滑）、活化维护	高效自动变速器保护剂加注量：___% 自动变速器油面刻度尺孔周围是否存在清洗流程工艺污垢			
		是（ ）	否（ ）		
		自动变速器油散热器是否完好，各管路及接头有无渗漏现象			
		是（ ）	否（ ）		

3 职业素养

结合汽车个性化的深度维护，安排学生分组开展汽车重要系统和总成的深度维护作业，来提高学生对汽车特色维护的认识，培养学生对具体问题进行具体分析、对特殊情况进行特殊处理的能力，使其具备坚持自己改革创新观点又能服从管理的品格。

48